高校英语多模态教学理论的解构与重塑

马丽芬 著

中国原子能出版社

图书在版编目（CIP）数据

高校英语多模态教学理论的解构与重塑 / 马丽芬著
. -- 北京 : 中国原子能出版社, 2020.9 （2021.9重印）
ISBN 978-7-5221-0841-4

Ⅰ. ①高… Ⅱ. ①马… Ⅲ. ①英语—教学研究—高等学校 Ⅳ. ①H319.3

中国版本图书馆 CIP 数据核字（2020）第 168929 号

高校英语多模态教学理论的解构与重塑

出版发行：中国原子能出版社（北京市海淀区阜成路 43 号 100048）

责任编辑：徐　明

责任印刷：潘玉玲

印　　刷：三河市明华印务有限公司

经　　销：全国新华书店

开　　本：787mm×1092mm　1/16

印　　张：13.25　　字　数：310 千字

版　　次：2020 年 9 月第 1 版　2021 年 9 月第 2 次印刷

书　　号：ISBN 978-7-5221-0841-4　　定　价：68.00 元

网址：http://www.aep.com.cn　　E-mail: atomep123@126.com

发行电话：010-68452845

前 言

长期以来外语教学往往只重视纯语言文字的课堂教学，其教学手段和目标只立足于单一的文字模态，极少结合其他非文字的模态形式展开课堂教学和评估。随着人类交际信息化和数字化的普及，多模态已不可避免地影响到了课堂教学的模式。

多模态教学作为一种教学理论，主张利用网络、图片、角色扮演等多种渠道和多种教学手段来调动学生的多种感官协同运作参与语言学习，强调培养学生的多元读写能力。多模态教学法强调身体和大脑通过多模态、多感官协同参与交际的不可分割性。多模态手段运用到课堂教学中有传统教学无可比拟的优势，在提高大学英语教学效率、培养大学生多元读写能力、优化课堂教学效果和推进大学英语教学改革进程等方面都具有可行性和突破性。

英语高效课堂强调学生能够在课堂上充分发挥主动性、积极性，使学生的学习效率和学习效果都能够在教师的有效引导下得到显著的提高，真正成为教学活动的主体，而多模态教学更加关注学生在认知和处理信息过程中的能力培养，要求教师能够不断创新教学方法，通过文字、声音、图片、影像行为等多种符号语言进行教学，从而不断提高学生在课堂上的学习效率。

本书首先对高校英语教学理念以及教学现状进行了阐述，然后对高校英语多模态教学的理论基础以及多模态课件的开发进行了分析，并在此基础上对多模态教学设计模型的建构进行了详细解析，最后从多个方面着手探讨了多模态外语教学的解构与重塑，希望能为提升高校英语教学效果增添一份动力。

目　录

第一章　高校英语教学理念概述

第一节　高校英语教学的基本关系

一、英语与汉语之间的关系

汉语是中国人的母语，少年儿童在开始学习英语时，已经能够比较好地使用汉语进行交际；也就是说，他们已经掌握了一定量的汉语词汇和基本语法，具备了使用汉语进行听说和读写的能力。而英语是他们作为一门外语来学习的目标语。在谈到母语和目标语之间的关系时，人们经常谈到的是"迁移"的问题。迁移本来是一个心理学术语，指学习过程中学习者已有的知识或技能会对新知识或技能的获得产生影响。20世纪50年代，语言教学研究吸纳了迁移理论，认为母语迁移会影响外语学习。迁移是外语学习者经常采用的一种学习策略，它指学习者利用已知的语言知识，去理解新的语言，这种现象在英语学习的初级阶段出现得最为频繁，因为学习者对英语的语法规则还不熟悉，此时只有汉语可以依赖，汉语的内容就很容易被迁移到英语之中。如果母语对目标语的学习起到了积极的影响，这种现象被称为正迁移。反之，如果母语对于目标语的学习起到了消极的影响，则被称为负迁移。

在迁移现象的研究中，有三种主要的理论，包括对比分析假说、标记理论和认知理论。对比分析学派认为母语和目标语的差异会导致负迁移的发生。Weinreich指出"两种语言（母语和目标语）相似引起正迁移；两种语言相异引起负迁移。"Lado也指出，"学生在接触一门外语时会发现该语言的有些特征相当容易掌握，而掌握另外一些特征则极其困难。其中，与其母语相似的成分简单，而相异的成分困难。"除了母语和目标语的异同之外，在考察语言的迁移问题时，还要考虑母语在什么阶段、在什么条件下影响目标语的学习。这里要提及两个重要的非语言因素对母语知识何时会干扰第二语言习得的过程起着决定性作用：一是环境，二是学习阶段。从学习阶段来看，在初学阶段，学习者由于缺乏足够的目标语知识，在表达中往往更多地依赖母语，因此这一阶段有可能较多地出现母语知识的负迁移。中国学生在学习英语的过程中，语言迁移表现在语音、词汇和语法等各个层次上。

（一）语音迁移

语音迁移是语言迁移中最为明显也是最为持久的现象。“人们普遍认为第一语言对第二语言习得具有很强的影响，最为明显的证据就是第二语言学习者的外国口音。”英语和汉语分属不同的语系，两者在语音方面存在很大的差异。第一，汉语是一种声调语言，用四声辨别不同的意义。而在英语中，语调起着非常重要的作用，这一点很容易给北方方言的学生造成特殊的语音语调的困难。第二，英语和汉语的音素体系差别较大，两种语言中几乎没有发音完全一样的音素。

（二）词汇迁移

初学英语的人很容易认为英汉语的词汇存在着一一对应的关系，每个汉语词汇都可以在英语中找到相应的单词。其实，一个单词在另一种语言中的对应词可以有几种不同的意义，因为他们的语义场不相吻合，呈现重叠、交叉和空缺等形式。例如，汉语中的“重”一词在英语里有 heavy 与之对应，但是 heavy 的意义与“重”一词并不是完全吻合的，在英语中，我们可以发现许多表达方法，并不是汉语中的一个“重”字所能解决的。初学英语的人往往会把汉语的搭配习惯错误地移植到英语之中，于是出现了许多不合乎英语表达习惯的句子。英汉两种语言文化的差异也会导致两种语言词汇意义的差异。除少量的科技术语、专有名词在两种语言中意义相当之外，其他词汇的含义在两种语言中都或多或少存在着差异，这些差异都有可能导致负迁移现象的发生。

（三）句法迁移

句法就是组词造句的规则，也就是传统所说的语法。英汉两种语言在句法方面有一些相同之处，同时也存在着很大的差异。首先，汉语是一种分析性语言，没有严格意义上的形态变化，主要通过词序和虚词的使用来表达各种句法关系。英语和汉语的这种差异很容易导致中国的英语学习者的困难，尤其是对于初学者来说，他们很容易受到汉语的影响，在使用英语时忘记词汇形态的变化，例如，名词的单复数、代词的主格与宾格形式、动词的时态变化等。其次，英语重形合，句子中的词语和分句之间常通过语言形式手段（如关联词）来表达意义和逻辑关系。汉语则重意合，其意义和逻辑关系往往通过词语和分句的意义表达。受此影响，中国学生在使用英语时常按照汉语的习惯，只简单地把一连串的单句罗列在一起，不用或者很少使用连词。另外，英语和汉语在静态和动态方面也呈现出一定的差异。英语多倾向于用名词，因而叙述呈静态，而汉语多用动词，其叙述呈动态，例如，He is a good eater and a good sleeper

这个句子中只用了 eater 和 sleeper 两个名词，而相对应汉语应该是“他能吃能睡。”如果要求学生把这个汉语句子译成英语，他们首先想到是“He eats and sleeps well”。英语名词化的特点使许多中国学生感到不适应，在写作中这一点表现得最为突出。

迁移并非总是坏事。有时候，由于英汉两种语言之间存在着很多相似或者吻合的地方，中国学生在学习英语时可以利用已有的汉语知识，促进英语的学习。例如，汉语中的形容词都位于它所修饰的名词之前，而英语也同样如此，当学生学习了 beautiful 和 flower 两个词之后，就会很自然地说出“a beautiful flower”。英语和汉语句子结构的相似性也使得正迁移成为可能，黄传庆指出英语和汉语中有五种基本的句型是相同的。

（1）s+v+predicative

e.g.He is a student. 他是个学生。

（2）s+v+adverbial

e.g.He works hard. 他工作努力。

（3）s+v+o

e.g.He studies english. 他学英语。

（4）s+v+indirect o+ direct o

e.g.I sent him a letter. 我寄给他一封信。

（5）s+v+o+c

e.g. He teaches us to study English. 他教我们学英语。

这些虽然都是简单句，但是几乎所有的复杂句都是建立在简单句的基础之上的，这就使得中国学生在学习英语时可以利用汉语知识，实现正迁移。

与汉语和英语的关系这一问题相关的还有语言的社会功能问题。一个民族的母语是其民族的特征之一，母语教学对于培养学生的爱国主义情感具有重要的意义。如果因为外语学习而忽视了母语的学习，就会导致严重的后果。在新加坡，许多有识之士指出，新加坡二十年来母语教育失败是造成社会凝聚力低的问题所在。实际上，在我国国内，类似的问题也同样存在，一浪高过一浪的出国潮与此也存在着一定的关系。

在处理汉语和英语的关系方面应该注意以下两个问题：

1. 在全社会重视英语教学的同时，决不要忽视汉语的学习

经济的全球化和科学技术的国际化正在成为新的时代特征，英语作为国际交往中最为重要的沟通的工具，其重要性已经为越来越多的人所认识。目前，中国人学英语的热情空前高涨，从咿呀学语的幼儿到白发苍苍的老人，学习英语者不计其数。从幼儿园一直到大学，英语教育都是教育主管部门和学校领导所关注的重点问题之一。与此同时，剑桥少儿英语，全国公共英语等级考试，全国四、六级考试等国内外各个层次的英语考试也为英语学习的热潮推波助澜。另外，为了满足人们英语学习的需求，各种各样的教学方法，丰富多彩的学习用书、音像制品和软件也应运而生。这对于创造良好的英语学习环境，培养具有国际竞争能力的高素质的人才，提高我国在国际竞争中的实力这无疑是一件好事情。但是，这样的环境很容易给人们，尤其是中小学生（包括许多家长在内），造成一种错觉，认为英语比汉语还重要，从而忽视汉语的学习。不重视英语是错误的，而因为重视英语而忽视了对自己母语的学习也同样是不正确的。

2. 克服负向迁移，促进正向迁移

在对待汉语和英语之间的关系方面，有两种截然相反，但都不可取的态度。

一种是依靠汉语来教授英语，这显然是不可取的。英语教学的目的，首先是培养学生使用英语进行交际的能力。这种能力必须要使学生大量地接触英语和使用英语才能获得。而英语教学的课时有限，要想在有限的课时内，最大限度地使学生接触和使用英语，就必须尽可能地使用英语进行课堂教学。对于中国的英语学习者来说，汉语是他们的母语，学生在学习英语时会自觉或不自觉地与汉语进行比较，如果在教学过程中过多地采用汉语，学生就会很难摆脱对汉语的依赖，养成一种以汉语作“中介”的不良习惯。在听说读写等语言活动中会不断地把听到的、读到的以及要表达的英语先转换成汉语，这样就很难流利地使用英语，也不可能写出或讲出地道的英语。

另外一种是完全摆脱汉语，全部用英语教学，这不仅难以做到，而且也是不可取的。英语课堂上使用汉语要注意以下几点：（1）汉语作为教学手段，使用方便，易于理解，但是汉语利用不能过分。在解释某些意义抽象的单词或复杂的句子时，如果没有已经学过的词汇可以利用，可以使用汉语进行解释，另外也可以对发音要领、语法等难以用英语解释的内容使用汉语进行简要的说明。（2）利用英语和汉语之间的比较可以提高教学的预见性和针对性。某些内容为英语所特有，学生学起来就比较困难，教师应该有针对性地将其作为教学的重点，适当增加练习量。对于两种语言中相似但是又不相同的内容，学生很容易受到汉语的干扰，教师在教学过程中要多加注意。

二、外国文化与中国文化之间的关系

语言与文化密不可分，语言具有丰富的文化内涵，英语学习中有许多跨文化交际的因素，这些因素在很大程度上影响英语的学习和使用。因此，《英语课程标准》把“文化意识”作为综合运用能力的一个组成部分，具体规定了各个级别对文化意识的具体要求。小学毕业时学生应该能够：“（1）知道英语中最简单的称谓语、问候语和告别语；（2）对一般的赞扬、请求等作出适当的反应；（3）知道国际上最重要的文娱和体育活动；（4）知道英语国家中最常见的饮料和食品的名称；（5）知道主要英语国家的首都和国旗；（6）了解世界上主要国家的重要标志物；（7）了解英语国家中重要的节假日。”

初中毕业时学生应该能够:“(1)了解英语交际中常用的体态语,如手势、表情等;(2)恰当使用英语中不同的称谓语、问候语和告别语;(3)了解、区别英语中不同性别常用的名字和亲昵的称呼;(4)了解英语国家中家庭成员之间的称呼习俗;(5)了解英语国家正式和非正式场合服饰和穿戴习俗;(6)了解英语国家的饮食习俗;(7)对别人的赞扬、请求等作出恰当地反应;(8)用恰当的方式表达赞扬、请求等;(9)初步了解英语国家的地理位置、气候特点、文化历史等;(10)了解常见动植物在英语国家中的文化涵义;(11)了解自然现象在英语中可能具有的文化涵义;(12)了解英语国家中传统的文娱和体育活动;(13)了解英语国家中重要的节假日及主要庆祝方式;(14)加深对中国文化的理解。”

《英语课程标准》对于高中毕业生在文化意识方面的要求为:“(1)理解英语中常见成语和俗语及其文化内涵;(2)理解英语交际中常用典故或传说;(3)了解英语国家主要的文学家、艺术家、科学家的经历、成就和贡献;(4)初步了解主要英语国家的政治、经济等方面的情况;(5)了解英语国家中主要大众传播媒体的情况;(6)了解主要英语国家与中国的生活方式的异同;(7)了解英语国家人们在行为举止、待人接物等方面与中国人的异同;(8)了解英语国家主要宗教传统;(9)通过学习英语了解世界文化,培养世界意识。”

文化是指所学语言国家的历史地理、风土人情、传统习俗、生活方式、文学艺术、行为规范、价值观念等。它不仅包括城市、组织、学校等物质的东西,而且包括思想、习惯、家庭模式、语言等非物质的东西。语言与文化具有密切的关系,这主要表现在三个方面:第一,语言是文化的重要组成部分。从文化的内涵来看,文化包括一个民族在长期的历史进程中创造的物质财富和精神财富两个方面,而语言正是精神财富的一个组成部分。第二,语言是文化的载体,因此它也是反映文化的一面镜子。语言反映一个民族的文化,解释该民族文化的内容。第三,语言与文化相互影响、相互作用。因此,理解语言必须了解文化,理解文化必须了解语言。

语言具有丰富的文化内涵,不具备文化内涵的语言基本上是不存在的。在一种语言中,从单词到语篇都可以体现文化的内涵。首先在单词的层面上,英汉两种语言具有很大的差异。还有些词只存在于英语中,在汉语中则没有相对应的词。另外在英汉两种语言中,某些词语看起来似乎指代同事物或概念,其实不然。例如,service station 不等于“服务站”,而 rest 也不等于“休息室”。而且,某些事物或概念在一种语言中只有一两种表达方式,而在另一种语言中则有多种表达方式,例如,汉语有一个复杂的词汇系统表示各种亲戚关系,有姑妈、姨妈、舅父、外祖父、外祖母等各种词汇,而在英语中相关的表达方式要简单得多。对于某些词汇来说,英汉的基本意义大体相同,但是派生意义的区别可能很大。例如,peasant 与汉语中“农民”意义接近,但是在英语中，peasant 往往带有贬义，《新编韦氏大学词典》指出该词“一般指未受过教育的、社会地位低下的人”，而《美国传统词典》则指出该词的意思为“乡下人，庄稼人，乡巴佬”；“教养不好的人，粗鲁的人”。

在短语、成语、谚语这个层面上，英汉两种语言也体现出很大的文化差异。尤其是成语的问题更为复杂，《汉英词典》的主编之一王佐良教授在“部词典的编后感”一文中写道：“把‘布衣蔬食’直接译为 cotton clothes and eat vegetable food，在今天就会引起误解。‘布衣蔬食’在中国标志着生活简朴，但在英、美国家并非如此。现在，蔬食远非穷人所专用，已是西方医生给饮食过量的百万富翁们开的药方了。”谚语是民间流传的至理名言，往往能反映一个民族的地理、历史、社会制度、社会观点和态度，例如“要知朝中事，乡间问老农”“衙门自古朝南开，有理没钱莫进来”都带有明显的中国文化内涵，而“An apple a day keeps the doctor away”和“You cant teach an old dosnew tricks”则具有明显的英语文化内涵。

英汉两种语言的文化差异还反映在日常谈话之中。在中国两个熟人相见，经常用“上哪去啊？”打招呼，直译成英语就是 Where are you going？用这句英语来打招呼，大部分英语国家的人听了会不高兴，他们的反应很可能是：It’none of your business！型句话译为不关你的事；人们在分手时通常说 Goodbye，Byebye 之类的话，而按照中国的习惯，在说“再见”之前，往往还要有一番客套语，例如“走好”“慢走”，等等，这些说法不能直接翻译成英语，否则听起来会让人感到很别扭。在英语国家，人们常常用名字直接的称呼别人，例如 Tom、Michael、Linda 等，即使年龄悬殊的人之间也可以这样称呼，但是在中国就不能这样做，汉语中的称谓要比英语复杂得多。听到别人赞扬，美国人和中国人的回答也大不相同，美国人一般表示接受赞扬，而中国人则一般表示受之有愧。

英汉两种语言文化的差异也可以导致文化迁移现象的产生。文化迁移是指“由于文化差异而引起的文化干扰，它表现在跨文化交际中，或外语学习时，人们下意识地用自己的文化准则和价值观来指导自己的言语和思想，并以此为标准来判断他人的言行和思想”。文化的内涵分为三个层次：“第一个层次是物质文化，它是经过人的主观意志加工改造过的；第二个层次是制度文化，主要包括政治及经济制度、法律、文艺作品、人际关系、习惯行为等；第三个层次是心理层次，或称观念文化，包括人的价值观念、思维方式审美情趣、道德情操、宗教感情和民族心理等”。根据这一分类，戴炜栋和张红玲把文化迁移分为表层文化迁移和深层文化迁移两种。第一和第二层次的文化迁移大体属于表层文化迁移，因为这些文化要素是容易观察到的，人们稍加注意就可以感觉到不同文化在这些方面的差异。深层文化迁移是指第三层次中的文化要素的迁移，由于它属于心理层次，涉及人们的观念和思想，所以在跨文化交际中不容易被注意到。与前面所说的语言迁移相比，文化迁移更容易给学生造成交际的障碍，因为本民族文化根深蒂固，人一生下来就受到本族语文化的熏陶，其言行无一不受到本族语文化的影响与制约。

与语言迁移类似，文化迁移也有正负迁移之区别。刘正光和何素秀指出："以往关于外语学习中的迁移理论在对待母语以及母语文化的干扰问题时，对负干扰研究得较多、较透彻，同时，对负迁移的作用也有夸大之嫌。"因此，外语文化教学中也不能忽视母语文化的教学。首先，教授和发现影响传递信息的各种文化因素（包括语言的和非语言的）必须以英语学习者的母语文化即汉语文化为比较对象，只有通过两种文化差异的比较才能找到影响交际的各种因素。通过比较，我们可以发现和确定哪些目标语文化知识是教学的重点、难点，从而在教学中做到有的放矢，避免眉毛胡子一把抓，提高单位时间内的教学效率。其次，英语教学不仅仅是介绍和引进国外文化、知识、技术、科学等的人才，同时也担负着中国文化输出的任务。在进行西方文化知识教学的过程中，如果忽视中国文化的教学，甚至还有可能造成自卑、媚外的心理，以致不能以平等的心态与对方进行交际，造成跨文化交际的心理障碍，从而影响跨文化交际能力的培养。另外，充分掌握汉语与汉语文化也是英语学习和英语交际能力不可分割的重要组成部分。我国外语界和翻译界的老前辈们的治学经历就很好地说明了这一点。王佐良、许国璋、周压良、李赋宁等英语界泰斗的成绩在很大程度上得益于他们深厚的汉语与汉语文化的根底。许多著名的翻译家如钱钟书、巴金、鲁迅、叶君健、杨宪益、萧乾等，他们本身就是中国文学作家，他们的译作水平也达到了很高的境界，这在很大程度上也是因为他们本身就是中国文化专家。基于上述讨论，我们在处理外国文化与中国文化之间的关系方面，要注意以下几个问题。

（一）传授文化知识

首先从培养学生的英语交际能力来看，英语教学不能是单纯的语言教学，还应扩大学生的视野，了解英语国家的文化和社会风俗习惯。因此，在英语教学中需要渗透有关文化知识的教育。从素质教育的角度来看，我们需要培养适应国际竞争要求的具有现代意识的人才，他们应该面向世界，思想开放，善于吸收其他民族的优秀文化，提高本民族的文化素质。在这一方面，英语教学肩负着不可推卸的责任。但是，文化知识的教育必须适度，应该渗透在英语教学之中，应该与英语教学相结合，不能为了传授文化而传授文化。在英语教学中，文化知识的传授主要通过在英语教学中导入文化的内容，主要方法包括注释、比较、融入和体验四种。注释是指在教材中对具有文化内涵的内容进行注释和讲解，这种方法的优点在于它具有很强的针对性，缺点在于它比较零散，缺乏系统性。比较是指在教学中对中国文化和外国文化进行比较，从而发现两种文化中的异同，它可以有效地加深学生对于两种文化的理解，有效地培养文化意识。融入是指直接把外国文化或中国文化的内容作为英语教学的材料，例如，一篇介绍英国风土人情的文章或者介绍中国茶文化的文章，这样可以把语言学习与文化学习有效地结合起来。体验是指通过具体的语言实践学习和了解外国文化，例如观看英语原版的电影、卡通片，阅读英语文学作品，举行圣诞晚会等。

（二）在传授外国文化知识的同时，不要忽视对于本国文化知识的传授

目前，我国的英语教学实践中还存在着对汉语文化知识的教学不够重视的问题。绝大多数的英语学习者在通过了四级、六级甚至英语专业毕业之后，都不知道像《红楼梦》《水浒传》《三国演义》《聊斋志异》等中国古典文学名著在英语中该怎样翻译。许多有相当英文程度的中国青年学者，在与西方人交往过程中，并没有表现出一个来由世界文明古国的学者所应具有的深厚文化素养和独立的文化人格。为数不少的中国学者不知令西方人也十分崇敬的孔夫子的英文译名是 Confucius，还有人闹出把 Mencius（孟子）奉为异国圣者而译为“门修斯”的笑话。

（三）培养学生的跨文化意识

跨文化意识是指学生对于外国文化和中国文化异同的敏感程度，以及在语言交际过程中根据外国文化调整自己语言行为的自觉性。传授文化知识的目的在于培养学生的跨文化意识，使他们能够自觉地按照英语的文化习惯使用英语进行交际。在培养学生跨文化意识的同时，还要注意培养学生的文化平等意识。一方面不要有民族自大的心理，不注意吸收西方先进的文化；另一方面也不要产生自卑心理，盲目崇洋媚外。

（四）培养学生的文化鉴赏能力

中小学生的价值观与道德观都处在形成的过程之中，他们思想活跃，易于接受新鲜事物，但是又缺乏一定的鉴别能力。在学习异国文化的过程中，如果不善加引导，他们很容易会盲目地接受西方文化中的行为规范、价值观和道德观，很容易疏远甚至忘记自己民族的文化传统

三、语言知识与语言技能之间的关系

语言知识包括语音、词汇、语法三个方面的内容。语言知识是综合英语运用能力的有机组成部分，是发展语言技能的重要基础。使学生掌握一定的英语基础知识也是英语教学的基本目标之一。语言是交际的工具，而语言首先是有声的，正是通过人的发音器官发出的声音，才能达到交际的目的。在英语中，语音和语法、构词法、拼写都有关系。很好地掌握语音，不但有利于听说技能的获得，而且也有助于语法和词汇

的学习。

词汇包括英语中的单词和习惯用语。词这一概念是我们非常熟悉的，但是对词下一个准确的定义却不容易。语言学家对词下定义时说法不一，措辞不同。概括来说，词是语音、语意和语法特点三者的统一体，是语句的基本结构单位。每个词都有一定的语音形式。在口语中，主要通过语音以区别于其他的词。每个词都有一定的意义，这些意义根据其层次又可以被分为字面意义和隐含意义两种。字面意义就是词的“本义”，暗含意义则是指词的本义以外的意义，即附加意义。例如：一词对不同的人来说还有许多其他的特性，如 gentle，weak 等。一个词的涵义，有些可能是文化背景、社会背景、性别或年龄相同的人大家所共识的；另外一些涵义则因个人的经历不同而不同。每个词还都有一定的语法特点，在句子中充当一定的功能，词的功能的改变，有可能会引起词义的变化，例如：

He tore down the hill.

Three enemy planes downed.

第一句中的 down 是介词，其词义表示方位，“沿着……往下”，而第二句中的由“down”是动词，表示“打下”的意思。

英语中的习惯用法又称习语，具有语义的统一性和结构的固定性两个特点。习惯用法是固定的词组，在语义上是一个不可分割的统一体，其整体意义往往不能从组成该用语的各个单词的意义中推测出来，词汇是构筑语言的材料，尽管具有大的词汇量并不意味着一定会具有高的语言能力，但是，要想具备较好的语言技能则必须要掌握足够的词汇。

语法是指关于一种语言的结构的描述，说明其中词和短语等如何结合起来形成句子。语言是词的一种线性排列，这种排列不是任意的，而是遵循一定的规则，这种规则是本语言社团所共同接受的。不同的语言具有不同的语法，汉语与英语的语法就具有很大的差异，英语学习者要想使用英语进行交际也必须遵守英语的语法规则。

语言技能指运用语言的能力，包括听、说、读、写四个方面，其中说和写被称为产出性技能，而读和听被称为接受性技能。听是分辨和理解话语的能力，即听并理解口语语言的含义；说是应用口语表达思想，输出信息的能力；读是辨认和理解书面语言，即辨认文字符号并将文字符号转换为有意义的信息输入的能力；写是运用书面语表达思想，输出信息的能力。听、说、读、写是学习和运用语言必备的四项基本语言技能，是学生进行交际的重要形式，是他们形成综合语言运用能力，获取信息和处理信息的重要基础和手段。语言知识和语言技能都是语言能力的组成部分，都是语言学习的目标。两者之间相互影响，相互促进。首先，语言知识是发展语言技能的基础，不具备一定的语音知识，不掌握足够的词汇，不了解英语的语法，就不可能发展任何的语言技能；而语言知识的学习往往可以通过听、说、读、写活动的过程来感知、体验和获得。在英语教学中，处理语言知识和语言技能这二者之间的关系时，应该注意以下几点：

（一）语言知识与语言技能同时兼顾，防止厚此薄彼

语言知识和语言技能都是语言能力的组成部分，都是英语教学的基本目标。交际教学法是在批判传统的语法翻译教学法的基础上建立起来的，其中一个主要的原因在于传统的教学方法过分地强调语言知识（主要指语法）的传授，而忽视了语言技能的培养。笔者曾经参加了一些听课等教研活动，发现讲课的教师在课堂上不敢讲授语法等语言知识，害怕那样做就会被指责为没有采用交际教学法。这种把语言知识和语言技能对立起来的看法是错误的。

语言知识是能力的基础，认为强调语言能力就可以忽视语言知识的看法是不对的。语言的综合能力是多方面的，除了语法知识外，还有社会语言学能力（如在完成某些言语行为时如何才算得体）、语篇能力（如观察和使用各种衔接手段和照应手段等）和策略能力（也就是交际策略，如在交际遇到困难时使用某些手段回避等）。这就意味着：第一，语法还要学，不学语法，语言技能无从谈起；第二，学习语法不是为了掌握某种理论体系，而是为了正确地使用语言，而且不仅要保证语言的语法规范，还要保证其社会文化规范；第三，语言能力不仅是单个句子的，也是关于语篇的。当然，英语教学不能停留在知识的传授和学习上，要把语言知识的学习与语言技能的培养有机地结合起来，语言知识的学习要有利于提高语言技能的质量，而在发展语言技能的同时，又不能忽视语言知识的学习。

（二）语言知识的教学要立足于语言实践活动

传授语言知识并不意味着要单纯传授讲解语言知识，尤其是在基础英语教学阶段，主要通过听、说、读、写等实践活动来学习英语，因此，语言技能的训练是教授语言知识的基本途径。语言知识的教学可以采用提示、注意、观察、发现、分析、归纳、对比、总结等方式进行，要有意识地使学生参与到上述过程之中，使学生在学到语言知识的同时，还得到科学的思维方法的训练。

（三）听、说、读、写四项技能协调发展，不能截然分开

对于英语初学者来说可以从听说开始，但是读写很快要跟上。在处理四项技能之间的关系时，我们应该注意防止两种错误的倾向：一方面不让学生接触书面材料的纯“听说法”是不可取的，也是不符合中国人学外语的国情的，因为中国人学外语最容易创造的还是阅读的输入环境。但另一方面一味强调客观条件，片面夸大读写的重要性，容易导致“哑巴英语”和“聋子英语”。

四、教师与学生之间的关系

教师与学生都是英语教学活动的实践者，正确地处理好两者之间的关系，对于英语学习的成败起着重要的作用。如果把英语教学比作一场戏剧，那么教师就是导演，学生就是演员。两者之间要密切地协调配合，教学质量才能有保证。

学生是学习的主体，英语教学要以学生为中心。教师的主要职责是引导和帮助学生学习英语，因此，教师要善于根据学生的生理和心理发展的特点认真研究教学方法，排除学生在学习上的心理障碍，调动学生学习的主动性和积极性。教师还要面向全体学生，因材施教，发挥不同学生的特长。另外，教师还要帮助学生养成良好的学习习惯，培养自学的能力。在尊重学生的主体性，强调以学生为中心的理念时，要充分地考虑学生的个体差异，与英语学习相关的个体差异主要包括动机与学习态度、性格和认知方式等。

学习态度与动机是影响英语学习的重要情感因素，英语学习的成功在很大程度上依赖于强烈的动机和端正的态度。如果学习者对讲英语的人和英语教师产生反感，学习的动力也就自然消逝，学习的成功也无从谈起。根据动机产生的根源，动机可以分为内在动机和外在动机。内在动机来自于个人对所做事情本身的兴趣；外在动机是外部因素作用的结果，如父母的赞同、奖赏、惩罚、考试的高分，等等。内在动机和外在动机之间存在着相互影响的关系，教师在培养学生内在动机的同时，也要注意对学生外在动机的培养。态度指个人对事物或人的一种评价性反应。态度包括三个组成部分：认知、情感和意动。认知指个人对事物的信念；情感指对事物的褒贬反应；意动指个人对待事物或采取行动处理事务的倾向。第二语言习得的研究表明，学习外语的态度和学习成绩之间的相关程度高于学习其他学科的态度和成绩之间的相关程度。

性格与英语学习也有很大的关系，自信、开朗、认真负责的学生往往会取得学习的成功，影响外语学习的主要性格特征包括内向与外向、焦虑、抑制等。具有外向性格的学生开朗、热情、善于交际、爱说话，很容易给人留下好的印象，一般人认为，他们更适合学习外语，而性格内向的学生喜欢缄默，不好动，不善于表达自己的思想，往往被一般人认为不适合学习外语。外向型的学生会更愿意在课堂上和课外使用英语，愿意提问题，回答问题，不怕犯错误，不怕出洋相，因此他们的语言流利程度发展得会更快一些。而性格内向的学生则更愿意花更多的时间去练习和研究语言形式，因此，他们比外向的学生对语言结构的理解可能会更全面、准确。在英语教学中要注意根据学生的特点，进行有针对性的引导。内向型的学生需要一种鼓励性的、宽松的课堂气氛，这样他们才乐于“冒险”，尝试着使用英语。而对于外向型的学生则要有策略地提醒他们注意语言的准确性。过分的焦虑会阻碍外语学习，但是，一点焦虑感没有也不利于英语学习。以考试为例，焦虑可以被分为促进性焦虑和退缩性焦虑两种。前者可以使学生产生学习动力，迎接新的学习任务，而后者则使学习者逃避学习任务。其实，焦虑不是一种孤立的现象。除了受到人的性格因素的影响之外，学习的环境、学习任务的性质、个人的先前经验等因素都会对焦虑的产生起作用。在做事情之前，尽可能提前做好准备，明确目标，预测可能出现的各种困难，找出克服困难的方法，同时还要看到成绩，提高自信心。这样，过度的焦虑也就自然消失。抑制是一种具有保护性能、抵制外部威胁的心理屏障，它与人的自尊心有着密切的关系。人们在了解自身的过程中逐步建立起保护自我的屏障。出生婴儿没有自我概念，但随着年龄的增长而逐渐认识到自己与众不同。由于自我意识的增强，人们开始建立起具有个性的情感特征。在青少年时期，生理、认知和情感的变化带来了具有保护性的抑制，用以保护脆弱的自我，排斥那些威胁个人价值观和信仰的观点、经历和感受。这种意志在青少年发展到高峰，并进一步延续到成年期。因此，自我意识比较脆弱的学生，往往会因为怕犯错误而不参与语言活动，这种语言学习中的抑制行为，经过适当的引导也是可以克服的。

认知方式是指人们组织、分析和回忆新的信息和经验的方式。就认知方式而言，英语学习者可以分为两种：场依存和场独立。测量场依存型时，让学习者观看一个复杂的图案，并找出隐藏在图案内部的几个简单的几何图形。目的是看他们是否能够把看到的东西分解成若干部分，并能使这些部分脱离整体。这种测验也适用于语言学习者，因为他们也要从上下文中把语言项目分离出来才能理解它们。例如，在读一页材料时，他们必须能够识别词、短语和句子，并能理解这些部分如何结合起来构成一个整体。场依存型的学习者具有以下特点：他们对教师提供的语言信息不加分析，不加思考，教师如何教授，他们就如何接受。这类学生特别依赖别人对他们的看法，在很大程度上靠别人表扬，他们给别人的印象是直率，对别人感兴趣，使用英语与别人交往的技能可能会发展较好。他们对自己本身有很强的意识，往往对别人不太敏感，不喜欢接近别人。场独立性学习者在外语结构知识方面学习起来更容易些。

尊重学生的主体地位，以学生为中心，这并不意味着降低教师的主导作用。在英语教学中，教师要充当以下角色。

（一）语言知识与文化知识的传授者

语言知识是语言技能的基础，对于中国的英语学习者来说，要想具备良好的听、说、读、写的能力，就必须具备定的词汇量，掌握英语的语法基础知识；另外还要了解西方的文化。因此，教师要向学生传授英语语言知识和文化知识。但是传授的方式是多种多样的，传授知识并不意味着一定要采取“满堂灌”的“填鸭式”的教学方式。知识的传授要与语言实践活动密切结合，鼓励学生在教师的指导下进行探究式的学习。

（二）语言技能的培养者

教师不仅是语言知识的传授者，更重要的是语言技能的培养者。导演向演员“说戏”，是为了帮助演员进入角色，演好戏。教师传授语言知识，是为了帮助学生运用语言知识进行交际。

（三）语言使用与交际的示范者

学生学习的一个主要途径就是模仿，教师是主要的模仿对象，这就要求教师起码要做到两点：第一，教师本身要具备良好的语言基本功，为学生提供正确的模仿对象；第二，教师的语言要适合学生的语言水平，使学生能够模仿。

（四）语言交际活动的组织者和参与者

学生英语交际能力的提高需要进行大量的交际实践活动，这就要求教师根据学生的水平和教学的需要在课堂内外组织多种形式的交际活动。而且在很多情况下，还要求教师在活动中充当一定的角色，并在与学生的交际过程中刺激学生并提出新的语言现象，使学生在不知不觉中掌握语言的用法。

（五）语言学习过程的诊断者与咨询者

英语学习是一个漫长的过程，其中学生要遇到各种各样的困难与困惑，这就要求教师针对学生的实际情况作出相应的诊断，确定学生产生困难或困惑的原因，并给出相应的建议，以帮助学生解决这些困难，消除这些困惑。要想做到这一点，首先要求教师要具备良好的理论素质，熟悉英语教学以及与英语教学相关学科的基本理论，了解外语学习的过程；其次要具有一定的敏感性，在教学过程中及时、敏感地捕捉到学生各个阶段出现的困难和问题。

（六）语言学习材料的推荐者和提供者

中国学生在学习英语的过程中需要大量的语言输入，单靠一本教材是远远不够的，还需要补充一定的语言材料。现在市场上各种各样的学习资料可谓琳琅满目。学生及其家长在选择这些材料时往往具有一定的盲目性，这就要求教师针对学生的实际情况，配合学校的教学，为学生推荐或者提供适当的学习资料。

（七）学生学习动力与学习兴趣的激发者

学生是学习的主体，这决定了英语教学必须要以学生为中心。英语学习成败的关键在于学生学习的动力是否充足，学习的兴趣是否浓厚。这就要求教师要想方设法激发学生的学习动机和学习兴趣，要在教学中充分利用学生已有的特点，例如好奇心、对成功和进取的愿望、善于表现等，设计为学生所喜闻乐见的教学活动；还要注意学生的进步并及时的鼓励，对学生使用语言中出现的问题不过分指责，使学生保持学习的自信心。

（八）语言学习规律的学习者和研究者

对每一位英语教师来说，他本身在教学之前乃至终身就是一位英语学习者。自身的学习过程已经为教学提供了许多感性的经验，其中的经验和教训将会对自己的英语教学产生重要的影响。但是感性的经验只有上升到理论才能更加有效地指导进一步的教学活动。因此，一方面我们提倡教师要不断地学习，提高自己的语言基本功；另一方面还要结合自己的教学实践，采用科学的方法，探索与研究外语学习的基本规律。

第二节　高校英语教学的基本原则

一、交际性原则

语言是交际的工具，人们主要通过语言来交流思想、传递信息。交际是在特定语境中说话者和听话者、作者和读者之间的意义转换。由此定义我们可以得出以下几点启示：第一，交际包括口语和书面语两种交际形式；第二，交际总是发生在一定的语境之中；第三，交际需要两个以上的人参与并产生互动。学习英语的首要目的就是使用英语进行交际，而英语教学的首要目标就在于培养学生的交际能力。交际能力的核心就是能够运用所学的语言知识在不同的场合下与不同的对象进行有效的得体的交际。因此，我们在英语教学中首先要贯彻交际性的原则，使学生能用所学的英语与人交流，要在教学过程中努力做到以下几点。

（一）充分认识英语课程的性质

英语课首先是一种技能培养型的课程，要把语言作为一种交际的工具来教、来学、来使用，而不是把教会学生一套语法规则和零碎的词语用法作为语言教学的最终目标，要使学生能用所学的语言与人交流，获取信息。在教学过程中，教、学、用三个方面构成一个有机的相辅相成的统一体，其中的核心在于使用。因此，教师转变以往陈旧的教学观念，认清课程的性质，是落实交际性原则首先需要解决的问题。

（二）创设情景，开展多种形式的丰富多彩的交际活动

语言是交际的工具，而交际的发生总是处于特定的情景之中。情景包括时间、地点、参与者交际方式、谈论的题目等要素。在某一特定的情景中，讲话者所处的时间、地点以及本人的身份都制约他说话的内容、语气等。因此，在基础英语教学中，要使教学的内容置于一种有意义的情景之中。而且，在一定的情景之下学习英语，可以使学生身临其境，提高学习英语的兴趣。因此，英语教学活动要充分考虑交际性的特点，结合教材的内容，尽量利用各种教具，创设与学生生活密切相关的各种情景，进行真实或逼真的英语交际训练活动，这样不仅使学生学有兴趣，学有成效，而且能够做到学用结合。

（三）注意培养学生语言使用的得体性

英语教学的首要目标在于培养学生进行有效交际的能力，传统的英语教学只偏重语法结构的正确性，而根据交际性原则，学生要具备良好的交际能力，需要能够在适当的时间、适当的地点，以适当的方式，向适当的人，讲适当的话。这一点与上面一点密切相关，创设情景，开展多样的交际活动，课堂游戏、讲故事、猜谜语、编对话、角色扮演、话剧表演、专题讨论或者辩论等，都有助于学生在创设的情景中充分表现自己，从而掌握地道的语言。

（四）精讲多练

英语课堂的工作不外乎讲和练两种，前者是指讲授语言知识，后者是进行语言训练。在课堂上，适当的讲授一些语言知识是必要的，可以提高学习的效果。就如同学习游泳一样，在下水之前，教师讲解些注意事项、游泳的动作要领，可以有助于提高学生在水里训练的效果。但是，英语首先是一种技能，技能只有通过实际训练才能获得。因此，教师必须清楚，讲解的目的在于帮助学生更好地训练。在语言训练的过程中要针对学生的具体问题给以“画龙点睛”式的点拨。这不仅有利于学生语言交际能力的培养，还有助于学生养成良好的学习与思维习惯。在进行了必要的讲解之后，要给学生留出足够的训练时间。

（五）注重教学内容与教学活动的真实性，贴近学生的生活

语言与现实生活密切相关，教学活动的设计与教学内容的选择一定要考虑这一因素。在英语教学中，要把语言和学生所关心的话题结合起来，要给学生足够的、内容丰富的、题材广泛的、贴近学生生活的信息材料。另外，教学内容的真实性还要求教材的语言和教师的语言是真实的；就是说教材的语言和教师的语言应该是英语本族语人在交际过程中所使用的语言，而不是专为教学而编写出来的。

二、兴趣性原则

我国古代教育家孔子把学习分为三个不同的层次：知学、好学和乐学，认为“知之者不如好知者，好知者不如乐知者”。兴趣是最好的教师，是推动学生学习英语的最强有力的动力。“学习兴趣是学生积极探求事物并带有感情色彩的认识倾向。它可以使学生在学习活动中变得积极主动，从而获得更好的学习效果”。周娟芬指出，学习兴趣有定向功能、动力功能、支持功能和偏倾功能。（1）定向功能。学习兴趣作为影响学习过程的一种非智力因素，其作用是最为明显，也是最为持久的，它往往决定着学生的进取方向，为学生一生的事业奠定基础。（2）动力功能。学习兴趣与人的情感活动密切相关，可以直接转化为学习的动力。当学生对英语学习具有浓厚的兴趣时，学习就不再是一种负担，而是一种乐趣。（3）支持功能。英语学习是一个漫长而又复杂的学习过程，伴随着许多的困难与挫折，学习兴趣在于克服困难、战胜挫折、保持旺盛的精力对学习起着支持的作用。（4）偏倾功能。人们往往从自己的兴趣出发去审视事物。表现在英语学习上就是每个学生的兴趣不同，他学习的侧重点也就有所不同。有的学生对记忆单词特别感兴趣，有的学生特别喜欢阅读英语文章，还有一些学生特别喜欢用英语写点东西。对于这些侧重点的差异，教师需要因势利导，在学生原有侧重点的基础上，引导到全面正确的轨道上来。为了激发和培养学生学习英语的兴趣，我们应该做到以下几点：

（一）充分了解学生的生理与心理特点，尊重学生的主体性

学生是学习的主体，是整个学习过程的核心承载者。基础英语教学要从学生的心理和生理特点出发，改变传统的学习方式，让学生通过体验和实践进行学习。传统的语言学习方式强调学生在初级阶段要学好音标，学好语法，记忆一定量的词汇。英语课程必须从学生的心理和生理特点出发，遵循语言学习规律，从改变学生的学习方式入手，通过听做、说唱、玩演、读写和视听等多种活动方式，达到培养兴趣、形成语感和提高交流能力的目的，尤其是在学习的初级阶段更要如此。

（二）防止过于强调死记硬背、机械操练的教学倾向

英语学习需要一定的死记硬背和机械操练的活动。过多的机械性操练很容易导致课堂教学的死板与乏味，容易使学生失去或者降低学习英语的兴趣。为此，“应该重视科学的设计教学过程，努力创设知识内容、技能实践和学习策略，以营造启动学生思维的教学环境，帮助学生通过各种渠道获取知识，加速知识的内化过程，使他们能够在听、说、读、写等语言交际实践中灵活运用语言知识，变语言知识为英语交际的工具。这样，学生在获得交际能力的同时，综合素质也会得到相应的提高，学生的学

习兴趣才会得到巩固与加强。

（三）挖掘教材，激情引趣

教材是英语教学的核心，教师要想最大限度地调动学生的积极性，就要在备课中认真的研究教材，挖掘教材中的兴趣点，使每节课都有新鲜感，都有让学生感兴趣的内容和活动。

（四）善于发现学生的进步，多鼓励表扬，培养学生的自信心和成就感

对于学生来说，学习兴趣的保持在很大程度上取决于学习的效果，取决于他们能否获得成就感。因此，教师要通过多种激励的方式，如奖品激励、任务激励、荣誉激励、信任激励和情感激励等，激发学生积极参与、大胆实践、体验成功的喜悦。

（五）注意发现和收集学生感兴趣的问题，把这些问题作为设计教学活动的素材

例如，在教数字时，有一个教师请学生收集自己家里所有的数字，学生除了收集家里的电话号码、邮编、自行车牌照、汽车牌照等之外，还收集了全家人穿的鞋子的尺码、衣服的尺码、父母的身高、家里的藏书数目、自己的手办数量等等。这样，一节枯燥的数字课上得热闹非凡，笑声不断。

（六）增强教师与学生之间的交流

一个班级的学生来自于不同的家庭与环境，教师要平等地对待每一个学生，对学生充满爱心，通过各种形式与学生进行交流，真心地与学生交朋友，用自己对工作、对学生的热爱去影响学生，而且教师要活泼，富有幽默感，懂得学生的尊重与喜欢。实践表明，一个学生对某一门课程的喜欢与否，往往取决于他对于该授课教师的态度。另外，教师还要寓思想教育于教学之中，结合英语教学培养学生的道德情感和对英语学习的热情，创造和谐、宽松的课堂气氛，注意保护学生的自尊心。好的情绪转到学习中就会变为一种兴趣和动力。教师在严格要求学生的同时，还要给学生创造一种和谐的学习氛围，通过一个眼神、一个手势、一个微笑或一句赞许的话去影响学生。

（七）改变传统的英语测试方式

应试教育是学习兴趣的最大杀手。基础英语课程的评价应以形成性评价为主，采用学生平时教学活动中常见的方式进行，重视学生的态度、参与的积极性、努力的程度、交流的能力以及合作的精神等。除形成性评价外，小学高年级期末或学年考试可采用口、笔试相结合的方式。口试主要考查学生实际的语言应用能力；笔试主要考查学生听和读的技能以及初步的写作能力。评价可采用等级制或达标方法记成绩，不应对学

生按成绩排队或以此作为各种评比或选拔的依据。

三、灵活性原则

灵活是兴趣之源，灵活性原则是兴趣性原则的有力保障。语言是生活的一个必要的组成部分，是一个充满活力、不断发展的开放性系统。语言本身的性质以及学生的自身特点要求我们在英语教学中要遵循灵活性的原则，要在教学方法、语言学习和语言使用方面做到灵活多样，富有情趣。

（一）教学方法的灵活性

在英语教学史上曾经出现了许多种不同的教学方法和流派，例如语法翻译教学法、视听教学法、交际教学法等等，每种方法都有其自身的优势与不足，教师应该兼收并蓄、集各家所长，切忌拘泥于某种所谓流行的教学方法。英语教学包括语言知识和语言技能两个方面，语言知识包括语音、词汇、语法等内容，不同的语音、不同的词汇、不同的语法项目都具有不同的特点。语言技能包括听、说、读、写四个方面，其中又包括许多微技能。而学习者的个体差异也是千差万别的。因此，在英语教学过程中要综合学生、教学内容以及教师自身的特点，创造性地开展多种多样的教学活动，充分体现教学方法的多样性和创新性，使英语课堂新鲜有趣，从而激发学生学习英语的热情，挖掘学生的潜能。教学的内容也要体现多样性的原则，不光要教英语，还要教学习方法，结合英语教学教学生如何做人。

（二）学习的灵活性

教学方法和教学内容的灵活性可以有效地带动英语学习的灵活性。要努力改变以往单纯地死记硬背的机械性学习方法，帮助学生探索合乎英语语言学习规律和符合学生生理、心理特点的自主性学习模式，使学生能够自我导向、自我激励、自我监控；静态、动态结合，基本功操练与自由练习结合；单项和综合练习结合。通过大量的实践，使学生具有良好的语音、语调、书写和拼读的基础，并能用英语表情达意，开展简单的交流。

（三）语言使用的灵活性

英语学习的关键在于使用，教师要通过自身灵活的使用英语来带动和影响学生使用英语。教师应尽可能多地用英语组织教学、用英语讲解、用英语提问、用英语布置作业等等，使学生感到他们所学的英语是活的语言。英语教学的过程不应只是学生听讲和做笔记的过程，而应是学生积极参与，运用英语来实现目标、达成愿望、体验成功、感受快乐的有意义交际活动过程。另外，教师还可以通过灵活性的作业使学生灵活地使用英语，作业的布置应侧重实践能力，如可以让学生用磁带录制口头作业，让学生轮流运用英语进行值日报告，陈述和评议时事、新闻等。

四、宽严结合的原则

所谓的宽与严是指如何对待学生在学习过程中所出现的语言错误，也就是如何处理准确和流利之间的关系。外语学习是一个漫长的内化过程，学生从开始只懂母语，一直到最后掌握一种新的语言系统，需要经过许多不同的阶段，从中介语的观点来看，在各个阶段，学生所使用的语言是一种过渡性语言；它既不是母语的翻译，也不是将来要学好的目标语。这种过渡语免不了会有很多的错误。传统的分类方法将错误分为语法、词汇和语言错误。语法错误又被进一步分为冠词、时态、语态错误等。这种分类方法，主要基于语言形式，而忽视了语言的交际使用。对于各种错误的分析，是第二语言习得研究的重要课题，因为通过对于这些错误的分析，可以发现学生的学习策略，其实这些策略也正是学生产生这些错误的原因。第一个原因就是迁移。需要说明的是，许多人都想当然地认为迁移是外语学习者产生错误的主要原因，但是许多研究表明，由母语干扰所造成的错误在所有错误中所占的比例并不高。第二个原因是过度概括。学习者根据他所学的语言结构作出概括，然后去创造出一些错误的结构。

对待错误，有两种极端的做法是不可取的。一是把语言错误看得非常严重，“有错必纠”。这些人的理由是小学生正处在英语学习的初期，一定要学到正确的东西；如果对学生的语言错误听之任之，一旦养成习惯就很难改过来了。结果在学生讲英语时，教师往往会抓住学生的错误不放。这样很容易挫伤学生学习英语的积极性，他们十分害怕犯错误，久而久之就不敢开口讲话了。另一种极端的看法是对学生的语言错误视而不见。这些人的理由是熟能生巧，只要多说就能慢慢自我克服这些错误。这类教师强调的是学生语言的流利程度，结果导致学生毫不注意语言的准确性。

语言错误是学习英语过程中的必经阶段。出错—无意识错误—出错—意识错误—出错—自我纠正错误，是对于每一个英语学习者来说的必经之路，没有这个过程就不可能达到流利的程度。因此，要鼓励学生不怕出错，而且要耐心地倾听学生“支离破碎”的英语，并给予纠正指导。一方面教师要坚持用正确的语言熏陶学生；另一方面，当学生的语言错误影响到信息的传递时，要在鼓励的前提下进行必要的纠正，从而保证以后学生使用英语的准确性。也就是说，在英语教学中，教师应该采取宽严结合的方法；当以交流为目的时，对学生的语言错误采取宽容的态度；当以语法学习为目的时，则采取严格的态度。这样宽严结合，既保证学生具有扎实的语言基础，又有利于鼓励学生大胆使用英语。

宽严结合的原则实际上就是要正确处理准确和流利之间的关系。“没有准确，流利就失去基础”这句话是对的，但是这种说法只是强调了准确的重要性，正确的态度应该是“既要强调准确性，又要重视流利程度”。我们可以区分两种情况：对于初学者，不要过分纠正其语言中的错误，而要更多地鼓励他们使用英语进行交际；对于中等以上的学习者，可以适当地纠正其语言中的偏差，但是要以不打击他们的学习积极性为前提。换句话说，越到高年级，越要强调准确性。此外，在写作文或在课堂上演讲时，则应该强调准确性。

五、输入输出原则

所谓输入是指学生通过听和读接触英语语言材料，所谓输出是指学生通过说和写来进行表达。心理语言学研究表明，输出建立在输入的基础之上；在此意义上，输入是第一性的，输出是第二性的。首先，在人们学习英语的过程中，能理解的总是比能表达的要多。换而言之，人们所能听懂的，永远比能说的要多；而所能读懂的，又比所能写的多。我们能欣赏小说、散文和诗歌等优秀的文学作品，但我们自己并不一定能写出来。另一方面，语言输入的量越大，语言输出的能力就越强。也就是说，我们听的东西越多，我们读的东西越多，我们的表达能力也会越强。Krashen 认为有效的语言输入应具备以下三个方面的特点：第一个特点是可理解性。他认为，如果学生不能理解所输入的语言，那么这些输入无异于噪声，是不能被接受的。第二个特点是趣味性或恰当性。所输入的语言材料还要使学习者感兴趣。“要使学生对语言输入感兴趣，最好使他们意识不到自己是在学外语，把其注意力放在意义上。”第三个特点是足够的输入量。目前的外语教学严重地低估了语言的输入量的重要性。要习得一个新句型单靠做几个练习甚至读几段语言材料是远远不够的，还需要数小时的泛读以及许多的讨论才能完成。教师在教学过程中应该注意以下几点。

（一）尽可能多地让学生接触英语

要通过视、听和读等手段，多给学生可理解的语言输入，如声像材料的示范和贴近学生日常生活和学习、适合学生的英语水平、具有时代特色的读物等。另外，学生学习的内容不要局限在课本之内，教师应该打破课内外的界限，帮助学生扩大语言接触面。

（二）输入内容和输入形式的多样化

学生接触的英语既要有声的、又要有图像的，还要有文字的，而且语言的题材和体裁以及内容要广泛，来源多样化。比如，在日常生活中，尤其是在大中城市中，每天都会接触到许多英语，比如，文具、衣服、道路标志、电器等上面，就有许多英语。如果我们能利用这些，学生们就可能轻轻松松地学到英语知识。另外，我们还要注意根据上述语言输入的分类，尽可能地为学生提供多种形式的输入。

（三）提高接触语言的频度

学习语言，接触语言的频度比长度更重要。这就是为什么《英语国家课程标准》在教学建议部分指出“英语课程从三年级起开设，为保证教学质量和教学效果，三至六年级英语课程应遵循长短课时结合、高频率的原则，每周不少于四次教学活动。三、四年级以短课时为主；五、六年级则长短课时结合，长课时不低于两课时。

（四）首先强调学生的理解能力

只要学生能理解的，就可以让他们听，让他们读。而且，还可以只要求学生理解，而不必立刻要求他们用说和写的方式来表达。从教学目标而言，对语言技能应该有全面的要求，但是从教学的方法来看，应该先输入，后输出。

（五）为学生提供的语言材料要符合学生的实际情况，要符合可理解性和趣味性与恰当性的要求

当然，仅仅依靠语言的输入是不可能掌握英语、形成综合运用英语的能力的，还需要通过口头和笔头的表达来检验和促进语言的输入。在增加可理解的语言输入的同时，在理解的基础上不断进行有效的实践活动，这些实践活动在基础英语教学中包括一定的模仿练习。学习语言的确需要模仿，问题的关键在于如何模仿和模仿什么。如果只是机械地模仿，只注意语言的形式，那并不能保证学习者能在生活中真正的使用语言。比如只是要求学生注意语音、语调的准确，只要求死记硬背句型结构，而没有使学生真正了解这些句型结构所表达的含义，学生并不能在课外使用。模仿最好是模拟生活中的真实情景，注意语言结构所表达的内容，这种模仿才是有效的。尤其是在结对练习、小组练习的时候，让他们根据实际的情况使用所学习的语言，学生才能把声音和语言的意义结合起来。外语教学的研究人员还提出，不仅要有“可理解的输入”，还要有“可理解的输出”。

第三节　高校英语教学的基本目标

一、帮助学生理解英语

“教师使学生懂英语”这个过程仍然是一个使能过程，但不是使学生掌握技能和学习本领，像开车和修理机器一样，而是使学生动脑筋，学习语言知识。学生的学习过程不是一个行为过程，而是一个心理过程，教学的中心仍然是学生。

在这个过程中，学生是中心，是关键的参与者，而教师只是帮助者和使能者，与第三种情况相同。但是，在此学生不是学会做事，而是要扩展他的思维活动，获得新的知识。教师的任务是提供学生所需要的一定量的知识。这里需要考虑的是“知识”一词。学习语言通常认为有两种方式：学习语言和学习有关语言的知识。在此，知识纯粹是有关语言的特点和运用的知识。但掌握语言知识也可以称为懂英语。它既表示学习英语意味着学会有关语言的知识，也表示学会说这种语言。这两种解释实际上代表了两种不同的教学模式。从第一种模式的角度讲，学习知识可以只让学生理解和记忆即可，而不必要让学生去进行实际的操练和实践，其重点是心理活动。从第二种模式的角度讲，学生不仅要理解和记忆所学的知识，还要学会实际的语言运用技能，学会把所学的知识运用到实际语言交际中去。同时，还要学会在一定的文化语境中，即在目标语文化中，从事所要进行的交际活动，和学会语言要完成的交际功能，以及所要运用的语言知识。这样，教学的目标可以有两种：使学生学会有关语言的知识和使学生会讲这种语言。

二、教师帮助学生学会英语

“教师使学生学英语”，在这一教学过程中，学生学习英语，教师帮助他们达到目的。学生是行为者，是教学的中心。教师是使能者，可以采用各种各样的手段来帮助学生学习英语，例如，可使用各种各样的现代化技术和设备来帮助学生学习。

这一教学模式距离我们现代教师对教学的认识十分接近。教师首先考虑的是学生，而他们自己的角色就是指导和帮助学生。但现在我们没有考虑的是学生的任务是什么性质的，是什么样子的，只是想当然地认为学生如何学习，也就是说，对教学目标没有很好地进行限定。从教学方法和程序上讲，教师把教学的主体变成学生，教师的角色只是帮助学生达到学习目的，应该说这是一个很大的进步。但这个过程所提供的是一种方法，并没有提供教什么。我们可以根据让学生自己学，由被动变主动来考虑学什么和达到什么目标的问题：这个教学过程的目标是使学生学会英语。

以上所讲都是物质层面的过程，也就是说，教学的过程被看作是一种行为和动作，是做事情，是完成任务等。下面则是另外一种模式。

三、给学生传授语言知识

“教师把英语授给学生”的教学过程在此被视为一个物质交流过程。在这个交流过程中，主要的参与者是给予者和礼物，即教师和他所教授的语言，而学生的存在是偶然的，他只是被给予的对象。从人际交流的角度讲，教师像赠送钢笔等物品一样，把英语“给予”学生。在这种情况下，教师通常要教给学生他们自认为是“好”的英语，如“标准英语”“文学英语”等。在这种交流过程中，教师处于绝对控制地位，学生则完全处于被控制的地位。所以，学生认为什么是好的英语是无关紧要的，因为他没有发言权。教学的重点是语言，施事者是教师，学生只是受益者，接近情境成分。这似乎是传统外语教学的模式。教学的目标是教给学生自己认为是“好的”或者是“美的”英语，使学生学会标准的、高雅的英语。从方式上讲，教师在不停地教而学生则只能不停地接受。至于他愿不愿意接受和能接受多少，教师不太注意，而注意的是学生是否在接受。教师通常为自己所选择的美的教学材料，或者是美的教学方式所陶醉。教师的快乐在于知道学生懂得了自己在课堂上所教授的内容并且欣赏自己的教学内容和课堂表演。

四、训练学生的英语技能

“教师用英语教导学生”，从人际交流的角度讲，这一教学过程的重点仍然是教师，学生是参与者之一，但只是一个被动角色。他的参与受到外界因素的影响，受到教师行为的支配，他没有学习的主动权。但在这一过程中，教师不再是简单地像给予学生东西一样把语言传授给学生，而是使学生提高了技能，达到教师的训练目标。从课堂内容的角度讲，在这一教学过程中，教师通常提供大量的课堂训练和练习，以及大量考试。教学目标是使学生掌握运用语言的技能。

从教学方式上讲，教师主要给学生大量训练，开展许多活动，学生是这些活动的参与者和训练对象。这种教学模式既相似于传统教学法中教师主导一切的模式，也相似于模式训练法的教学模式，学生只是被训练的对象，自己没有主动权，所以难以发挥学生的主观能动性。这是一种结构主义和行为主义的教学模式。教师不是主要使学生学习语言知识，而是获得语言技能。但这种技能不是实际运用语言的能力，而是一些语言模式，而且这些模式大部分是一些根据结构主义理论提炼出的语言结构模式，而不是根据情境语境中的语境模式而提炼出来的语言功能模式。

五、发展学生的意义潜势

“教师使学生成为讲英语的人”，在此，教学过程被看作一个关系过程。教师仍然是一个使学生能够做某个事情（讲英语）的人，但他不仅仅是使学生能够做某个事情，而是使学生成为一个能讲目标语的人。语言被视为一个“潜势”，称为“意义潜势”。教学的目的是使学生掌握这一潜势，使学生会用语言来表达意义。这显然既包括使学生掌握有关语言的知识，也包括使学生掌握语言表达的能力，学会用所学的语言说话。

通过对以上几种教学模式进行比较分析可以发现，教学过程主要被看作一个物质过程，是一种活动，主要参与者是学生和教师。即使是心理过程，教师也是一个使学生做事情的人，是个控制者，而不是“感受者”。但在这个过程中，教师所起的作用是不同的。他可以作为控制者和行为者，学生是目标，也就是说，学生只能被动地接受教师所传授给他的任何他认为重要的东西；教师也可以作为训练者，做教练，让学生做一系列活动和动作，他是指挥和指导者，学生是活动的进行者，是行为者。教师还可以是使学生做事的人，他组织学生从事一系列学习活动。从这个角度讲，这几种模式有一个共同点，就是教师的作用越来越趋于向背景移动，而把主要角色让学生来承担。学生越来越成为教学活动的主角和中心。这是现代语言教学理论和方法发展的趋势。通过对以上几种教学目标的分析和比较可以发现，英语教学中的目标可以是：

第一，帮助学生理解英语；

第二，教师帮助学生学会英语；

第三，给学生传授语言知识；

第四，训练学生的外语技能；

第五，发展学生的意义潜势，但英语教学的主要目标是教授掌握外语的技能。

英语知识的学习只是辅助的，有利于促进外语学习，但不能代替外语技能的训练。英语教学的较高目标模式应该是综合性的，以发展学生的意义潜势为主的目标模式，但最高目标应该是培养学生的跨文化交流能力。

六、跨文化交流能力的培养

随着 2004 年新教学大纲（试行）的颁布、英语教学改革的深入，培养学生交际能力的意识越来越深入人心。但我们在英语教学实践中却发现，尽管我们在培养学生听说读写言语技能方面花费了大量心血，但教学效果并不明显。通过分析，就会发现现行的围绕听、说、读、写、译等言语技能训练所编的教材及所采用的教学方法存在着一定问题。严格地说，目前大学英语教学还没有突破语言知识的掌握和言语技巧的训练的框框，学生所学到的更多的是语言表面的知识。因此，作者认为，英语教学仅仅重视言语技能的训练是不够的，还必须注重交际能力的培养。实践证明，言语技能的训练不能自然生成交际能力；交际能力的形成除了语言因素外，还有社会文化能力、语境能力、行为能力等诸多要素。因此，要想培养学生的交际能力，英语教学除了传授语言内容和进行言语技能训练外，还必须努力对学生进行跨文化条件下语言能力、语用能力等的专门培养和训练，以提高学生在特定的社会文化情境中的跨文化交流能力。

培养学生的跨文化交流能力是英语教学的最高目标。英语教学的过程实际上是一种文化适应的过程。一方面，它要求学生把目标语文化也就是英语文化与自身现有知识进行等值条件下的转换，另一方面，又要无条件地但又积极地理解、吸收与本国文化不同的信息。由于英语与汉语的巨大差距，因此，学习英语不可避免地遇到文化差异造成的障碍和困难。为了消除这种障碍，英语教学就必须强化文化教学，即在教学过程中，相应地进行英语语言文化教学。从英语教学的角度讲，教授语言知识和培养言语技能是前提、是基础，而跨文化交流能力的培养是前者的深化和提高；前者是手段后者是目标。

第二章　高校英语教育教学的现状

《大学英语课程教学要求》（以下简称《课程要求》）是目前指导我国高校大学英语教育教学的纲领性文件。《课程要求》明确地将大学英语教学作为我国高等教育的有机组成部分，把《大学英语》课程作为大学非英语专业学生通识必修课程（教育部高教司，2007）。作为以非英语专业本科生为教学对象的公共基础课程，《大学英语》服务于高校学生专业学习需求和专业人才培养总目标。

我国高校大学英语教育一路走来，汇聚了众人的智慧和心血，取得了喜人的成就。大学英语教学是个系统工程，牵一发动全身。我们每推动一项改革，都会涉及到课程设置、教学方法、教学评估、教学管理等方方面面的调整（文秋芳，2012）。

本章第一节通过对近年来我国高校大学英语教学在课程设置方面的变化进行调查研究，分析总结《大学英语》在学分、学时和开设课程类型等方面的特点和发展趋势。第二节从教学系统要素分析的角度，探讨我国高校《大学英语》课程在教学对象（学生）、教师、教学内容、教学媒体等方面的特征。第三节根据作者所做的问卷调查，分析大学英语课程教学与现代信息技术的整合情况，重点讨论了《课程要求》关于“基于计算机与课堂的大学英语教学模式”的实质，及其在新形势下的发展方向。

课程设置指依据一定的培养目标，选择课程内容，确定课程门类、学分和教学时数，编排学年及学期顺序，形成合理的课程体系。根据《教学要求》基本原则和指导思想，围绕院校学科专业特色建设和发展定位，开展大学英语课程设置，这是高校大学英语教学改革的主要内容。大学英语课程设置改革要通过充分有效的需求分析，整合各种教学资源，按照院校大学英语教育改革规划，确立校本大学英语课程体系，确保不同专业类型、不同层次、不同需求的学生在英语应用能力方面得到充分的训练和提高（郭强，2004）。

大学英语课程不仅是一门语言基础课程，也是拓宽知识、了解世界文化的素质教育课程，兼有工具性和人文性。因此，设置大学英语课程时，也应当充分考虑对学生的国际文化知识的传授和跨文化素质的培养。大学英语课程的教学目标是培养学生的英语综合应用能力、跨文化交际能力和学习策略，使他们在今后学习、工作和社会交往中能用英语有效地进行交际，同时增强其自主学习能力，提高综合文化素养，以适应我国社会发展和国际交流的需要。在确保大学英语作为通识教育必修课的基础上，各校可根据实际情况，按照《课程要求》和院校的大学英语教学目标，设计出适合院校专业人才培养的大学英语课程体系，将综合英语类、语言技能类、语言应用类、语言文化类和专业英语类等必修课程和选修课程有机结合，确保不同层次的学生在英语应用能力方面得到充分的训练和提高（教育部高教司，2007）。

第一节　高校英语课程设置概况

一、大学英语必修课程设置情况

《课程要求》对大学英语必修课程的学时和学分没有做出明确的要求，但原则性地要求给予足够的学时和学分，并要求学校充分利用现代信息技术，开发和建设各种基于计算机和网络的课程，保障学生自主学习，满足不同英语起点的学生的个性化学习需要和专业发展的需要（教育部高教司，2007）。

通过对国内数十所高校的问卷调查，我们把 2000 年和 2015 年作为两个时间节点，对 2000 年以来国内高校大学英语课程设置情况做了简要的对比研究，重点了解高校大学英语作为必修课程在学分、学时、课程类型等方面的变化，具体情况如表 2–1 所列。

表 2–1　2000 年以来本科生大学英语必修课设置情况变化对照

	2000 年		2015 年	
	基本情况	特点	基本情况	特点
开设学期	4 个学期	突出大学英语作为一门通识必修课的重要地位	3~4 个学期	大多数高校坚持开设 4 个学期，部分高校把大学英语必修课压缩到 3 个学期，相应地在选修课板块为学生开设各类 ESP 课程，满足学生个性化英语学习需求

续 表

	2000 年		2015 年	
	基本情况	特点	基本情况	特点
学分	16~24 学分	各高校对大学英语课程普遍比较重视，特别是在本科教学质量评估导向作用下，学分、学时比较充足	8~24 学分	大多数学校在大学英语必修课设置上采取减少学分、学时或者保持相对稳定的作法；部分薛晓根据校本专业特色和发展定位而维持其较高学分、学时，个别学校在个别专业甚至适当提高了学分、学时
学时	4~6 学时 / 周		2~6 学时	
课程	以精读课为主（泛读、快速阅读学生自学），部分学校单独开设听力课，多数学校在精读课中安排一定的听力教学内容	在听说领先外语教学理念的影响下，突出交际法，但以精读课为主的大学英语课程建设情况依然明显	综合英语课程、视听说课程相结合，部分学校单独开设口语课、写作课	在重视听说读写译综合能力培养的基础上，普遍将视听说作为大学英语必修课的有机组成部分；同时，部分高校还根据专业人才培养的需要，单独开设了口语课、写作课

调查统计结果表明，在我国高校普遍压缩学时学分的形势下，大学英语必修课的学时、学分普遍减少，而且，部分学校减少大学英语必修课学时、学分的幅度还比较大。但大学英语作为一门必修课的地位没有动摇，大学英语教师在教学过程中越来越重视培养学生的英语综合应用能力和跨文化素养。

在大学英语课程类型上，主要以综合英语课为主，英语视听说为辅，重视听、说、读、写、译等综合能力的培养。在开展以综合英语、视听说为主的课堂教学的同时，多数高校还根据《教学要求》关于“基于计算机和课堂的英语教学模式”的意见，加强大学英语网络自主学习中心的建设，保障学生课外基于网络的自主学习。不少高校还通过购置或自主开发大学英语学习系统，充分发挥大学英语网络自主学习中心的作用，比如：要求学生利用大学英语网络自主学习中心的设备条件和软件系统，自主学习、训练大学英语口语、大学英语写作，并将其学习进度情况和效果纳入期末学生考评体系。

由于学生在招生类型及专业发展等方面的差异性，高校在大学英语必修课设置中也有很大的差异性。比如，由于我国高校国际化发展的深入，中外合作办学项目在高校招生类型中占有一定的比例，根据这类学生的发展需要，为了突出国际化的特色，通常在大学英语必修课学分、学时上，都有较高的要求，在开设课程的门类上，往往也跟国际接轨，特别是重视学生的口语、写作等语言输出技能训练。所以，大多学校对中外合作办学项目的学生都单独开设了口语课或者写作课。

二、大学英语选修课程设置情况

大学英语课程设置情况反映大学英语教学主管部门和教育工作者的教学理念。近年来，在我国高校大学英语课程设置方面，大学英语教学界出现了两种完全不同的教学理念取向，一种是把大学英语当成英语专业来教，另一种是坚持大学英语应当为学生专业学习服务的理念（蔡基刚，2014）。

持上述第一种教学观念取向的学校，在大学英语教育教学中，参照英语专业的课程设置和教学模式来开展大学英语教学，除了在基础阶段开设以综合英语、视听说等必修课程外，在大学英语提高阶段为学生开设各类以提升学生英语应用能力为目标的各类课程，例如：英语报刊选读、英语影视欣赏等。根据蔡基刚 2010 年对全国 65 所高校的大学英语在完成基础阶段综合英语教学任务后所开出的选修课程统计（详见表 2-2），这类大学英语提高阶段的课程设置和教师安排等方面都已经不分大学英语和英语专业了。除了学分和课时的区别外，两个不同专业的学生都可坐在同一课堂选修同一门课。这个趋势由于新生英语水平不断提高，大学英语综合英语必修课程学期数的减少以及通识英语选修课程的增加而得到越来越多高校的认可（蔡基刚，2014）。

表 2-2 65 所高校大学英语选修课程设置情况调查结果（蔡基刚，2014）

英语技能类		语言文化类	
课程名称	学校数	课程名称	学校数
英汉翻译	48	英美社会与文化	42
英语写作	40	外国影视欣赏	41
英语视听说	37	英语报刊选读	37
英语口语	33	英美文学	31
英汉口译	33	公众演说	26
英语阅读	22	跨文化交际	22
英语听力	20	中外文化对比	20
词汇学	8	英美小说	17
语音学	5	英美概况	13
高级英语	4	英美名作赏析	12

上述第二种大学英语教学观认为大学英语应当为专业院系服务，培养学生用英语

开展专业学习和研究的能力以及毕业后用英语从事某种涉外职业的能力。持这种观点的学校，在大学英语提高阶段选修课程的设置方面，各有千秋，但其教学观都落脚在专门用途英语（english for specific purposes，ESP）课程设置上，各校根据校本专业特色及发展定位开设各种各样的 ESP 课程。如服务于应用型本科人才培养的知识产权行业英语、涉外律师行业英语、会计行业英语、建筑行业英语、汽车行业英语、IT 行业英语、纺织行业英语、空调制冷行业英语等各类行业英语课程；服务于研究型本科人才培养的学术英语写作、科技英语阅读、管理科学英语、网络科技英语、法律英语等各类学术英语课程。

上述两种截然不同的教学理念在大学英语教育教学改革中的体现，重点反映在课程设置上。不同的教育观念取向，必将影响大学英语教育教学改革的走向及其发展，大学英语是采用英语专业的教学模式？还是坚持为专业学习服务？或者以某一种取向为主，兼顾另一种取向？

对于上述问题的回答，每个学校都可能有不同的答案。但是，随着经济全球化、文化多元化、教育信息化、英语国际化的不断深入，随着我国基础教育水平的不断提升，以及大学生入学英语水平的不断提高，全国高校也在不断深化大学英语教育教学改革，专门用途英语（ESP）越来越受到重视，以学生发展为驱动，面向高等教育国际化的社会需求，面向学校本科专业人才培养的需求，这是新形势下我国高校大学英语教学改革的主旋律（蔡基刚，2012）。根据分类、分层次教学原则，学校围绕各自学科专业特色和发展定位，在对大学英语必修课程设置进行改革、切实提高学生英语综合应用能力的同时，纷纷加强 ESP 大学英语选修课程建设，重视通用英语（English for General Purposes，EGP）和专门用途英语（ESP）之间的交叉融合，加大大学英语课程体系的建设力度，不断凝炼和固化校本特色的课程体系，更好地服务于院校专业人才培养。

以笔者对部分院校的调查为例，大部分院校近年来的大学英语教学改革坚持分类、分级教学原则，结合院校专业人才培养方案实际，围绕学校学科专业特色和发展定位，经过多年的探索和实践，初步建立了具有校本特色的大学英语课程体系。

在课程设置中，坚持专业学习与个人发展相结合，必修课与选修课相结合，课堂教学与自主学习相结合，EGP 和 ESP 相结合。首先，课程设置既要反映专业人才培养方案对学生专业学习的要求，又要充分满足不同招生类型学生在个人兴趣、职业发展等方面的需求。如在 A 大学的软件学院，把《IT 英语》纳入大学英语必修课程（在第 4 学期开设），而面向其他专业学生，《IT 英语》则是一门通识任选课。

其次，在课程性质方面，不仅充分考虑新形势下学校对大学英语课程学分压缩的现实，确保各类学生基础阶段的《大学英语》必修课，又要充分利用学校的通识课（选修模块），陆续开设、建设各类 EGP 和 ESP 课程，在切实提高大学英语必修课效果的同时，尽可能给予学生更多的选择 ESP 课程机会，最大限度地满足各类学生的不同需求（文秋芳，2012）。

在深化大学英语教学改革的过程中，我们不断更新教育观念，努力破解 EGP 和 ESP 课程之间的误区，将综合英语类、语言技能类、语言应用类 . 语言文化类和专门用途英语类等必修课程和选修课程有机结合，搭建科学、合理、系统的大学英语课程体系，突出校本特色，确保大学英语四年不断线，确保不同类别、不同层次的学生在英语应用能力和跨文化素养方面得到充分的训练和提高。下面以 A 大学国际教育学院大学英语教学改革为例，说明如何实施个性化的课程设置。

A 大学国际教育学院是 A 大学负责中外合作办学项目的专门教学管理机构，现有服装与服装设计、纺织工程、市场营销、会计学、视觉传达设计、环境设计 6 个本科教育项目（与英国曼彻斯特大学合作办学），依托中外合作高校双方办学优势，强化特色办学，通过强化英语教学、外专外教授课，提高学生英语交流应用能力。根据 A 大学国际合作办学项目教学大纲及招生专业等实际情况，学院对中外合作办学项目大学英语课程设置进行了系统的改革：第 1 学年（8 学分）实行不分级教学，按照大学英语基础阶段要求，开设相同的课程，即大学英语读写（4 学分）、大学英语听力（2 学分）、大学英语口语（2 学分，全外教授课）。

第 2 学年（8 学分），根据学生的英语水平，达到或相当于英语四级水平的学生进入 A 级编班学习，并根据学生是否有出国留学意愿，设立两个选修模块，模块 1 为出国留学英语课程，开设雅思听力、雅思口语、雅思阅读、雅思写作等；模块 2 为专门用途英语课程，开设服装英语、纺织英语、商务英语、会计英语、视觉传达英语、环境设计英语等；未能达到英语四级水平的学生留在 B 级，继续学习基础阶段大学英语课程，即大学英语读写（4 学分）、大学英语听力（2 学分）、大学英语口语（2 学分，全外教授课）。

第 3~4 学年，达到合作学校（英国曼彻斯特大学）关于留学生语言基本要求、自愿申请并通过选拔考试的学生，直接到合作学校完成本科学业；未能到合作学校学习的学生，无论是 A 级还是 B 级的学生，均可选修全校通识类英语课程，如国际交流英语、英语应用写作、英语国家文化、英美文学欣赏、科技翻译等；B 级学生还可以选修第 2 学年为 A 级班级学生开设的课程，例如：服装英语、纺织英语、商务英语、会计英语、视觉传达英语、环境设计英语等。

高等教育国际化背景下，大学英语课程的重要性不言而喻。但随着我国高校本科人才培养计划的不断改革，特别是对学分、学时的大幅压缩，大学英语课程在全校通识教育必修课中的地位普遍被削弱。而与此同时，对大学英语教师提高教学水平、提升学生英语应用能力的预期却有增无减，大学英语教育教学改革面临着前所未有的压力与挑战。大学英语教育教学改革的关键还是教师。大学英语教师不仅要充分调动自身的积极性和主观能动性，而且要通过自己不懈的努力，尽可能争取管理者的理解和支持，最大限度地为学生专业学习和个人发展服务（杜建慧，郭万群，2014）。这也是笔者开展大学英语课堂教学研究的根本原因所在。

第二节　高校英语课程教学系统要素分析

在现代信息技术条件下，现代教学媒体的作用越来越显著，极大地冲击着传统的教学系统。虽然现代教学系统仍由教师、学生、教学内容、教学媒体这四个基本要素构成，但这四个要素在现代教学系统中的作用发生了根本的变化，而且，四大要素也不是简单地、孤立地拼凑在一起，而是彼此相互联系、相互作用而形成的有机整体。现代教学媒体的强势发展和影响，从本质上改变了传统教学系统四要素及其之间的关系，极大地提高了系统内部各要素之间信息传递和转化的效率（余胜泉，陈玲，2005）。这里，结合笔者对高校大学英语教与学现状的调查情况，讨论分析大学英语课程教学系统四要素及其相互之间的关系。

根据笔者对国内35所高校的问卷调查，笔者对最近15年国内高校大学英语教与学情况的发展变化进行了统计，以2000年和2015年为节点，对比分析情况如表2–3所列。

表2–3 我国高校大学英语教与学的发展变化情况对照。

	观测点	2000年		2015年	
		基本情况	主要特点	基本情况	主要特点
课堂教学	班级人数	通常在60人以上	由于英语师资配置不足，大班授课普遍	一般为40人左右	在外语课程小班授课上达成共识，多数学校把每个专业自然班作为授课班级
	任课教师	本科学历为主，很少有国外经历，年轻教师是主体，女教师为主，很少有外教授课	学历偏低、师资结构不合理	硕士以上学历为主，有国外经历占一定比例；各校都有外籍教室，有的民办特色学校外教成主力军	师资结构多元化、任职资质水平较高

续　表

	观测点	2000 年		2015 年	
		基本情况	主要特点	基本情况	主要特点
课堂教学	教学方法	教师主讲为主	重视交际能力培养，但大多数老师还跳不出传统教学法，基本上仍以教师讲课为主	教师主讲与任务型教学活动相结合	注重学生英语综合能力培养，在以教师为主导的基础上，普遍探索以学生为中心的教学法
	教室	普通教室为主	传统无辅助教学为主，学校的多媒体课室有限，只有部分老师能使用多媒体教室	多媒体教室、网络教室	普遍采用基于计算机和课堂的大学英语教学模式
	教材	纸质	教材单一，以课本为主	纸质 +DVD+ 网络	教材立体化、数字化、多样化
	教学内容	课本	以 EGP 为主，文学欣赏是主要选材来源	课本 + 自主学习内容	课本在选材上具有时代性、广泛性、多样性，在形式上具有多模态性；学生自主学习的教学资源丰富多彩
	教学目标	培养学生具有较强的阅读能力和一定的听、说、读、写、译能力，使他们能用英语交流信息，帮助学生打下扎实的语言基础	学生阅读能力较强，听说读写能力较差，交际能力的培养还很难落到实处	培养学生英语综合应用能力，使其在今后学习、工作和社会交往中能用英语有效进行交际，同时提高综合文化素养	学生英语综合能力有所提升，重视语言输出，能力相对均衡
课外学习	课外学习内容	以预习、复习教材为主，订阅英文报刊为辅	以课本为主，课外学习资源比较匮乏	教材与数字化学习资源并重	课外学习资源丰富多样，非正式学习成为学生课外学习主体

续 表

	观测点	2000 年		2015 年	
		基本情况	主要特点	基本情况	主要特点
课外学习	课外学习方式	相当一部分学生局限于课本；学有余力的学生阅读经典名著、英文报刊、收听广播、播放英语歌曲磁带，但很少动笔写作	以“读”为主的语言输入，缺乏语言输出	学生采用各种媒体，根据兴趣开展多模态阅读（包括视读、听读），免费下载英语歌曲或演讲等，课外随时随地用手机、iPad、Mp4 等播放，也会在线发布评论，通过 QQ、E-mail、飞信、微博、微信与外界保持联系互动，而且这种互动一般是阅读、写作交织在一起	基于网络的多模态语言输入强化了课外学习，而且泛在式学习技术也有力地支持和促进了学生语言输出
	课外交际模式	学生根据老师布置的任务进行面对面的交流，个别学生有手机，极个别有电脑	主要是人际互动	移动通信普及，全部有手机，多数有电脑	人际交流和人机互动相结合
	课外学习媒体	书本、收音机、校园广播等	学习媒体比较单调，静态、单向为主，新媒体应用成本较高	手机、个人电脑，iPad，课本、校园网、校园广播、网络自主学习中心等	学习媒体多样化、高交互、低成本，泛在式学习成为课外主流学习方式
	课外学习场所	教室，图书馆为主，宿舍为辅	场所功能明确	教室、图书馆、宿舍，网络自主学习中心等	学习不受场所局限。学习成为随时随地的行为

续 表

	观测点	2000 年		2015 年	
		基本情况	主要特点	基本情况	主要特点
课外学习	外语文化氛围	外语角是少数英语爱好者的专享，到学校网络中心观看英语大片是学生周末英语学习的文化大餐	外语文化匮乏单调	上网在线观看各种影片：参加各种外语文化表演及其他社团活动	外语文化丰富多样，学生不仅可以通过不同途径欣赏外语文化，还可以参与其中，促进语言学习和跨文化意识的培养
学习评价	学期考试	以期末统考为主，期末考试成绩占总评成绩的 80% 以上	以终结性评价为主，过程性评价为辅	期末考试占总评成绩普遍减少 (一般在 50%~70% 之间)	形成性评价与终结性评价相结合，突出形成性评价在教学中的重要作用
	四级考试	多数学校实施大学英语四级考试 (CET4) 成绩与学历、学位挂钩的英语教育政策	四级考试基本上为必考	大学英语四级考试 (CET4) 成绩普遍与学历、学位脱钩	学生自愿参加 (CET4) 考试，而且部分通过了大学英语四、六级考试的学生还可以自主参加大学英语口语考试 (CET-SET)

一、大学英语学习者

与任何一门课程教学一样，《大学英语》课程教学的出发点和落脚点都应当是学生。研究大学英语教育教学，首先要研究大学英语学习者。

近年来，随着大学新生英语水平的不断提高，学生对自己的英语综合能力提高的目标和要求也不断提高。现在的大学新生都是在基础教育实施“新课标”后开始学习英语的，他们在学习目标定位、学习理念、学习动机、学习方法、学习条件等方面都有明确的特点。

首先，学生学习大学英语的目的很明确，那就是要通过大学英语学习，提高自己的英语综合应用能力，特别是听说能力，从而在今后学习、工作和社会交往中能够用英语有效地进行交际。同时，在经济全球化、文化多元化、交流信息化的时代背景下，学生也急需提升自身的综合文化素养特别是跨文化素养。

通过基于“新课标”的基础教育，这些大学新生在学习理念、学习动机、学习方法等方面具有非常显著的特点。他们把英语学习与今后升学、就业和终身学习紧密结合，力求把自己培养成具备基本英语素养和跨文化素养的21世纪公民；他们能够根据自身认知特点和学习发展的需要，着重提高用英语获取信息、处理信息、分析和解决问题的能力，以及用英语进行思维和表达的能力，增进跨文化理解和跨文化交际的意识和能力；他们能够根据自身发展需要选择个性化的学习方法、学习策略，最大限度地发展个人潜能；他们注重通过英语学习策略训练，不断优化学习方式，提高自主学习的能力；他们受建构主义学习理论的影响较深，能够把学习作为自己主动建构知识和意义的过程（杨敏，2004）。

现在的在校大学生都是2000年左右出生，也就是说，他们都是伴随着互联网快速发展而成长起来的新一代，是典型的数字原住民（Digital Natives）。随着网络信息技术的迅猛发展，强调依靠信息技术进行意义建构与知识创新的建构主义学习观盛行。对现在的大学新生来说，学习是一个积极且有意义的知识建构和真实的体验；学习是他们讨论、合作、协调和知识共享的完整的过程，而不是孤立的技能训练（郭万群，杨永林，2002）。

在大学英语课程教学中，小班授课越来越普及，多数学校通常都以专业自然班作为授课班级，一般情况下，每个自然班学生人数大多在30~40之间。学生课外英语学习方式丰富多样，学生在图书馆、宿舍、网络自主学习中心等场所，采用各种媒体途径，根据兴趣开展在线多模态阅读（包括视读、听读），免费下载自己爱好的各种英语歌曲、演讲、Ted教育视频等，课外随时随地用手机、iPad、mp4等播放，他们也会在线发布一些评论，通过QQ、E-mail、微博、微信等社会化协作软件，与外界保持联系和互动，而且这种互动一般是阅读、写作交织在一起，语言输入和语言输出相得益彰。高校外语文化氛围普遍比较浓厚，学生不仅可以通过在线观看英语影片等不同途径欣赏外语文化，还可以通过参加英语角、外语文化月等各种外语活动，提高语言应用能力。

二、大学英语教师

教学活动离不开学生、教师两个主体。学生是“学”的主体，在以学习者为中心的教育理念下，充分发挥学生中心地位意义重大。但作为“教”的主体，教师在教育教学过程中则起着主导性作用，大学英语师资队伍建设对于深化大学英语教育教学改革至关重要。

近年来，高校大学英语师资队伍不断壮大，师资在学历层次、专业水平等方面都有较大幅度的提升。大学英语教师队伍中，随着20世纪50年代出生的老师陆续退休，现职教师大多都是硕士以上学历，有国外留学或工作经历的老师也占有一定的比例，很多重点大学要求教师必须通过各种方式到国外访学深造，否则在职称评定和提拔任用等方面就会一票否决。外籍教师也成为大学英语师资队伍中不可或缺的组成力量，在中外合作办学项目和某些民办特色学校，外籍教师甚至成了大学英语师资队伍中的主力军。

在大学英语教材不断更新、升级的市场机制推动下，基于新教材的大学英语教师培训使大学英语教师在教学理念、教学方法等方面与时俱进、不断发展。广大教师注重学生英语综合能力培养，在以教师为主导的同时，普遍关注、探索以学生为中心的教学法，取得了显著的成果。

在高校本科教学质量评估的政策推动下，近年来高校大学英语教学条件建设发展迅速，多媒体课室和大学英语网络自主学习中心得以普及，为大学英语教师探索基于计算机和课堂的教学模式、改善教学效果奠定了坚实的基础。

为了确保大学英语教师队伍健康发展，各校大学英语教学部门完善制度，改进工作机制，通过教改、教研、教师专业发展一体化的团队建设，加强观摩教学、师资培训与学术交流，推动学习型师资团队建设，提升大学英语教学团队整体理论水平。现在的大学英语教师发展不仅仅是“站好讲台”了，他们还积极投身教改、教研，发表学术论文，编写、出版校本特色英语教材。

当然，随着大学英语课程体系改革的不断深入，大学英语师资队伍建设也出现了一系列难题，面临着来自各方面的各种挑战。例如，随着我国大学英语教学改革正处于一个从EGP到ESP的转型时期，急需具有ESP背景的“双师型”教师队伍（蔡基刚，2012）。大学英语教师面临着职业转型的挑战，不仅仅要讲授传统的语言技能，还要根据学生的专业学习和就业需求，给学生开设各类学术英语（English for Academic Purposes，EAP）或职场英语（English for Occupational Purposes，EOP）。但高校缺乏行之有效的ESP师资队伍建设规划或举措，大多数英语教师对专门用途英语有危难情绪、不愿转型，而且由于“双师型”师资在学科专业归属、职称晋升等方面缺乏政策引导、鼓励和支持，合格的ESP师资严重匮乏。

大学英语“教”的主体无疑就是大学英语教师。但在我国高校，大学英语课程建设是一个系统工程，其主体不能局限于传统意义上的教师，还离不开教学管理者的参与。也就是说，大学英语教学具有教师、学生、管理者“三个主体”，而且，在我国高等教育体制下，管理者这个主体的作用不可低估，有时候甚至起到决定性的作用，深化大学英语教学改革离不开管理者的充分重视和参与。我国高校大学英语教学改革管理者主体是一个广义的概念，既包括高等教育各级各类行政主管（如：教育部、省市教育厅的相关主管，以及学校分管领导、教务处领导等），也包括大学英语教学部门主管，甚至还可包括教育部、各省（市）大学英语教学指导委员会等学术机构。这些管理者主体是大学英语教学改革的决策者、组织者、管理者，他们对大学英语课程建设的理解、支持和付出，是大学英语教学改革的决定性因素之一。以学校教学管理职能部门教务处为例，大学英语课程教学管理与改革的方方面面都离不开教务处的关心和支持，如：本科人才培养方案中对大学英语课程性质的定位、学分/学时分配、教学资源配置、教学改革立项、学生分级分班、课程排课、教学场所安排、学生竞赛资助、教学奖励等。其实，除了上述主体，大学英语教学改革的顺利开展，也离不开学校各专业学院、学生处和团委等职能部门主管领导的关心与支持。为了充分调动各方积极性，大学英语教学部门（大学外语部或外国语学院）必须加强与学校有关领导和职能部门的交流互动，保障大学英语教育教学改革的顺利实施（杜建慧，郭万群，2014）。

三、大学英语教学内容

这些年来，从《大学英语教学大纲》到《大学英语课程教学要求》，我国大学英语教育教学政策不断更新，《大学英语教学大纲》在1980年发布后又分别于1985年、1999年进行了两次修订；《大学英语课程教学要求》发布于2004年，于2007年也进行了修订。随着政策的变化，大学英语教材建设不断升级，优质教材不断涌现，教材建设不仅在教材形式的开发、教学内容的编写、教学理念的普及和任课教师的培训等方面都发挥了积极的作用。

根据《大学英语课程教学要求》（2007年修订），“大学英语的教学目标是培养学生的英语综合应用能力，特别是听说能力，使他们在今后学习、工作和社会交往中能用英语有效地进行交际，同时增强其自主学习能力，提高综合文化素养，以适应我国社会发展和国际交流的需要。”可见，大学英语课程的教学内容主要包括英语语言知识、听说读写译的技能以及英语文化知识和跨文化交际技能。

随着基于计算机和课堂的大学英语教学模式的普及，大学英语教学内容在教材载体上不断更新升级，除了传统的纸质教材外，学生还可以在学校网络自主学习中心学习，也可以使用手机、iPad 等新媒介自主学习，充分利用国内外优质的开放教学资源。多元化的教学资源突破了传统纸质教材的局限性，立体化、数字化（如 DVD、网络在线学习系统等）的教材体系为大学英语教学提供了题材广泛、形式多样的教学材料，很好地满足了新媒介时代学生的个性化学习需求。同时，除了选用高水平优质教材，各校纷纷开发校本特色教材，建设数字化校本教学资源，以满足学生个性化学习中对真实性语言教学材料和学习环境的需求，以及学生对多模态教学的需要和日益增长的跨文化交流需要。

大学英语教学内容与时俱进，除了传统的读写能力，文化素养也成为大学英语教学中不可或缺的内容。新媒介时代，即便是读写能力，在内涵上，也发生了巨大的变化。现在的读写能力不仅仅是使用正确，还指能够更加充分和全面地交流和表达意义，体现了对交流的更加广义的理解以及更加积极的学习方法。

以写作学习为例，过去的学生写作练习是要一笔一画写在本子上的，如果写错了要改动很不方便，现在则大不相同了，学生不仅可以反复而又很容易地对文本进行修改，还可以利用 Office Word 等文字处理系统的拼错、语法识别提示和自动修改功能协助书写。过去，优秀的英语学习者在课外也有坚持用英语写作日记或者周记的好习惯，而现在的泛在式学习使学生可以通过手机短信、E-mail 或 QQ、微博、微信等社交软件随时随地写作、交流互动。另外，现在的写作也更加口语化、非正式化，经常使用缩写、情绪符号等，也就是说，数字化、可视化极大地丰富了文字表达的形式和内涵，集成性视听文本（如飞信、微信）在青年学生中广为流行。现在的书面课文通常都配有数字化的在线多模态文本，除了与纸质课文相配套的在线文字形式，经常还有音频、视频等辅助学习媒介。

在基于计算机和课堂的大学英语教学模式普及过程中，教材的观念逐步为教学资源所替代。教学资源建设成为新媒介时代大学英语课程建设的核心内容之一，它不仅决定着课程的教学内容，也是大学英语教学工作者教学观念的重要反映。“一本书，一个讲台”，这种以教师“讲”为主的传统教学模式已经成为历史。由于信息时代知识的公开性、共享性，作为知识传播的主体，教师的权威性受到挑战。时代呼唤能够顺应信息化发展的新型教师。

四、大学英语教学媒体

随着新媒介的迅猛发展，在现代教学系统四要素中，教学媒体要素越来越重要，极大地影响着其他三个要素。

根据我们对国内 35 所高校的问卷调查分析，近年来，高校大学英语课堂教学条件和学生自主学习条件都发生了巨大的变化。多媒体教室、网络教室得到普及，基于计算机和课堂的教学模式成为大学英语教学模式的主流，以多媒体为特征的大学英语教学资源有力地支持、促进了学生的个性化学习和交流。

在课堂教学中，教育者可以利用各种教学工具，如图片、视频、音乐等，激起学生学习的兴趣，引导学生进入多模态学习环境，进而达到很好的教学效果。教师可以将课内教材与课外读物相结合，鼓励学生拓展课外学习，利用网上资源及图书馆图书等进行多方位学习，进一步巩固知识。

泛在式、非正式学习成为学生课外学习主体。学生采用各种媒体途径，例如：手机、个人电脑、iPad、课本、校园网、校园广播、网络自主学习中心，根据个人兴趣和学习发展需要，进行多媒体、多模态学习，课外随时随地用手机、iPad、mp4 等播放学习，或通过 QQ、微信、微博等社交软件与外界保持联系和互动。

一系列实验研究表明，文字、声音和图像这三种方式相结合的多模态学习方法有利于提高学生学习的效率；同时，借助多媒体进行教学，对学生的外语学习有更大帮助，因为图像与声音比文字更形象、生动，多模态学习，即运用视觉、听觉和言语等多种模式同时进行学习，有利于减轻学习者认知负荷，加强学习的持久性，有利于改进学习效果。

近年来，各校纷纷改善大学英语教学条件，不仅普及了多媒体课堂教学，而且都在加强大学英语网络自主学习中心建设。以 B 学院为例，近五年共改建、新建了 8 个网络自主学习室（近千个学生终端），可以满足全体学生每周 2 个学时的课外自主学习的需要。在改善网络教学条件的同时，学校还专门设立了计算机辅助语言教学部，积极探索基于计算机网络的英语教学改革，开展基于网络的大学英语听说、写作实训课程的教学实验，保障大学英语网络自主学习，建设具有校本课程特色的大学英语课程资源。立体化、多元化的教学资源拓展了学习者意义表达和建构方式，促进了教学内容的多元化，不仅保障了新媒介条件下多媒体、多模态课堂教学，促进了学生真实的、有意义的英语学习，满足了交互式英语教学的需求，还极大地丰富了大学英语课程文化及校园文化。探索如何通过教学媒体不断优化教学系统，已经成为大学英语教育教学改革的一个核心主题。

第三节 高校英语的教学模式分析

一、现代教育技术与大学英语课程教学的融合

随着高等教育改革的不断深入，本科人才培养方案的改革也在不断深化和完善，各高校纷纷修改人才培养方案，调整《大学英语》课程设置；同时，学校管理层对大学英语教学质量却提出了更高的要求，这就给大学英语基层管理者和一线教师带来了前所未有的挑战。在倡导和保障大学英语自主学习的同时，课堂教学改革是大学英语教学改革成败的关键。近年高校扩招使得大学英语教师的工作量越来越大，与此同时，出版业的改制使得大学英语教材出版商越来越注重教材的系统化建设，完备的教材体系和服务为一线教师提供了优良的教学资源和教学课件，其结果却是：很多老师课前不用准备或者很少准备，过于依赖出版社的配套课件。在这种情势下，大学英语教学改革必须充分发挥教师的主观能动性，促进现代教育技术与大学英语课程教学的融合，积极探索顺应新媒介时代发展的教学模式、教学方法，优化教学设计，不仅要向有限的课堂教学要效率，还要加强网络自主学习中心的建设，保障学生个性化学习及其效果。

促进现代教育技术与大学英语课程教学的融合，这是近年来我国高校大学英语课程教学发生教育学转向的重要表现。这种转向不仅表现在教育学理论、教育技术对于大学英语教学改革的意义，而且表现在课程论（特别是教学设计）对于深化大学英语教学模式改革、改进大学英语教学效果的重要性。这种转向涉及教育学科与语言科学的一个交叉学科：教育语言学。教育语言学是一门关于语言教育的科学，它以教育为载体，以语言为教授的对象。深化大学英语课堂教学改革，需要充分认识其学科属性，用现代教育教学理念和理论指导课堂教学，充分利用现代教育技术改进课堂教学效果。

为了全面客观地了解高校大学英语教师在多媒体技术、教学法与大学英语课程整合方面的情况，笔者对北京、河南、湖南、广东等省市 14 所高校 120 余位大学英语教师中进行过一次问卷调查，共收回有效答卷 110 份。

在问卷设计中，笔者坚持以下原则。

第一，调查样本数量适中，调查对象有一定的代表性。

第二，按照多媒体技术应用和教学法这两个大类分别设计相应数量的问题。

第三，每个大类中的问题按照 Level 排序，受试者可以多选（因为教师的现代媒

介素养在有些方面的表现可能是跳跃式的，有些能力具有交叉性，所以并不存在一个确定的递增序列）。

此次问卷调查旨在了解大学英语教师在教学中对 ICT 的应用情况如何；大学英语教师的教育观念和教学方法取向如何；大学英语教师的教育观念和教学方法取向与其 ICT 应用情况之间是否存在正相关。

二、基于计算机与课堂的大学英语教学模式

21 世纪初以来，随着大学英语网络化教学改革工程的深入，国内高校纷纷创建大学英语网络自主学习中心，开展基于计算机网络的大学英语课堂教学改革，探索基于计算机和课堂的大学英语教学模式，促进学生个性化学习方法的形成和学生自主学习能力的发展。教育部高教司 2007 年颁发的《大学英语课程教学要求》也明确提出了基于计算机和课堂的多媒体教学模式，推动了现代信息技术与大学英语课堂教学的整合，推动了大学英语网络自主学习中心的建设，推动了优秀教学资源、教学平台的开发与共享，推动了教学观念的根本转变，从而掀起了大学英语教学改革的新高潮。

基于计算机和课堂的英语教学模式是《大学英语课程教学要求》推出的一种新型教学模式，强调个性化教学与自主学习，并充分发挥计算机网络技术帮助学生强化语言技能训练，结合教师课堂讲授和辅导，使学生可在教师的指导下，根据自己的特点、水平、时间，选择合适的学习内容和学习方法，借助计算机网络通信技术，较快地提高英语综合应用能力。

但是，关于基于计算机和课堂的多媒体教学模式，在我国高校大学英语学术界，存在各种不同的声音。在大学英语教学界，更是仁者见仁，智者见智。

关于教学模式的概念，不同专家给出的定义各有不同。任何一种教学模式都应该在一定的理论指导下，完成规定的教学目标和内容，而且，具有一定的教学活动序列及其方法策略。教学模式一定会涉及特定的教学方法和教学策略，但又不等同于某一种教学方法或教学策略，而是指教学过程中两种或两种以上方法或策略的稳定组合与运用。在教学过程中，为了实现某种预期的效果或目标，往往要综合运用多种不同的方法与策略，当这些方法与策略协同达到预期的教学效果或教学目标时，就成为一种有效的教学模式。

基于计算机与课堂的大学英语教学模式不仅仅局限于计算机辅助课堂教学，也包括学生课外基于计算机和网络的自主学习。高校大学英语教学改革都把大学英语网络自主学习放在非常重要的地位，强调个性化教学与自主学习，有助于学习者反复进行语言训练，尤其是听说训练；结合教师课堂讲授和辅导，使学生在教师的指导下，根据自己的特点、水平、时间，选择合适的学习内容和学习方法，借助计算机较快地提

高英语综合应用能力，达到最佳学习效果。但基于计算机的大学英语自主学习不能替代大学英语课堂教学，相反，教师必须充分利用有限的课堂教学时间，积极探索计算机通信技术与课程教学的整合，有效地提高课堂教学效果。

教学理念不同，就会有不同的基于计算机与课堂的大学英语教学模式；教学技术条件不同、师资条件不同，教学模式就会不同。目前各高校不仅都在加强大学英语教学技术条件建设，而且都在探索具有校本特色的基于计算机与课堂的大学英语教学模式。在课堂教学中，广大教师充分利用现代信息技术，研究如何通过多媒体、多模态手段优化学习者的语言输入与输出。在基于计算机与课堂的大学英语教学实践中，一线教师纷纷从应用语言学、教育学、教育技术学、话语学和教育生态学等不同学科理论出发，或者综合运用不同学科理论，探索各具特色的教学模式，深化课堂教学改革，引发了丰硕的教学改革成果。

在普遍赞同多媒体技术与大学英语教学融合的同时，也有专家提出了非常尖锐的质疑，特别是在基于计算机和课堂的多媒体教学模式中所暴露出来的“重技术轻教育”倾向甚至娱乐化倾向，令人担忧。秦秀白教授针对大学英语教学中出现备课就是做好CAI课件、PPT可以取代板书、眼球效应等同于教学效果、教学就是表演、以group work（小组活动）替代close reading（仔细阅读）、teach（教）就是amuse the students（哄学生高兴）等各种误区和不良倾向，提醒大学英语教师警惕课堂教学娱乐化，认真实施有效教学。

第三章　高校英语多模态教学的理论基础

第一节　高校英语多模态教学的哲学基础

大学英语作为高校非英语专业学生的一门外语课程，属于外语教育的范畴。从其学科属性来看，大学英语教学是教育语言学的研究对象，其理论基础离不开教育学、心理学、二语习得等，也离不开哲学的指导。本章重点探讨大学英语多模态课堂教学研究的主体间性哲学基础、教育学心理学理论基础和语言学理论基础。

研究大学英语课堂教学模式，有必要系统全面地分析把握教学系统的要素，明确各要素之间的关系。根据系统论原理，教学系统由教师、学生、教学内容和教学媒体四个基本要素组成，即所谓教学系统“四要素”。教学系统通过这四个基本要素的相对运动和相互作用，参与到整个教育系统运行过程之中，同时，通过这个复杂的运行过程，确保各个子系统的动态稳定。在新媒体时代，传统的教学系统在信息技术的冲击下面临解构，大量的教学技术元素的融入，导致传统教学系统四要素的内涵及其相互关系发生了根本性的改变，需要进行哲学意义的重构。人们可以从不同的哲学观出发，对现代教学系统进行剖析，比如，从联通主义的理论视角，探索现代教学系统四大要素之间的关系和关联及各教学子系统因此而呈现的动态网络。

鉴于大学英语的语言课程性质，我们需要从主体性出发，对大学英语课程教学系统进行研究，因为言语建构人的主体性，为人类表征世界提供资源，大学英语课程的教学系统中充溢着“教（师）”与“学（生）”的主体性。根据功能语言学理论，在功能言语层面，功能性言语标记（概念功能、人际功能和语篇功能）又使主体间性成为可能。在语言哲学的视域中考察主体性和主体间性的建构过程，人的主体性在语言作用下走向主体间性是一种哲学必然。下面从主体间性理论的哲学视角，对大学英语课程教学各要素及其关联进行探究，旨在探讨能够顺应新媒介时代发展的大学英语教学模式。

一、主体间性哲学观与间性理论

19世纪末20世纪初，西方哲学开始转向现代语言哲学，在某种意义上，这种转向标志着主体性哲学转向了主体间性哲学。“间”意为“在……之间”。从本体论来说，“间”揭示了主客观事物存在的普遍方式。主客体都不可能孤立地存在，主客体只有在相互“之间”的作用与影响中才能生存。间性的概念最早源自生物学研究，因为在神经心理学、认知科学等领域的相关研究和发现而备受关注，逐步应用于哲学、美学、文学、艺术、教育等人文学科，并成为一种新的理论共识。所谓间性，主要指一般意义上的关系或联系。间性理论作为主体间性（Inter Subjectivity）、语言间性、文本间性、文化间性媒体间性等诸理论观点的综合，强调“你中有我，我中有你”，其哲学理论基础是主体间性。作为20世纪西方哲学凸显的一个范畴，主体间性理论是一种反主体性、反主客二分的近代哲学思想和思维模式，强调主体与客体的共在性、平等性，关注主体间对话沟通、作用融合及不断生成的动态过程。主体间性理论的繁荣主要始于胡塞尔倡导的现象学运动。现代西方哲学中，很多流派都从不同角度对主体间性问题做了探讨，出现了各种流派，例如，伽达默尔基于解释学理论视角的“视域融合”说；基于社会交往理论的交互主体说；海德格尔基于生存论哲学的主体间性理论等。由于他们理论本身的局限性，并没有真正解决主体间性问题，主体间性问题应当在马克思主义哲学视角下，寻求科学辩证的解答。

尽管作为当代哲学的世纪之谜，主体间性理论视角具有自身的缺陷和局限性，但已经成为不同研究领域和研究方法的交汇点，并逐步衍生出一系列基于主体间性哲学观的理论视角，例如，媒体间性、语言间性、文化间性、文本间性等。间性理论为美学、文学、文化学、社会学等各学科研究，特别是为跨学科研究提供了哲学基础，也为外语教育研究开阔了新的视野。

除了以上所讨论的主体间性的基本概念及间性理论中“你中有我，我中有你”的哲学内涵，其他相关概念，如媒体间性、语言间性、文化间性、文本间性等也是学界所关注的重点。

媒体间性，有时也被称作媒体相互性，指的是现代媒体的相互关联，即媒体之间从信息内容到技术形式基于社会间性的综合、整合、转换与演变所有媒体都兼具个性与共性，媒体间性就是媒体以共性为基础的个体差异性之间的桥梁。新媒体强化了师生主体之间、学生主体相互之间的主体间性，新媒体的多向性和互动性也加速了主体间性的进程。

语言间性是指语言的指称功能、意动功能、交感功能之间表现出的不协调和错位。换句话说，语言间性是指语用双方主体在沟通过程中客观存在的空间障碍。由于语言内在的差异性，会带来语用双方理解度的波动性，而这种波动则预示了语言系统的二元性特征（开放性和封闭性并行），从而决定了语义的二元性。语义的弹性特征导致了语用双方的沟通仅仅只是一种可能。

作为二语习得研究领域中一个相当重要的概念，中介语（Inter Language）就是语言主体间性的一个主要表现，中介语是第二语言学习者在第二语言学习中形成的一种特定的语言系统，这种语言系统在语音、词汇、语法、语用等方面，既区别于母语，也不同于目的语，而是一种随着学习的发展向目的语的正确形式逐渐靠拢的一种动态的语言系统，换句话说，中介语是一种介于母语和目的语之间的过渡性语言系统。要到达目的语，必须经过中介语。中介语是第二语言认知中的必经之路。中介语是动态的、不断发展的，它随着学习者学习程度的加深，逐渐向目的语的正确形式靠拢。学习者在学习过程中会不断调整自己的语言行为，使这种语言行为适合于目的语的表达习惯，由错误逐渐向正确方向转化。另外在宏观上，中西语言文化交流史，特别是语言的同化和异化现象，为语言的主体间性理论提供了佐证和补充，为如何保持语言文化的多元性，为语言的发展提供了重要的参考。这在国家宏观语言政策方面应予充分的重视。

文化间性，也叫跨文化性。间性思维模式应用于文化学领域便派生出文化间性问题，从某种意义上讲，文化间性就是西方哲学中的主体间性问题在文化领域的具体体现，它体现了从属于两种不同文化的主体之间及其生成文本之间的对话关系，表现出文化的协同共存、交流互动和意义生成等特征在大学英语教学中，通过文化间性研究，有助于加强线上的跨文化素养。

文本间性也叫互文性，是指一个确定的文本与它所引用、改写、吸收、扩展或在总体上加以改造的其他文本之间的关系，即任何一个文本中都包含着以各种可辨认的形式而存在的其他文本。“互文性”实质上是“语篇间性”（文本间性），既包括“跨文本性”（不同特定文本之间的关系），也包括“文本关涉性”（某一文本通过记忆、重复、修正而向其他文本产生的扩散性影响）。互文性理论吸收了解构主义、新历史主义、后现代主义等流派的合理因素，被用于文学批评、翻译、话语学等领域，并在理论阐释上不断创新，例如，中国社科院哲学所青年学者刘悦笛根据文学研究提出的“复合间性”。刘悦笛认为，“复合间性”兼具“文本间性”与“主体间性”的特质，同时，又是超越了这两种间性的更高的“间性结构”。由于文学“复合间性”是由“作者—文本”与“文本—作者”的互动、“读者—文本”与“文本—读者”的互动共构而成的，而无论是读者还是作者都具有“主体间性”，文本也是被置于“文本间性”的视野内的，所以，它们共同形成的网络结构就成为一种具有交互性的对话体系。

通过分析大学英语课程的学科属性及其教学系统的四要素，笔者认为，主体间性、媒体间性、文化间性、文本间性等间性理论视角是探讨解决大学英语教学的重要哲学基础。

教育技术与大学英语课程的整合充分体现了间性理论作为现代外语教育哲学基础的重要性。教师、学生、教学内容、教学媒体四大要素不是简单或孤立地拼凑在一起，而是彼此相互联系、相互作用而形成的有机整体。在现代信息技术条件下，现代教学媒体的作用越来越显著，它改变了其他三大要素及其之间的关系，极大地提高了系统内部各要素之间信息传递和转化的效率。首先，对于教师主体来说，教学媒体是组织、实施教学的一种重要工具，恰当的媒体运用可以减轻教师的常规工作，促进教师与学生主体之间的互动；对于学生主体来说，媒体则是一个认知和交流的工具，有利于学生有效地获取知识、发展认知能力、提高认知水平。根据主体间性，教师主体与学生主体之间具有显著的交互性，学生主体的中心地位离不开教师主体的主导作用，这是“以学生为中心、以教师为主导”教学思想的哲学基础。其次，在现代信息技术条件下，师生主体都是具有一定媒体素养的人，而且往往具有一定的不平衡生，由于信息技术的迅猛发展，学生的信息素养可能会优于年龄较大的老师，在教学过程中学生可能会在新技术应用方面发挥着重要的作用，影响着教师主体及教学结构的取向。再次，新媒介条件下，教学内容资源化趋势明显，教材也从传统单一的印刷图书转变为立体化的教学资源，教学内容更具多样性、易于获取性，在媒体形式上呈现出多元化、数字化的发展趋势，而且，师生主体都参与到教学资源的共建之中。现代教学媒体作为一种表现工具，可以最大限度地优化教学内容，从而缩小教学内容与师生主体之间的距离。

从对教学结构、教学方法、教学策略、教学模式的影响来看，现代教学系统四要素不同的作用关系可以形成“以教为中心”“以学为中心”“以媒体为中心”“主导—主体”等不同类型的教学结构。现代教学系统四要素之间的相互关系充分反映了主体间性理论的哲学思想。从主体间性理论出发，研究现代教学系统四要素及其之间的关系，对于探索有效的大学英语课堂教学模式具有重要的意义。

二、间性理论指导下的多模态课堂教学原则

毋庸置疑，间性理论对大学英语教学改革与研究具有方法论意义和针对性的指导作用。主体间性的研究有助于师生更新教与学的观念，有助于师生之间、学生之间的互动与学生的个性发展；媒体间性的研究有助于媒体的组合、配合、融合与创新，有助于多媒体技术与大学英语课堂教学的深度融合，有助于改进多媒体、多模态课堂教学效果。文本间性的研究对于语篇层面的语言学习非常重要，特别是在文学作品欣赏、话语分析、翻译及其研究中是一个重要的研究视角；文化间性的研究则有助于凸显外语教学的跨文化特性，有助于构建新型的大学英语教与学的文化，培养学生跨文化素养。

（一）基于主体间性的交互性教学原则

坚持主体间性的语言观和外语教学观有助于还原外语教学的本真特点主体间性所提供的新的哲学范式和方法论原则，将对外语教学的目的、过程和师生关系等产生积极而深远的影响。在外语教学活动中，教师和学生是活动的主体，以课程、教材及其他教学资源为载体的教育内容构成他们共同作用的客体，其实践结构的模式是“教师—教育内容—学生”。

主体间性理论的实质是主体交互性，目前我国高校大学英语教学中普遍遵循的“教师主导—学生主体”（以教师为主导、以学习者为中心）的教学原则就是主体间性理念的重要体现。一方面，主体间性理论强调主体间的主观性和能动性，重视文化深层交流中体现出来的人性（如和谐、平等和互相尊重）；另一方面，主体间性理论并非完全否认主体性，而是认为主体性应该建立在主体间性的基础之上，给我们的启示：既要强调主体互动，又要注意学习者的个性差异。教育活动是学生的主体性和主体间性的统一。

首先，师生之间应该以平等、自由、相互理解、默契合作为出发点，通过平等性和指导性共融、共识性与创新性共融、差异性与共通性共融、交互性与发展性共融等机制，构建动态的、健康的师生关系。这就要求教师首先要转变教学观念，尊重学生主体地位，突破传统的教学认识论，确立“主体交流—主体参与—活动—发展”的现代教学观念，不断探索和适应教师的多元化角色。其次，要求教师根据交互性教学原则，改进教学内容和组织方式，创新教学方式和手段。如今，民主的课堂、多元的主体、丰富的教学活动等已经成为教师进行教学设计的基本观念。

在主体间性下，师生主体的定位至关重要。共治（Collegiality，或称“分享权力”）和团队合作（Team Work）是教师最需要的文化价值观。教师首先需要关心的不是在教学中使用什么样的新媒体，而是如何同时发挥教师自身主体作用和学习者的主体作用，如何与学习者主体分享话语权、分享知识和经验，共同协作完成教学目的；对于媒体的规划和应用，只是为了实现团队合作的效益最大化。在肯定交互性、协作型学习价值的同时，并不排除学习者独立发展新知识的可能性，因为分布式认知和个体认知在有效的学习过程中是相互作用的。基于学习的建构性特征，学习是累积式的，学习者通过旧知识和已有的技能，不断发展和建构新知识、新技能；同时，学习具有个性差异，体现在学习者的能力、学习观念、学习风格和策略、学习兴趣和动机、自我效能感的信仰和情绪等多方面，教学中必须充分考虑这些个体差异教师和学生的角色相辅相成。宏观上，教师要做“教学的主导者”，相应地，学生要成为“学习的主体”；教师要做“自我创新者”，而学生则要做“自主管理者”和“有创新能力者”。在信息技术与外语课程整合的情况下，教师要做有效的引导者和启发者，而学生应做自主学习者、协作建构者。微观上，教师在课前是课程设计者和开发者，而学生应做“知识探求者”；在课堂上，教师应做“学生能力培养者”“课堂活动组织者”“学习策略培训者”和“学习过程评价者”，而学生应做“能力锻炼者”“课堂活动参与者”“学习策略实践者”和“学习过程表现者”；在课后，教师应做“协助者”和“学习资源提供者”，而学生应做“学习的巩固者”和“学习资源的有效利用者”。

在教学过程中，学生作为发展的主体，除了与教师之间以共同的教育内容为中介而建立的“主体—主体”的交往关系外，与教育内容之间的“主体—客体”的对象性关系，就是学生的学习活动。在学习活动中，通过主体客体化和客体主体化的双向环节，学生在认识和改造教育内容的同时，也在建构自身。换而言之，受教育者不是把自己的意志强加给文本，也不是受教育者对文本固有意义的认知或构造，而是他把文本由客体变成主体，并与之对话。通过与文本的对话，实现自我视界与文本视界的融合，从而扩大自己的视界，形成一种新的视界。

交互性原则不仅是一个教学组织原则，能够反映一名教师的教育理念和课堂教学方法，还是一个学习行为原则，能够反映学生的学习理念和有效学习的策略。

（二）基于媒体间性的多模态教学原则

探讨媒体间性，有利于课堂教学媒体、模式和模态形式的创新。媒体间性本身不是一个新生事物，随着新媒介时代的到来，媒介融合日益深化，人们越来越关注媒体间性的研究。

媒体间性通常有三层含义：一是指不同媒体的综合与配合，即多媒体；二是指同时运用几种模式的交流，即多模态；三是指具有构件属性的媒体之间相互融合、相互依赖的关系。因此，多媒体、多模态、超文本性等都是媒体间性的重要体现，它们改变着人类关于识读能力的界定和标准，因而也改变着教学理念、教学手段和教学方法。新媒介为学生创造了无处不在的学习环境和立体化、数字化的“泛在学习”模式，为课堂教学注入了新的活力，强化了学习意义系统，扩展和改善了人际社会互动，构建了丰富的学习生态环境和学习文化。

新媒介技术支撑下的教学系统不是一个孤立和封闭的系统，而是一个开放和动态的系统。在教学媒体要素的强烈作用下，教学系统各大要素都融入了一定的技术因素，使得教学系统更加复杂和多变，也正是现代教学系统的这种复杂性和多变性为大学英语教育教学改革创造了广阔的发展空间。在这些复杂的教学系统要素交互关系中，需要特别强调的是师生之间、生生之间的有效交流和学生对于技术的灵活运用。师生之间、生生之间的多重交流，一方面体现在课堂内师生之间和学生之间的直接对话与间接对话，例如，体态语言或眼神的交流，这种对话通常是即兴的、随性的，但也是最真实的，正是这种真实的交流促进了学生对教学内容的深层次理解，也促进了学生独立构建语义网络的能力及协作共进的素养；另一方面，由于计算机网络技术在大学英语教学中的普及，基于网络的或真实或虚拟的师生交流、学生之间的交流互动以及学生的自主学习大大拓宽了教学的边界，成就了学生的个性化学习成长，培育了学生的团队意识和合作精神。

新媒体对大学英语教学的影响是多层面的，体现在教和学的各个方面，教师必须与时俱进，既要积极探索多媒体、多模态的教学，也不能盲目夸大媒体的作用。因为新媒介时代的教学设计很容易把技术作为中心而忽略了学习的中心地位，以技术为中心的设计，侧重于技术能够做什么，技术是教学的工具，其目标是使用技术辅助教学：而以学习者为中心的设计，关注的是大脑学习的机制，技术是学习的助手，其目标则是运用媒体技术促进学习。多媒体学习认知理论根据认知科学关于工作记忆、长时记忆等的研究发现，提出了多媒体学习的双模加工（Dual Channels）、能力有限性（Limited Capacity）、积极加工（Active Processing）三个重要假设，认为人们对语言和视觉图像加工各自独立，一次只能对有限的声音或者图像进行加工，有意义的学习依靠积极、恰当的选择、组织和集成等认知处理。根据多媒体学习认知理论，在教学设计中，一是要采取连贯性、侧重性、冗余性、空间连续性和时间连续性等原则，消除与学习目标无关的认知过程；二是要采取分段原则、预演原则和模态配合原则，管理好呈现学习材料的心理过程及材料内在复杂性等认知过程；三是要采取多媒体原则和个性化原则，通过组织、集成等深层认知，促进产出性认知过程。多媒体学习认知理论对于多模态英语教学具有重要的指导意义。

多模态化不仅是教学媒体的表征，更是交互性原则和跨文化原则在教学实践中的实现。多模态教学极大地丰富了外语教学资源，拓展了意义表达的方式，促进了教师角色的多元化和教学资源的数字化。信息技术的不断更新，使学生可以选择在学校网络自主学习中心的多媒体机房、语音教室、校园局域网、网吧、手机、iPad 等多媒体条件进行学习，为学生创造了立体化、数字化学习环境。教师必须与时俱进，积极探索多媒体、多模态的教学与研究。经济全球化、交流信息化、文化多元化和语言多样性的背景下，新的交际媒体正在重塑我们使用语言的方式。为了适应现实生活、学习、工作的数字化需要，学生要熟练地进行多模态的交流，学会运用多媒体收集和分析信息，还要学会运用故事和报告等不同的文体及书面、视觉、口头、色彩等多种模态，开展有意义的数字化学习和交流。数字化交流远远超越了传统的文字和文本模态，还可包含静态图表、画面、动画、色彩、音乐和录音等。多模态化是数字化英语教学的重要特征，大学英语教学面临着向数字化、多模态的教学转型。

（三）基于文化间性的跨文化教学原则

在世界经济全球化、交流信息化、文化多元化、语言多样性的时代背景下，外语教育政策是国家语言战略的重要组成部分。自20世纪80年代以来，大学英语课程在我国高等教育中的地位充分反映了我国改革开放政策的坚定性和连续性。

文化间性作为跨文化哲学的重要范畴，表现出多元文化的共存、交流互识和意义生成等特征，是一种非常复杂的既基于语言而又超越语言的隐形间性。大学英语教学中，不仅要把文化间性的原则贯穿在基于主体间性的教学理念、教学模式和教学方法中，还要根据媒介间性，通过媒体创新，推动文化交流、传播及多重文化资源的开发利用。例如，随着数字化移动通信工具在高校学生交流和学习中的普及，过去课堂教学中曾经被视为干扰物而被老师强令“关机或静音”的手机现在却随着“微博”“微信”等新媒体的诞生而应用于课堂交流与互动。这个例子表明，手机作为一种媒体，过去仅仅是打电话、发短信等日常交流的根据，所以在课堂上被禁止使用，但随着“微博”“微信”等新媒体的应用，手机就不仅是一个电话、短信交流的载体，而变成了一种有效的教学互动工具。这里，“手机”媒体被赋予了新的内涵，不仅成为一种新的信息表达和交流的模式，还改变了教师的教学理念、教学模式、教学方法，促进了课堂互动的学习文化。

跨文化性也是大学英语课程教学的固有属性，它不仅体现在课程设置教学计划、教学组织和教学资源建设等方面，也体现在学生的学习内容、交流方式和社团活动等方面，既能反映一个学校的文化风貌，也能反映一名教师的跨文化素养和教学水平，更有助于培养学生的跨文化交际意识。

（四）基于语言间性的外语教学原则

大学英语课堂教学除了应该遵循上述交互性教学原则、多模态教学原则和跨文化教学原则外，大学英语的课程性质及大学英语教学研究的学科属性决定了其必须遵循外语的基本教学原则，例如，基于中介语、母语迁移等二语习得理论的教学原则，后文将会进行详细叙述。

（五）基于间性整合的教育生态学原则

正如陈坚林教授接受《信息技术与外语课程的生态化整合》专访时所说，随着基于计算机和课堂的大学英语教学模式的普及，仅仅运用建构主义已经很难解释信息技术进入外语教学领域后究竟如何发挥其强大功能的问题。比如，当我们使用信息技术进行外语教学时，设备突然出现故障，信息技术这时无法发挥功能了，对于这种状况，建构主义是解释不了的，这就要求我们为信息技术与外语课程的整合找到更合适的理论基础。生态学理论就是一种重要的理论选择。

教育生态学（Educational Ecology）是教育学和生态学相互渗透的结果，是依据生态学的原理，特别是生态系统、生态平衡和协同进化等原理与机制研究各种教育现象及其成因，进而掌握教育发展的规律，揭示教育的发展趋势和方向的一门学科。教育生态学规律是以生态学观点来研究教育与外部生态环境之间，以及教育内部各个环节、各个层次之间本质的必然联系，主要包括迁移与潜移规律、平衡与失调规律、竞争机制与协同进化规律等。

把生态学原理和方法运用到大学英语教学和研究中，对构建真实的课堂，具有重要的方法论意义。课堂是一个生态系统，它由教师、学生、教学事件和环境等组成。根据主体间性哲学观，课堂生态主体与课堂生态环境、课堂生态主体与课堂生态主体之间发生着各种各样的联系，使课堂形成一个有机的生态整体。生态化的课堂是充满着生机与活力的课堂，这样的课堂具有整体性、协变性和共生性等基本特征，发挥着滋养、环境参照、动力促进和制度规范等生态功能。探索有效的大学英语课堂教学，应当综合运用主体间性、媒体间性、文化间性、语言间性等不同的认识论和方法论，探索强化课堂效果的各种生态功能。

大学英语多模态教学的理想状态应当是生态化的教学。大学英语多模态教学应当综合运用间性理论、教育生态学和建构主义学习理论等，遵循交互性教学原则、多模态教学原则、跨文化教学原则及二语习得教学基本原则，构建一个多元、动态、系统的大学英语生态化教学模式，全面整合、协调多媒体网络与大学英语教学各个要素的生态平衡，全力推进大学英语教学改革，实现多媒体网络环境下大学英语教学效能的最大化。

数字化学习（E–Learning）、泛在学习（U–Learning）等模式，为大学英语课堂教学注入了新的活力，为师生开展各类以语言输出为驱动的、真实的有意义的教学活动提供优良的技术条件，有助于开展有效的生态化课堂教学。同时，在网络教学条件下，学生可以通过情境学习（Situated Learning），培养语言交际能力、思辨能力（Critical Thinking）、“以文成事”（to do things with English writing）的能力和社会责任感，适应未来的生活和工作需求。

第二节　高校英语多模态教学的教育学基础

外语教学的实践一再证明，语言教育是一个由各要素组成的多层面立体结构，除语言这个要素外还直接与教育学、心理学、社会学等直接相关，涉及教材、教师、学生、教学目标、组织管理等诸多内容，远非语言学所能涵盖或取代。基于“教育学—各学科的教学—外语教学”这样的路线图，外语教育应当归属于教育学，而不能简单地把外语教学划入应用语言学的范畴。把外语教学纳入教育学的范畴，出发点是教育实践，重点是语言在教学过程中所起的作用，正是这些重要特征使得教育语言学成为一门独立的学科。从教育语言学的理论视角研究大学英语教育教学，无论在理论上还是在实践中都更具合理性。

鉴于外语教学的教育语言学学科属性，我们在研究中重点从教育学学科领域寻找大学英语教学研究的理论基础，特别是教育学、心理学、课程与教学论及其他与教育学整合而形成的交叉学科理论，例如，教育心理学、教育生态学和外语教育技术学。

一、认知负荷理论

认知负荷理论（Cognitive Load Theory，CLT）是继建构主义理论后又一个对教学起着重要指导作用的心理学理论。根据认知负荷理论，认知图式组织并储存人类知识，极大地减轻了工作记忆的负荷。而新信息必须在工作记忆区进行处理，以便建构图式，然后通过反复成功地应用，图式就会自动化在工作记忆区处理信息的轻松度是认知负荷理论最关注的问题。认知负荷理论认为教学的主要功能是使学生在长时记忆中存储信息。知识以图式的形式存储于长时记忆中。长时记忆中的图式是一种知识框架，在学习新的材料时，具有中央执行官（Central Executive）功能。在学习新材料时，如果能从长时记忆中获取这类知识框架，材料就可以通过知识框架所提供的方法来进行学习；如果不能获得这些材料该如何组织的知识框架，则须采取随机学习的方式。

认知负荷是表示处理具体任务时加在学习者认知系统上的负荷的多维结构。这个结构由反映任务与学习者特征之间交互的原因维度及反映心理负荷、心理努力和绩效等可测性概念的评估维度所组成。可能会影响工作记忆负荷的因素，主要包括学习任务本身的内在本质（内隐认知负荷）、呈现任务的方式（外显认知负荷）、学习者自愿用于图式建构和自动处理的认知资源量（关联认知负荷）。而且，这三种认知负荷都是可施予的。长期以来，认知负荷理论的研究焦点是开发教学手段，减轻外显负荷，但最近研究焦点转向了对内隐和关联认知负荷的处理及教学手段和学习者知识水平之间的相互作用上。教学过程中，外显认知负荷给学生带来问题的程度主要取决于内隐负荷，如果内隐负荷强度大，就必须降低外显认知负荷；如果内隐负荷低，因不恰当的教学设计而造成的高度外显认知负荷就可能不造成伤害，因为总体认知负荷没有超出工作记忆的极限。进而，如果内隐和外显认知负荷的总量还留有额外的处理信息容量余地，就有必要鼓励学生将适当的认知负荷投入到学习中，特别是用于图式建构和自动操作。因此，认知负荷理论的主要教学原则就是在认知机制的整个容量限度内（避免认知超载），减轻外显认知负荷，增加关联认知负荷。为此，必须考虑学习者的知识水平，因为它决定学习任务的内隐认知负荷。

认知负荷理论认为，为了促进有效学习的发生，在教学过程中应尽可能减少外显认知负荷（减少因教学设计不当而产生的额外负荷），增加关联认知负荷（与促进图式构建和图式自动化过程相关的负荷），并且使总的认知负荷不超出学习者个体能承受的认知负荷。

认知负荷理论关于人类的认知有以下假设。

第一，教学的目的是在人类的长时记忆中建立知识。

第二，处理新信息时，有限的工作记忆是确保存储的大量信息逐渐慢慢增长的机制。

第三，因为不能获得已经组织好的信息，变化是随机的，大的随机变化不可能生效。

第四，鉴于没有确定变化本质的中央执行官，随机而非预设的变化是不可避免的。

认知负荷理论认为适当结构的教学应把上述假设都考虑在内，提供中央执行官，删除不必要的随机变化，从而促进长时记忆的改变。认知负荷理论提供了促进教学中央执行官功能的结构化教学效应。世界各地的研究者也提出了大量的这类效应。

第一，目标自由效应（Goal-free Effect）。用目标自由的题目来代替为学习者提供特定目标的传统题目。通过把目前的问题状态同一个目标状态相关联，试图缩小其中的差别，这样有助于减轻外显认知负荷；使学习者的注意力集中在问题状态和可供使用的处理器。

第二，样例效应（Worked Example Effect）。用已经解决好的样例代替传统的问题，这些样例必须认真学习，减轻因用不得力的方法解决问题而导致的外显认知负荷；使学习者的注意力集中在问题状态和有用的解决步骤。

第三，完成问题效应（Completion Problem Effect）。用待完成的问题来代替传统的问题，提供不完整的解决方案，要求学习者必须予以完成。由于提供部分解决步骤压缩了问题空间，从而减轻了外显认知负荷；使学习者的注意力集中在问题状态和有用的解决步骤及策略。

第四，分散注意力效应（Split-Attention Effect）。用一个整合的信息源替换多种信息源（经常是图片及配文）由于无需对信源进行整合，所以减轻了外显认知负荷。

第五，双重感官效应（Modality Effect）。用口头的解释文本和视觉信息源（多种形式）替换书面解释文本附加图表等视觉信息源（单一形式）。由于多种形态的呈现方式同时使用了工作记忆中的视觉和听觉两个处理器，所以减轻了外显认知负荷。

第六，想象效应（Imagination Effect）。让他们用想象或心理练习材料来代替传统的附加学习。很久以前进化的功能比新进化的功能更容易通过微调就获得很好的效果。

第七，分离关联元素效应（Isolated–Interactive Elements Effect）。在呈现元素高关联性的材料时，先给学习者呈现一些独立的元素，然后再呈现完全的材料高度复杂的功能，不能通过一步进化来完成，而是需要一系列的小步骤。

第八，元素关联效应（Element Interactivity Effect）。当使用低元素关联的材料时，想象效应等教学效应消失，而当使用高元素关联时，它们又会重现。虽然自然选择的进化能够解释生物个体的微小差异，但它的主要功能是用来解释复杂的功能和物种是怎样产生的。

第九，专业知识反效应（Expertise Reversal Effect）。对新学习者来说一是很有效的教学方法，但在学习者获得更多的专业知识时就会失效甚至产生相反的效果，一旦某一具体功能的基因已经生成并开始生效，为同样的功能进化一组新的基因就会失效。

第十，冗余效应（Redundancy Effect）。用一种信息源替换多种自洽（即他们能被独立理解）的信息源，减轻了因莫须有地处理冗余信息而导致的外显认知负荷。

各种教学效应中，专业知识反效应、冗余效应、想象效应是针对具有一定专业知识的学习者而言的；样例效应、分散注意力效应等则是针对新手而言的。

认知负荷理论早期研究主要探究操纵内隐认知负荷和适当认知负荷的教学效果，集中于减轻初学者外显认知负荷的教学方法，探究改进图式建构和迁移测试绩效的一些主要功效，而认知负荷理论研究的新取向则集中于对教学程序进行调适以满足学习者的个体需求。为了开发适应性教学和适应性数字化学习，必须明确适应不同知识水平的不同教学手段，设计出这些教学手段之间的平缓过渡，制订便捷的测量知识手段。

认知负荷理论基于认知结构研究提出的教学设计原则认为，要从引导认知资源合理分配的角度出发，来设计适应性的学习资源，这对新媒介条件下认知资源极其丰富的现实来讲，就具有非常重要的指导意义。该理论认为影响学习者认知负荷的因素主要包括以下几个方面。

第一，任务和环境（如任务的结构、新颖性、时间压力等）。

第二，学习者（学习者个体的先前知识、认知资源及其认知风格和学习动机等）。

第三，学习者与任务之间的相互作用。为此，认知负荷理论提出了自由目标效应、样例效应、分散注意力效应、模态效应、冗余效应、变式效应（Variability Effect）等重要的设计原则。

认知负荷理论关注的重点是记忆在学习中的作用，主张合理分配认知资源对实现有效学习至关重要。依据工作记忆存储容量有限的特点及认知资源总量恒定的规律，该理论提出，如果我们在设计教学时，能够尽量减少学习任务中不必要的认知负荷，那么就可以大大提高学习者的学习效率。该理论关于认知构建、辅助例句、分散注意、冗余效应、双重感官效应等方面的研究成果，对于外语教学设计具有重要的指导意义。

随着互联网技术的迅猛发展，数字化、泛在式学习越来越普及。数字化学习材料的设计和开发，给教学设计者提供了良好的环境和机会，同时也带来了与传统课堂环境下的教学设计完全不同的约束。在传统的面对面的课室里，教学设计者通常根据教师或者学生提供必要的调整，当学生不能理解某种观点时给予支持；发生理解困难时，学生通常可以马上向老师或者学生请教。而在数字化学习环境下，学生可能在凌晨 2 点钟开始学习，凌晨 2 点 3 刻给老师发电子邮件，请教某一个概念的理解问题。一时间没有老师回应学生，这个学生就可能在沮丧中停止学习，甚至更糟糕的是，对概念产生误解，阻碍有效学习。

数字化教学设计与真实的学习在不同的时间框架下发生，即教师首先设计好教学，然后，一个月后甚至更久以后，学生使用这些教学材料学习课程内容。这种教学设计和真实学习的分离，要求学习者对教与学的过程重新进行整合，通常没有老师在场，缺乏真实的学习环境。这种重新整合意味着学习者要承担巨大的责任，要对自主学习负责，即在不能直接迅速得到老师和学生支持的情况下，学习者必须独立进行思考和探究，以便正确地理解学习的内容。当然，为了解决这个问题，研究者可以开发引导式、说教式会话或者内嵌式导航助学话语，使学生在处理教学材料过程中与教师进行虚拟的交互。如果教学设计者开发的教学材料造成太大的外显负荷，那么，学生就无法理解课程内容。通过优良的教学设计原理对认知负荷进行恰当的管理，这是设计有效的数字化学习材料所需要的基本要素，这种材料有助于自主学习者对内容的理解。

二、学习理论

现代科学发展的特点之一是学科交叉影响，互相渗透。教育心理学是教育学和心理学的交叉学科，学习理论研究是教育心理学的核心内容，对大学英语教学与研究具有重要的指导作用。

（一）学习理论的发展演变

20 世纪以来，关于学习运行机制的研究，涵盖了行为主义（Behaviourism）、认知主义（Cognitivism）、建构主义（Constructivism）、社会建构主义（Sociallynstructivism）和联通主义（也有学者译作“关联主义”）等理论流派的发展演变。20 世纪经历了数次主流学习观的变迁：从行为主义学习理论的知识习得观，到认知主义的知识建构观，再到社会建构主义的参与观（或社会协商）行为主义、认知主义和建构主义为外语教学整体研究提供了坚实的理论基础。行为主义学习理论把学习看作是“刺激—反应”过程。用这种学习观指导语言学习时，强调语言技能训练的重要性，认为语言学习就是以“刺激—反应”为原理而形成的机械性语言操练，是语言知识的灌输，其目的是使学习者形成一种语言习惯。即使在计算机网络辅助外语教学很发达的今天，行为主义学习理论依然在一定的学习阶段，特别在语言技能训练方面，发挥着积极的作用。

认知主义学习理论重视人的内在机制，认为学习还受人的内在心理的影响。认知学派认为，教学就是引导学生进行有意义的学习，引导学生以原有的经验、心理结构和信念为主来建构知识。

作为认知学习理论流派的一个重要分支，建构主义学习理论认为，人不仅有内在机制在起作用，还具有主动建构知识的能力（孙丰果，齐登红，2012）。在教育的学生、教师、任务和环境等诸环节中，学生是建构知识的主体，而非外部刺激的被动接受者和知识的灌输对象。学生作为知识的接收者，不是被动地接受，而是主动的接受，是利用已有的旧知识和经验接收新知识，是有选择性地加工所接收的知识，并在新旧知识相互作用的过程中，对外部信息进行建构。交互是学习者建构意义的一个重要手段，课堂里最有价值的活动是学生组成小组和集体相互交流，共同建构知识。建构主义学习观将学生置于教学的中心地位，学生运用多媒体教学技术的优势，充分利用图像声音、动画、文字等多模态学习方式，以自主性、个性化、开放式对信息进行存储、加工、传播。多媒体网络与英语教学的有机整合，促进了英语知识技能和能力的主动建构和协调发展及综合提高。

进入 21 世纪以来，随着互联网技术的成熟和普及，以系统科学的自组织理论为基础的联通主义学习理论逐步发展起来，学习理论出现了从联结主义到联通主义的新取向。联通主义之前的行为主义学习理论和认知主义学习理论，实质上都属于联结主义，行为主义学习理论把行为看作一种刺激与反应之间的联结；认知主义认为信息是整个交互作用的神经节的激活模式，知识信息并不存在于特定的地点，改变网络的联结关系就可以改变网络的功能。联通主义学习理论则把学习情景的视野放到了网络社会结构的变迁之中，认为学习是一个联通的过程，是在知识网络结构中一种关系和节点的重构和建立。以往的学习理论主要研究应该教授、学习什么样的学习内容，而联通主义学习理论更加关注的则是学习内容的组织问题。探讨如何组织所教授的内容，教学设计是首要关注的内容。传统的联结主义教学设计围绕着预先确定的目标进行，致力于设计统一的普适教学系统，却失于对具体教学情境的考虑和规划，总体上是一种线性的操作流程。在具体实施过程中，线性的教学设计难以适应复杂多变的教学过程，也不利于差异化教学的实施。联通主义的教学设计则以“非线性”的形式组织教授内容，注重教学设计具体实施过程中的生成性思维方式，有利于实现针对具体问题的个性化设计和对于整个设计过程的动态调整。

（二）多媒体学习认知理论

多媒体学习认知理论是一个严谨的科学体系，由基本假设、学习科学、教学科学和应用领域这四个密切相关的部分组成。梅耶（Mayer，2010）的多媒体学习认知理论体系的发展始于双重通道（Dual Channels）假设、容量有限（Limited Capacity）假设、主动加工（Active Processing）假设等基本假设。双重通道假设认为，对于视觉表征的材料和听觉表征的材料而言，人拥有两个独立的信息加工通道，人们对语言和视觉图像的加工各自独立。容量有限假设是指在同一时间内每一个通道所能处理的信息容量是有限的，人们一次只能对有限的声音或者图像进行加工。主动加工假设指的是，人能积极地参与认知加工过程，用自己的经验构建一个连贯的心理表征，有意义的学习依靠积极、恰当的认知处理，即选择、组织和整合。积极的多媒体学习涉及选择、组织、整合等认知过程，学习者“选择”自己听到、看到的相关词语和图片，并从感知记忆转移到工作记忆；有选择地把词语、图片组织成连贯的心理表征，并在工作记忆中进行处理；从长期记忆中调取先前的知识，将词语表征和图片表征进行整合，生产新的知识。梅耶认为，多媒体学习的最大挑战是支持学习者积极的认知过程。根据认知负荷理论，多媒体学习有三大任务及相应的设计原则。

第一是消除与学习目标无关的认知过程，可以采取连贯性、侧重性、冗余性、空间连续性和时间连续性五个原则。

第二是通过选择性的认知，管理好呈现学习材料的心理过程及材料内在复杂性等基本的认知过程，可以采取分段原则、预演原则和模态配合原则。

第三是通过组织、整合等深层认知，促进产出性认知过程，即领会学习任务和内在的学习动机，可以采取多媒体原则和个性化原则。

认知主义心理学强调记忆力的重要性。在认知主义心理学中，研究记忆力就成为研究学习的一种重要方式，有意义的学习依赖于学习者在学习过程中的认知加工。在剖析多媒体、多模态学习的基础上，顾日国（2007）提出了供进一步研究用的五个基本假设。

假设一：同模态学习过程比模态转换学习过程要容易一些（在同模态的情况下，输入方的信息对于产出方来说是同质的；当模态发生转换时，输入方的信息对于产出方来说是不同质的。学习者要调用个人知识库中的相关资源，同时启动新模态。所有这些都要花费大脑资源。）

假设二：恰当的模态转换，可以增强学习者对所学内容的内化度，提高内容记忆的持久性（根据上述假设一，在做模态转换时大脑要花费更多资源，把外来的新信息跟已有的个人知识进行互动，这起到了强化学习效果的作用。事实上，人类的各种模态之间也是经常互相配合、互相支持的）。

假设三：多媒体、多模态学习比单媒体或单模态学习更能增强记忆力（现在广泛开展的多媒体教学并没有把这个需要证明的假设当作假设，而是当作真实命题。实际情况不会这么简单，需要结合不同的语境做充分的实验，才能了解单媒体学习与多媒体学习之间及其与记忆力保持之间的关系）。

假设四：词语加图像一起学比单学词语要学得好一些（多媒体、多模态学习有点像一把双刃剑。处理好可以把学习者的注意力真正集中在知识点上，以达到强化记忆力的作用，从而提高学习效果；处理不好，反而会分散学习者的注意力，阻碍对知识点的记忆）。

假设五：相对于一个人单独跟计算机学，面对面跟老师、同学一起学更有利于增强记忆力（显然后者的社会化程度远远高于前者）。

与传统的外语教学不同，新媒介时代的外语教学在教学媒体、教学方法等方面都发生了巨大的变化。数字化、泛在式外语学习有助于降低学习者认知负荷，改进记忆机制，提高学习效果。

以写作学习为例，过去的学生练习作文是要一笔一画写在本子上的，写错了改动都不方便，现在大不相同了，学生不仅可以反复而又很容易地对文本进行修改，还可以利用 Office Word 文字处理系统的拼错、语法识别提示和自动修改等功能。过去，学生课外也有坚持用英语写作日记或者周记的，而现在的泛在式学习使学生可以通过手机短信、E-mai 或 QQ、微博等社交软件随时随地写作，所以，学生在学习习惯、学习策略等方面都发生了巨大的变化。现在的写作也更加口语化、非正式化，经常使用缩略语、情绪符号等，也就是说，数字化、可视化极大地丰富了文字写作的形式和内涵，集成性视听文本（如飞信、微信）在青年学生中广为流行。现在的书面课文通常都配有数字化的在线多模态文本，除了与书面课文相配套的在线文字形式，经常还有音频、视频等辅助形式。数字化写作远远超越了传统的文字和文本模态，不仅包含文本的视觉元素，如布局、字体、字号、空格等，还可包含静态图表、画面、动画、色彩、音乐、录音等。学生不仅要学会运用多媒体技术收集、分析信息，还要学会运用故事、报告等不同的文体，以及书面、视觉、口头、色彩等多种模态，通过有意义的数字化写作，创新知识，进行跨文化交流。

在新媒介时代学习环境的构建中，最容易把技术作为中心而忽略了学习的中心地位，以技术为中心的设计侧重技术能够做什么，技术是教学的工具，其目标是使用技术辅助教学。所以，多媒体学习认知理论强调以学习者为中心的设计，关注大脑学习的机制，关注学习、记忆的效果，而仅把技术当作学习的助手，其目标是运用技术促进学习有效性。

有效性学习是学习理论的研究焦点。关于学习的研究成果表明，有效的学习具有以下几个显著特点。

一是以学习为中心，鼓励参与，使学习者在学习过程中逐步明白自已是一个学习者。

二是学习具有社会性、协作性。

三是能够善解人意，对学习者的动机和情绪的重要性给予极大的关注。

四是对学习者个体差异（包括先验知识）特别敏感。

五是对每个学习者都有很高的要求，但不会成为学习者的负担。

六是评价与教学目的相一致，高度重视形成性反馈。

七是有助于活动与课程、课内与课外的关联

在新媒介条件下，多媒体学习认知理论的研究成果和教学指导原则对于实现有效学习具有重要的指导意义。

三、课程与教学论

课程与教学论在大学英语教学研究与实践中的作用和地位毋庸置疑。这里不求全面系统地从课程论的角度探讨大学英语教学，只从大学英语课程教学的实际出发，简要讨论内容依托教学法（content-based instruction，CBI）多元识读教学法及教学设计理论。

（一）CBI 理论

CBI 理论起源于 1965 年在加拿大蒙特利尔开展的沉浸式语言学习项目作为一种教学模式，内容依托教学法将具体的专业内容与语言教学目标相融合，同时传授学科知识和外语技能，为我国的大学外语教学提供了一个新的视角。它改变了传统教学中“先输入后输出”的教学模式，让学生在学习“内容”的过程中，大量使用目的语完成口头、书面活动任务，实现从语言输入（input）、吸收（uptake）到语言输出（output）的良性循环。CBI 理论的核心教学理念在于：教师用内容话题而非语法规则或词汇表作为教学的框架。也就是说，把语言教学置于某个学科或某种主题内容教学之上，将语言学习与学科知识学习结合起来，在提高学生学科知识水平和认知能力的同时，促进其语言能力的发展。这样的教学既能为学生提供语言学习的动力和认知基础，同时又能为内容的学习提供语言交流的媒介。这种教学方式得到了交际功能理论、图式理论、第二语言习得理论、认知学习理论及建构主义学习理论等研究的广泛支持。

CBI 理论的教学原则体现在以学科知识为核心，使用真实的原材料，适应不同的学生群体的需求。CBI 主要有主题、课程、辅助和沉浸四种教学模式，教师可结合自身的教学环境、教学层次、教学对象及教学目的，选择性使用或者混合使用不同的教学模式。

研究与实践表明，CBI 的教学观具有以下显著的特征。

一是真实的教学材料。语言是通过内容来习得的，而真实、系统的语言教学材料可以为学生学习语言提供有意义的语境，促进有效学习。

二是内容与语言相融合。对于非英语专业大学生来说，基于自己专业主修学科内容的学习，有助于促进语言输入、语言吸收和语言输出的良性循环。

三是突出体验式小组学习和研究型学习。以输出为驱动的 CBI 教学模式不以学生出色完成任务为目标，而是强调学生积极学习教师提供的真实性学习材料，在输出任务的驱动下，主动寻找新的信息和材料，继而，在教师的协助下，最终完成任务并能展示学习成果，这样的研究型学习体验在传统的大学英语课堂中是难以实现的。

四是内容学习、语言训练和应用及思维培养全面融合，相得益彰。除了实现语言和内容双重学习目标，通过体验式、研究型的学习，CW 教学模式促使学生主动应用所学知识，培养了学生的协作意识和批判思维意识。

五是教师身份的根本转变。从“授人以鱼”到“授人以渔”，教师不再是单纯的知识传授者（Teacher）和语言训练者（Trainer），而是整个课程的设计者（Designer）和课程活动中的协助者（Facilitator）。在某些学科内容较为专业的 ESP 课程教学中，学生的学习主体地位更加突出，任课教师往往不是学科“内容”方面的知识专家，在学科内容上可能还要拜学生为师。教师的职责主要是通过教学任务和教学活动的设计，协助学生有效地开展基于内容的语言学习并完成学习任务。

国家中长期教育改革和发展规划纲要（2010—2020 年）指出：“适应国家经济社会对外开放的要求，培养大批具有国际视野、通晓国际规则、能够参与国际事务和国际竞争的国际化人才。”这是国家以政策手段赋予高等教育的任务。在高等教育国际化背景下，大学英语教学应该为学生专业需求和专业人才培养的总目标服务，培养学生学术英语交流能力，使他们能用英语直接从事自己的专业学习和今后的工作，在自己专业领域具有较强的国际交往能力；同时拓展其国际视野，提升跨文化交流、沟通、合作及参与国际竞争的能力，以适应国家的经济和社会发展的需要。

近几年大学英语学术界召开的高端学术会议，都从不同方面反映了高等教育国际化背景下，面向专业人才培养的大学英语教学改革趋势，对与会高校代表深入开展面向专业人才培养的大学英语教学改革，具有很强的理论指导意义和实践价值。其中具有代表性的会议，例如，中国教育语言学研究会、上海市大学英语教学指导委员会、中国外语教学专门用途英语研究会及上海大学于 2013 年 4 月 13 日—14 日联合举办的“高等教育国际化背景下面向专业人才培养的大学英语教学研讨会”。会议将“面向专业人才培养的大学英语教学”作为主题，会议议题包括以下内容：

一是大学英语教学改革与学术英语。

二是专业人才培养与学术英语教学。

三是学术英语能力的培养。

四是基于创新、思辨、跨文化交际能力培养的大学英语教学模式。

五是高等教育国际化与大学英语师资发展。

与会专家普遍认为，大学英语教学改革是高校本科教学工程的重要组成部分，应纳入学校提高人才培养质量的重点工作，适应高等教育国际化和经济社会发展的需求，广大英语教师要更新教学观念，找准大学英语教学定位，改革培养模式，明确教学目标，重新设计教学内容，创新教学方法，提高教学质量。

探索面向专业人才培养的大学英语教学，教学内容及课程体系的改革是关键。随着高等教育改革，本科人才培养方案的改革也在深化，高校纷纷修改人才培养方案，普遍压缩大学英语课程的学分、学时，同时，我国高校学生大学英语水平不断提升，为了满足学生的个性化需要，调动学生学习积极性，CBI 的理念在大学英语教学中得以广泛的应用。CBI 不仅成为大学英语教材编写的重要原则之一，也是教学实践的指导原则，广大教师充分认识到基于学生兴趣和专业学习需求的重要意义。在课程体系建设中，积极探索分类、分级、分层次教学，除了基础阶段开设综合课、视听说课等大学英语核心课程外，在大学英语提高阶段，还为学生开设英语口语、英语写作等语言提高课程及各种 ESP 课程，充分满足学生的个性化需求。各种客观因素推动了高校大学英语课程体系的深入变革，大学英语教师密切联系院校学生学习实际，加强课程体系建设和教学团队建设，开发校本优质教学资源，提高大学英语教学水平。

（二）多元识读教学法

时代的发展变化不断地更新识读能力的本质及识读能力学习的特征。在全球化、信息化的今天，新的技术塑造新的素养，读写、交流都在本质上发生了变化。

学生毕业后是一个了解英美文化，具有跨文化意识、受过高等教育的人，学生是勇于创新、敢于冒险、善于协商和探究不确定性的具有个性魅力的人，在多变的、不确定性的环境下，要想进行有意义、有效的交流，学习者首先需要较强的思辨能力，能够从不同的视角看待问题，在不同环境下，并在有效的交流过程中，不断学习和进步。

所选课文具有传统的文学欣赏价值，所选课文在选材上具有广泛性、多样性，在形式上具有多模态性。在教学中教材的概念逐渐发展为“教学资源”；在出版业，改革的趋势为数字化、立体化和网络化。

守纪律、有专业修养的各类人才。能够根据不同的社交环境用不同方式进行交流、具有国际视野和跨文化意识的人才，传统的人才观崇尚权威，培养的人才大多墨守成规；而现代人才观直面复杂多变的现实与未来，培育的人才必须有一定的灵活性和协作意识，具有较高的个人能动性、挑战性和社会参与性。在经济全球化背景下，交流的多模态化、文化的多元化和语言的多样性不断加深。在此背景下，新伦敦小组在《多元识读教育学：设计社会未来》文提出“Multiliteracies（多元识读）”的概念，针对当代识读教育如何服务于学生的人生规划和个人发展，提出了多元识读教学法，在全球范围内产生了广泛的影响，成为当代语言教育的主流。多元识读教育是语言和文化的地域多样性与全球关联性显著增强的结果，也是新媒介时代交流表达形式多模态化的结果。

一方面，多元识读是在全球化的背景下文化和语言的多样性、多元化的结果。在全球化的背景下，世界越来越小，英语被广泛应用于不同的文化和社会背景，运用英语进行交流都具有跨文化性，英语既是一种全球性的语言，同时也具有多样性。

另一方面，多元识读也是新媒介条件下表达形式多模态化的结果。随着新媒介的迅猛发展，人们的交流方式发生了巨大变化，文本已经不再是唯一的或者主要的交流方式，书面语与口头语相结合，视觉、听觉、手势、触觉和空间等模态相结合，使交流具有多模态的属性，要求学习者具有理解、掌握那些越来越重要的媒体表现形式的能力。

新伦敦小组并没有对多元识读进行界定，他们认为多元识读概念的核心是两个“多”，即多语言（Multilingual）和多模态（Multimodality）。前者指社会化、职业化、跨文化环境下的各种社会语言（Social Languages），后者指当代信息交流的多模态属性。在新媒介迅猛发展的时代背景下，新伦敦小组所研讨的“两多”现象越来越突出，特别是多模态化。现在我们完全生活在一个网络化、数字化的世界中，博客、播客、维基、RSS、飞信（Fetion）、微信（We chat）等社会化交流与协作软件已经成为人们学习、工作和生活的基本工具。

近年来，国内外学者对多元识读进行了深入的研究和分类。昂斯沃斯根据识读教学实践，把多元识读划分为以下五大类，分别是视觉素养、语言认知能力、课程素养、计算机网络素养、思辨能力。

胡壮麟（2007）从社会符号学的视角对多模态现象进行研究时，把 mutiliteracy 翻译为“多模态识读”，是指具有能阅读所接触的各种媒体和模态的信息，并能因此产生相应的材料，如阅读互联网或互动的多媒体；并从社会符号学的角度，把 multi literacies 译为“多元识读能力”，认为这种能力包含技术识读（多模态识读）和文化识读，即用新媒介与人进行互动式信息交流的综合能力和素养。胡壮麟进而把多模态识读能力划分为以下几个层次：参与者能够在信息环境中适当地工作；通过使用信息技术，参与者能够检索所寻找的材料，完成与信息技术应用有关的各项任务，能够利用技术工具进行多模态阅读和写作；批判性、策略性地汇总和管理来自各种数字网络材料库的信息；参与者有责任心、思想开放，能在电子世界中发挥作用，因而能迅速有效地适应新环境下产生的各种社会问题；基于特定问题而成立的虚拟社团能利用他们的专业技术互相协作；能够通过技术工具，用各种方法，针对一个话题表达综合的知识；参与者能够对所处社会中信息技术环境如何发挥重要作用发表个人意见；能够运用新媒介更新学习方法，如采用非语篇写作；参与者不仅具有语篇信息识读能力，也具有符号和图像解释能力，能够利用多媒体和其他技术工具如互联网，与人互动，参与学习，构建意义。

朱永生（2008）也探讨了多元识读能力研究对我国教学改革的启示，认为应当把多元识读能力的培养写入教学大纲，把多元识读教育理念引入到语言教材编写、教师培训、教学评价、资源建设等教育活动之中。随着经济全球化、文化多元化、教育信息化、语言多样性的不断深入，多元识读教育在高等教育中的地位和作用将越来越突出。

自新伦敦小组在20世纪末作为一种新的教学理念和教学方法被正式提出以来，多元识读教学法本身也在不断地改进和完善。最早的多元识读教学法包括情境实践、显性指导、批评（一定社会文化语境下的批判性阐释）、实践应用四个阶段；随后，新伦敦小组中在总结四阶段多元识读教学法的基础上，把学习活动划分为体验、概念化、分析和应用四大类，学习者在行动中学习。他们认为，在学习过程中，体验、概念化、分析和应用四步骤是一个互为先后、相互交织的过程。

1. 体验

人类认知是情景化的，是受认知环境影响的。学习者可以将在校学习与学生在校外的真实生活体验结合起来，也可以将学习文本和学生的课外生活经验关联起来。这两种将学习与生活相结合的方法都属于文化关联法（Cultural Weavings）。这种体验有两种形式，一种是体验已知事物（Experiencing the Known）：通过反思自己的经验、兴趣、观点及自己对世界的理解，学习者把自己的知识、经验、兴趣和生活文本分享到学习情景中；另一种是体验新事物（Experiencing the New），即通过观察陌生的情境或阅读新课文，使自己浸泡在新的生活情境和新的课文之中。值得注意的是，学生所接受的新信息、新经验、新课文应当符合学生的心智水平、接近学生的真实生活世界，通过新旧信息的交织能够促成学习者有意义的学习。

2. 概念化

概念化不只是传统学科的说教，更是一个知识生成过程，在概念化的学习过程中，学习者是积极的建构者，不仅需要把隐性知识转化为显性知识，而且能够进行归纳概括。概念化也有两种主要的方式：一种是命名法，学习者通过对事物的抽象化命名，可以不断地拓展范畴、发展概念；另一种是用理论进行概括，学习者作为积极的概念和理论创造者，建构自己的心智模型、抽象的理论框架及可迁移的学科图式。

3. 分析

有效学习离不开批评的能力，包括功能分析的能力和评价的能力。功能性分析包括推理、推断和演绎，确定功能关系（如因果关系），分析逻辑关联及文本关联，批判性分析指的是对自己和他人观点、兴趣和动机的评价，这种分析不仅涉及已知经验和新经验的互动，也包括先前概念与新概念之间的互动。

4. 应用

应用包括适当性应用和创造性应用。前者是指将自己的知识和理解应用于复杂多样的真实情景并检验其有效性；后者是指学习者运用自己的兴趣、经验和灵感对现实世界的一种创新性、开创性干预，正是这种创造性应用，使世界变得新颖、富于创新。

作为新媒介时代的一种新型教学法，多元识读教学法仍需在实践过程中不断实践和完善。

（三）教学设计

教学设计与教学论的关系问题曾经是一个影响广泛的争议问题。文献分析表明，当下教学设计理论与教学论几乎是一致的，难以划清边界。首先，这是因为教学设计与教学论的核心内容是一致的，都以教学处方为核心内容。

其次，教学设计与教学论的研究宗旨、行动方式及影响力是一致的。都是为了解决问题而主张行动研究。

最后，教学设计与教学论的学术水准是一致的，都由于聚焦于教学方法模式而无法创造知识。

当下的教学设计与教学论都属于研究领域而非学科理论。有教学自然就会有教学设计，教学论的视野也就是教学设计的视野。只有教学设计的技术学理论才能与教学论划清界限，并能催生新的教学论。教学设计的技术学理论关注教学系统的构造，新教学论关注教学系统的整体特征和运转机制。

随着高等教育改革的不断深入，本科人才培养方案的改革也在不断深化。各高校纷纷修改人才培养方案，普遍压缩大学英语课程的学分、学时；与此同时，学校管理层对大学英语教学质量却提出了更高的要求，这就给大学英语基层管理者和一线教师带来了前所未有的压力和挑战。在倡导和保障大学英语自主学习的同时，课堂教学改革是大学英语教学改革成败的关键。近年高校扩招使得大学英语教师的工作量加大。与此同时，出版业的改制使得大学英语教材出版商越来越注重教材的系统化建设，完备的教材体系和服务为线教师提供了优良的教学资源和教学课件。但在大学英语课堂教学实践中，多媒体教学唱主角的形态也暴露了诸多弊端。例如，如果多媒体使用和管理不当，很容易淡化人际交流与互动，淹没教师的个人风格，背离以学生为中心的教学原则，忽视学生在语言学习中的中心地位。很多老师课前不用准备或者很少准备，过于依赖出版社的配套课件。在这种情势下，大学英语教师必须充分发挥个体能动性，密切联系院校学生学习实际，重视和优化教学设计，向有限的课堂教学要效率。

教学设计就是运用系统方法分析教学问题，确定教学目标，建立解决教学问题的策略方案、试行解决方案，评价方案试行情况，进而对方案进行修改。其宗旨是提出达到预期教学目的的最优途径和实施方案，需要经过教师的行动、观察、反思并不断修正。鉴于大学英语教学的同质性，以及课堂教学在课程、课型、教学对象、教学条件等方面呈现的巨大差异性，探索大学英语课堂话语建构的原则模型，有助于指导新媒介时代大学英语课堂教学实践，改进教学效果，实施有效课堂教学。

新媒介条件下加强教学设计，不仅要遵循语言教学和教学设计的基本原则，还要特别关注现代教育技术的合理运用，强化多媒体、多模态课堂教与学，促进大学英语的有效教学。

开展多媒体、多模态条件下的大学英语课堂教学设计。必须充分考虑大学英语分课型教学的目标、教学条件、师生的信息素养、学生的语言水平和心理特征等要素，利用二语习得、教育学、心理学、认知科学的最新研究成果，调动教师的主动性、创造性。

多媒体、多模态教学条件下，深化大学英语课堂教学改革，需要教育学转向，特别是用现代教育教学理念和理论指导课堂教学，充分利用现代教育技术，改进课堂教学效果。教育学转向的核心任务就是加强课堂教学设计。在教学设计理论研究方面，以往的教学设计模型多是围绕课堂教学环节开发的。教育技术领域第二代教学设计理论先驱人物 Meri 考察大量教学设计理论的基础上，提出了展示论证新知原理、尝试应用新知原理、聚焦完整任务原理、激活相关旧知原理、融会贯通掌握原理五项首要教学原理，并针对信息化教育发展的现状，指出媒体仅是表征内容的一种手段，不足以决定教学的效果，媒体与教学匹配时，才能起到促进教学的作用，否则就会起干扰作用。随着教育生态学、认知负荷理论和多媒体学习认知理论的发展，国内研究者尝试从这些理论出发，探讨多媒体条件下多模态外语课堂教学设计的原则。

恰当地运用多媒体教学手段有助于减轻学习者的外显负荷。结合学习者的知识水平，恰当地处理学习者内隐认知负荷，有助于学习者的图式建构和信息加工，有助于学习者在多媒体环境下的多模态学习。多媒体环境下的多模态学习是提高大学英语课堂教学效果的有效途径。

一方面，多模态、多媒体手段可以调节语言学习者信息加工中的注意机制，有助于强化学习者的语言吸收，提高学习者的二语习得效果。另一方面，学习者充分运用多模态、多媒体手段，可以大大提高言语交际的效率。

在大学英语课堂教学中，广大教师充分利用现代信息技术，研究如何通过多媒体、多模态手段优化学习者的语言输入与输出。我们可以从应用语言学、教育学、教育技术学、话语学和教育生态学等不同的理论视角，通过探索多模态课堂教学设计原则，为大学英语一线教师组织和实施有效的多媒体、多模态课堂教学提供参照。

四、外语教育技术学

教育技术学是把应用新的技术、手段和方法来优化教学过程和教学资源作为研究对象的学科，是具有方法论性质的学科。在我国，教育技术学已经发展成为一门独立的学科。信息技术与课程整合研究的发展，使外语教学形成了新的教育信息化教学范式。按照库恩的范式学说，新范式的形成和转换意味着一门新学科的形成。实践证明，以计算机辅助外语教学为主要研究内容的外语教育新范式，是构成外语教育技术学科成立的前提和理据。信息化外语教学不仅仅是外语教学和信息技术的结合，外语教学过程的完成也离不开教育学理论的指导。教育学原理和信息技术的结合，在教学方法、教学设计及管理、资源、媒体和评价，甚至学习策略、教材编写、课程安排等方面，都提供了直接的教育技术学理论指导。

作为一门独立的学科，外语教育技术学的建设刚刚起步，有一系列的理论问题需要我们不断地探讨，从而运用该学科理论研究成果，探索外语课程与教育技术整合的新模式、新方法、新环境，进而在实践中不断丰富和完善外语教育技术学科体系。

五、教育生态学理论

教育生态学是 20 世纪 70 年代中期兴起的一门新学科，它是教育学和生态学相互渗透的结果，是研究教育与其周围生态环境之间相互作用的规律和机理的科学。其主要观点包括整体、系统、联系、平衡、动态等，强调全面、系统地思考教育教学过程中的各个因素，发现并解决教学中存在的宏观与微观的生态失衡问题，它强调以教育生态系统平衡的视角认识与理解教学目标、教学结构与教学方式，主动调控教学中各个要素在系统中的生态位，确保教学能够良性运转，充分发挥教学的多维效益。此外，还要深入探索教学本质及其运行机制，通过以教师为主导、学生为主体的范式，改变单向传授知识的传统教学模式，使教师和学生之间形成平等合作的关系。

生态学理论的关键在于，系统中各要素在与周围环境相互作用时，都必须找到其合适的生态位。然而，信息技术进入外语教学系统后，由于没有找到自己合适的生态位，使得外语教学目标、师生观念、教学内容、课程安排、管理方式和资源分配等都发生了变化，导致外语教学中出现了诸多失调现象，并且打破了原有教学系统的和谐平衡状态。另外，在信息技术与外语课程整合以后，教学中还出现了很多对信息技术的误用现象，包括对信息技术的过度使用、滥用和低值使用等现象，而对信息技术的正确使用却相对较少。这些都表明，信息技术进入外语教学系统以后，其功能开发还相当低下，在我们的教学中，超强的、直观的功能没有得到充分发挥。在这种情况下，要正确发挥信息技术的作用，探索解决失调现象的方法，使教学系统重新归于和谐平衡，就必须跳出传统理论的框框，用生态学理论来重新审视我们的外语教学。

陈坚林教授在接受一次专访中，提出要实现外语教学的动态平衡，就必须坚持以下两个基本原则。

（一）稳定教学结构，兼容教学要素

按照生态学理论，稳定与平衡相关，兼容与和谐相连，“稳定”是目标，“兼容”则是实现目标的手段与方法。例如，外语教学中各要素构成了课堂教学完整的生物链。信息技术与外语课程整合后，信息技术就成为课堂教学生物链中的重要一环。要稳定教学结构，必须使信息技术与其他教学要素相互兼容、融合、配合，发挥其应有作用。如果信息技术与其他教学要素在实践中实现了融合，教学生物链能和谐地运转，教学结构就可以达到平衡和稳定。

（二）制约教学运转，促进个体发展

一方面要对教学运转进行制约，另一方面则要促进学生的个体发展。这里的“制约”是手段，“促进”是目标。用生态学上的话来说，外语教学系统中各要素都有其各自的生态位，都在各自的生态位上承担一定的角色。但是，这些要素在发挥其角色作用方面，是有一定限度的。现代信息技术条件下的外语教学，要想有效地促进学生（个体）的发展，就必须制约信息技术角色作用的发挥，尽量减少各种信息技术误用现象的出现，使信息技术始终沿着“规则”允许的轨道发挥作用并与其他要素相互兼容和配合。“制约”是为了更好地“促进”，而“促进”则是合理有效“制约”的必然结果。一句话，只有处理好“稳定”与“兼容”“制约”与“促进”这两对辩证关系，外语教学才能在和谐的生态环境中自然健康地发展。

教育生态学理论对于建设大学英语网络自主学习中心也具有重要的指导意义。随着教育部关于大学英语网络化教学改革工程的深入，各高校纷纷创建了大学英语网络自主学习中心，相关研究成果也不断涌现，但目前亟须从教育生态学的高度探讨大学英语网络自主学习的模式，有必要构建网络教育环境下的多模态英语学习模型。实验研究表明，各种交互（包括学习者与学习内容、学习者与教育者及学习者与学习工具之间的交互）是积极型学习的核心要素。此外，伴随自主学习理论和实践的发展，欧美很多高校都建立了自主语言学习中心。在以多媒体、网络、虚拟现实等为基础的网络文化中，教育的开放性保障了以学生为中心的教学活动，使学习者成为真正的自主学习者。

计算机辅助语言教学进入了新的历史时期，外语教育工作者借助局域网、互联网进行语言教学，研究网络教育生态环境下外语教与学的问题，自然成为应用语言学研究的一个热点。网络教育不同于传统教育四面围墙的、封闭的生态环境，它所面临的是多种社会环境，因而教育的生态环境就显得非常重要。建构优良的网络教育生态环境，必须关注学习者的无意学习，激发学习者的学习动力，合理地保护、利用学习者的脑力资源，提高学习效果。我们可以结合高校英语自主学习中心建设，研究设计基于学生自主学习的网络教育生态环境模型，探索满足大学生交互式、个性化、自主式英语学习需求的途径和方法。

间性理论、多媒体学习认知理论和认知负荷理论是架构网络教育生态环境的重要理论基础，多媒体、多模态学习具有重要的网络教育生态学价值。认知图式有助于解释为什么背景知识和记忆组织方式对于新的学习如此重要，有助于减轻学习者工作记忆的负担。影响工作记忆负荷的因素主要包括内隐认知负荷、外显认知负荷和适当认知负荷。一方面，开发多模态、多媒体教学手段有助于减轻外显负荷；另一方面，结合学习者知识水平，恰当地处理学习者内隐认知负荷，有助于学习者的图式建构和信息加工，有助于学习者在网络教育生态环境下的外语自主学习。

多模态学习是下意识学习的心理、生理基础。网络教育生态环境下，多模态获取信息不是全部通过词汇化的，通过语音、图像、动画、情感等非词汇化的多模态学习比词汇化的学习更有效。一方面，多模态、多媒体手段可以调节语言学习者信息加工中的注意机制，有助于强化学习者的语言吸收，提高学习者的语言学习效果；另一方面，学习者充分运用多模态、多媒体手段，可以大大提高言语交际的效率。

在大学英语网络自主学习中，通过网络教育生态环境模型的约束作用及教育工作者的多角色网络引领，有助于加强大学英语网络自主学习中心的建设、管理和使用。

第三节 高校英语多模态教学的语言学基础

一、二语习得理论的研究领域及其主要流派

二语习得研究作为一个独立学科，大概形成于20世纪60年代末70年代初，研究主要涉及三大领域，分别是中介语研究、学习者内部因素研究、学习者外部因素研究。

每大类中又包含若干小类的研究对象，除了三个领域内的因素外，各大类之间的关系和各小类之间的关系也是研究的重点。40多年来，二语习得研究先后涌现出许多种理论和研究走向，Van Patten Williams 主编的《二语习得理论》概括介绍了以下10种主流理论。

（一）环境论

早期的环境论以行为主义（Behaviourism）的刺激—反应（Stimulus Response）理论为基础，认为语言是一套行为习惯，语言习得是这种行为形成的过程。第二语言习得就是克服旧的语言习惯（母语）的干扰，培养新的语言习惯（目标语或第二语言）的过程。儿童使用语言的创造性、语言知识的先天性特征和人脑的语言习得机制等理论挑战并改变了早期二语习得研究的格局。

（二）先天论

生成语言学研究者从普遍语法角度考察二语学习者的过渡语能力（Interlanguage Competence），认为语言习得（包括第二语言习得）是人类先天具有的“语言习得机制”（Language Acquisition Device）的产物。该派主要有乔姆斯基的“原则和参数理论”和克拉申的监察理论（Monitor Theory，MT）。20世纪末影响最大的第二语言习得理论当数克拉申的监察理论。监察理论包括五项基本假说，语言习得与学习假说、自然顺序假说、监察假说、语言输入假说和情感过滤假说。其中，“输入假说”是“监察理论”的核心内容。克氏认为，学习者是通过对语言输入的理解而逐步习得第二语言的，其必备条件是“可理解的语言输入”。只有当学习者接触到的语言输入是“可理解的”，才能对第二语言习得产生积极作用，即要符合“i+1”的要求。“i”是指学习者当前的语言知识状态，“1”是指当前语言知识状态与下一阶段语言知识状态之间的间隔距离。

（三）功能观

功能法立足从形式到功能及从功能到形式的映射角度看待语言习得，认为语言学习的实质就应该从一对一的“功能—形式”映射发展到一对多的映射，即多功能性原则。该派提出的“概念主导法”从学习者有表达某一概念的意义需要出发，研究学习者如何使用不同的方式来表达概念。

（四）联结主义学习理论

联结主义学习理论的“联结—认知原则”（Associative Cognitive Creed）在强调标记（Cue）和结果（Outcome）之间映射关系的同时，也注意到内在心智表征及社会因素、动机因素、学习者经验等对二语习得的影响。

（五）自动化理论

自动化理论的“技能习得理论”（Skill Acquisition Theory，SAT）认为，人们习得各种技能时要经历陈述性、程序性和自动化三个阶段，其核心概念是“学习强力定律”（Power Law of Learning），该定律认为，由于操练，技能在一段时间内会有质变。SAT 研究属于行为学性质，反应时间、错误率、不同环境不同表现等都是 SAT 的证据。过去30年的主要证据来自通过计算机模型来说明认知机制如何工作、如何减少错误率、如何减少反应时间，但是计算机毕竟不是人脑，只能间接地提供证据。

（六）输入加工理论

针对成人二语习得的输入加工（Input Processing，IP）模型包含四个论断：理解就是学习者试图获得语义；在认知加工和工作记忆方面，学习者的理解一开始很费力，但这对 IP 机制关注的东西产生影响；学习者是能量有限的加工器，在一刻接一刻的加工过程中，不能像本族人那样加工和储存同样数量的信息；学习者也许利用 IP 中某些普遍的东西，也许利用其母语或第二外语输入加工器。该模型的核心概念是形式、语义、加工、语法切分和费力理解 IP 模型的证据是句子解释任务和眼球移动。

（七）可加工性理论

可加工性理论（Process Ability Theory，PAT）认为学习者只能严格按照一定的等级循序渐进，把可加工等级分为六个严格的习得先后程序：无程序语类程序、名词短语程序、动词短语程序、句子程序和从句程序。

（八）自主归纳理论

自主归纳理论（Autonomous Induction Theory，AIT）目标是利用形式语言学研究来解释学习者的语言能力，视语言能力的变化为心智语法的变化，并假设这些变化是通过语言习得机制（Language Acquisition Device，LAD）的活动产生的。

（九）交互观

二语习得中的输入、互动和输出不是模型，也不是理论，但是这个假设融合了假设、理论和模型的许多元素。交互观的目标是通过学习者接触和产出语言，通过关于产出的反馈等现象来解释学习过程。IH 证据来自课堂使用的各种教学任务。IH 与其他二语习得理论一样，研究二语习得的方方面面只不过目前集中研究输入、互动和输出的作用。

（十）社会文化理论

基于社会文化理论（Sociocultural Theory，SCT）的二语学习观认为，人类认知活动最重要的形式是通过社会和物质环境中的互动得以发展的。从 SCT 角度研究二语习得，就是要回答在多大程度上我们可以通过二语来调节心智活动。

纵观二语习得的主流理论和研究方向，二语习得学科具有跨学科、多元化的特征，其未来研究应当重点关注以下几个问题。

第一是二语习得理论必须从认知科学领域吸收最新研究成果，深入了解人类认知的运作机制，融合语言认知和二语知识。

第二是必须借鉴双语现象和双语能力的真正本质，对目前二语习得理论进行评估。

第三是需要对二语习得各种解释的经验加以理论提炼。

二、中介语理论

中介语理论是在认知心理学的基础发展起来。通过对学习者的语言偏误进行统计分析。研究者发现：母语相同的第二语言学习者在学习第二语言过程中，会犯一些类似的错误；第二语言学习者在一定的时期所出现的第二语言输出的错误有一定的规律；在学习的过程中，第一语言不同的第二语言学习者在习得某些语法结构时呈现出非常类似的顺序等等。这种语言运用结果是由潜在的认知机制所引起的。

石化现象是普遍存在于中介语习得过程中的一种心理机制，与语言形式的正确性没有关系，换言之，正确的和不正确的语言形式都会石化，因此石化不应该是错误语言形式的代名词。语言学习是一种认知行为，应遵循人类共同的认知规律，主要受语言迁移、训练迁移、第二语言学习策略、第二语言交际策略和目的语的过度笼统化五个方面心理认知机制的影响。石化现象的产生，既与特殊的社会文化环境有关，也与英语学习者本身素质相关联；既与固定模式化的教育体制和不恰当的教学方法有关，又与英语学习者的认知心理偏差相关联。学习过程中，内外因的共同作用导致了学习者大脑中语言知识的固化。为此，我们要用科学理性的眼光和宽容的态度，来看待学习者的语言错误，辩证地看待和理解中介语和中介语石化现象，这将有助于我们进一步认识控制石化现象的、潜在的内部机制，从而提高二语教学效率。研究还发现，汉语水平变量通过直接或间接路径对学习者的英语写作能力产生影响，其中汉语写作能力、汉语词汇能力和汉语语篇能力对英语写作影响显著。另外，英语水平在汉语能力变量向英语写作能力的迁移中起着制约作用。

三、计算机辅助语言教学

计算机辅助语言教学（Computer Assisted Language Learning，CALL）是探索并研究计算机应用于语言教学的科学。从学科名称的发展来看，它经历了三个发展阶段：从 CAI（Computer-Assisted Instruction）到 CALL 再到 NBLT（Network Based Language Teaching）。CAI 是 CALL 的初期阶段，NBLT 则是 CALL 发展的新阶段。

从语言教学技术与学习理论的融合来看，计算机从大型机发展到个人电脑再到现在的互联网，与此相一致的是计算机辅助语言教学发展的三个阶段：行为主义（Behaviorist）CALL、交际性（Communicative）CALL、综合性（Integrative）CALL。第一个阶段是以结构主义语言学为理论基础的 CALL 阶段，即 CAI 阶段；第二个阶段以建构主义学习理论和功能语言学为理论基础；第三个阶段以网络为工具的计算机辅助语言教学的理论基础，是社会认知语言学。社会认知论的代表人物有海姆斯、韩礼德，认为语言不是个人的附属，而是一个社会建构现象，合乎语法性与社会接受性不可分离，认知与交际相互依存，在外语教学上体现为交际法。基于这种教学观，计算机成了受指导者（Tute），语言教育工作者寻求把听、说、读、写等各种语言学习技巧结合起来的同时，也把技术和语言学习更充分地整合起来，学习者可以利用计算机程序，创设虚拟的语言学习环境，通过网络自主参与或组织学习活动，进行真实的语言交际。虚拟环境下的语言学习极大地拓宽了 CALL 活动范围，NBLT 研究也给 CALL 常见主题提供了新视角。

多媒体技术在我国高校大学英语教学中的应用和研究源远流长。20 世纪七八十年代，大学英语教师手提录音机到教室开展听力教学似乎是件新鲜事。20 世纪 90 年代初开始，高校语言实验室的普及大大促进了听力、口语、写作和翻译教学；20 世纪 90 年代末，网络语言实验室成为高校改善大学英语教学条件的主要标志；21 世纪初以来，全国高校大学英语课堂教学几乎全部使用多媒体课室，同时，各校纷纷建立网络英语自主学习中心，形成了多媒体课堂教学与网络自主学习相结合的大学英语教学新局面。

计算机辅助语言教学（CALL）的发展表明，外语教学与教育技术应用之间的关系特别紧密，教育观念的更新与教育技术的发展之间呈现出相互作用、不断融合的态势。近年来，多媒体、多模态教学理论的探讨和应用，有力地推动了教育技术与外语整合的研究和探索，是外语教学研究的热点。

四、我国的外语学习理论研究

长期以来，我国学者在二语习得理论研究方面主要靠引介国外理论，并结合我国外语教学实际开展应用性的研究。但是，我国的外语学习与西方的第二语言学习有着完全不同的特点，必须从我国外语教学的实际出发，对国外的语言教学理论，尤其是第二语言习得理论采取谨慎的态度。在吸收和借鉴过程中，要充分考虑到中国学生学习外语的特殊性，从而建立一套具有中国特色的外语教学理论体系和切实有效的方法。

近年来，我国外语教育研究者结合英语教学在我国基础教育、高等教育的实际情况，创造性地提出有关假设并进行实验和推广，例如，王初明的“写长法”。这里重点介绍文秋芳教授积极探索符合中国国情的大学外语课堂教学理论而提出的“输出驱动—输入促成假设”。

2013 年 4 月，北京外国语大学中国外语教育研究中心和外语教学与研究出版社在厦门联合举办了以“以输出为驱动，探索课程教学的创新与突破”为主题的大学英语教学发展学术研讨会。文秋芳教授以“输出驱动假设与课程教学创新”为题在大会上作了主旨发言。会后基于发言内容撰写了论文《输出驱动假设在大学英语教学中的应用：思考与建议》，系统介绍了基于“学用一体”理念的“输出驱动假设”，并在外语教学与研究出版社的支持和帮助下组织高校的英语教师开展了相关教学试验。

2014 年 3 月在北京召开的以“形势、目标、能力、策略”为主题的大学英语教学发展学术研讨会上，文秋芳教授以“输出驱动—输入促成假设与大学英语教学改革”为题，报告了基于试验结果对“输出驱动假设”进行的修订与完善，在输出驱动假设基础上提出了“输出驱动—输入促成假设”。

根据“输出驱动—输入促成假设”，输出被认定为既是语言习得的动力，又是语言习得的目标；输入是完成当下产出任务的促成手段，而不是单纯为培养理解能力和增加接受性知识服务、为未来的语言输出打基础。换句话说，学生清楚地知道要成功完成教师布置的产出任务，就需要认真学习输入材料，从中获得必要的帮助。文秋芳教授还站在课程论的高度，从教学目标、教学内容、教学组织（过程和方法）和评估体系，阐述了该理论如何有效地应用于大学英语课堂教学。

第四章　高校英语教学的多模态课件开发

第一节　多模态课件的相关概念及理论基础

随着计算机和网络技术的发展，人类社会活动所介入的物质手段日渐丰富，在外语教学中运用数字化和多模态手段逐渐成为一种大趋势。以社会符号观为基本认知的多模态符号学，借鉴了系统功能语言学的理论框架和研究方法，将对语言的研究延伸至一切用来构建意义的符号资源，包括口语、书面语、图像、图表、建筑、音乐、动态影像等。在多模态符号学的视角下，每种模态都是符号资源，是物质媒体经过社会长时间塑造而形成的意义潜势。

20 世纪 50 年代兴起的话语分析理论基本上都是以语言为研究对象的，只注重语言系统和语义结构本身及其与社会文化和心理认知之间的关系，忽视诸如图像、声音、颜色等其他意义表现形式。20 世纪末西方兴起的多模态话语分析则在很大程度上突破了这些局限。多模态话语分析是以 Halliday 创立的系统功能语言学为理论基础发展而来的，它是指运用听觉、视觉、触觉等多种感觉，通过语言、图像、声音、动作等多种手段和符号系统进行交际的现象。随着科技的发展，多模态话语分析和多媒体等现代高新技术的结合为外语教学提供了更好的理论基础和技术支持。多媒体课件，尤其是 PPT 课件，集文字、图像、视频、动画、声音于一体，实现了多种模态共同构建意义的作用。多模态课件属多模态话语范畴，是通过多种符号资源内部的互动来实现意义的复合话语，它是利用现代技术拓宽学习和运用英语的渠道。多模态性是多模态课件的主要特点之一，它能够利用文本、图像、颜色、声音等多种模态共同构建意义，吸引学习者的注意力，强化语言信息的输入，从而在一定程度上提高教学效果。多模态课件将文本、声音、图片、视频或音频和学习规律等结合起来，以符合学生学习的特点。

一、多模态话语理论的英语教学模式的提出

（一）多模态话语各模态之间的协同关系

1. 多模态话语的媒体系统

交际媒体是多模态交际中的使用工具，只有区分开模态和媒体的概念，才能正确领会各种模态之间的关系。Scollon&Levine（2004）提出，模态是一种符号系统，它既可对比，又可对立，而媒体则是符号分布印记的物质手段，像说话时所发出的声音及手势动作。Kress(2001)认为，在教学中使用多种模态进行信息传递有三个理论基础：第一，物质的媒体经过社会长时间塑造，成为意义产生的资源，可表达不同社团交流的意义，这就成了模态；第二，各种语言模态互相交融并同时发生作用，而且这种互动本身就产生意义。第三，使用者经常对表达和信息传递的模态加以改变，以适应社会信息传递的需要，这样，旧的模态被新的模态所代替。可见，模态的物质基础是媒体，如果没有媒体，模态就毫无意义。这就是讨论媒体分类和作用的原因。

这里所说的媒体，指的是所有符号系统的媒体。语言媒体是人们在实际交往式中首选的媒体，因此，可以把媒体分为语言媒体和非语言媒体。从任何的语言学角度出发，声音符号和书写符号是能够实现意义传播的两种语言媒体，这两种媒体是语言传播的主要媒介。随着科技的发展，出现了更多的媒介，如电脑、手机平板电脑等移动终端，都可以对声音和文字进行识别，但是最后的传播媒介仍然是声音或字符。这些语言媒体对语言意义的表达具有十分关键的作用，稍有不慎就会改变整体意义。在实际交往中，肢体媒体和非肢体媒体是非语言媒体的两种形式。肢体媒体指的是人们利用表情和动作形成的媒体符号。非肢体媒体是指不通过交际者的肢体而产生作用的媒体，如交往中所用的设备以及周围的环境等。现代飞速发展的科学技术使非肢体媒体变得越来越发达。例如，教学中常用的投影设备、无线网络设备等。交际者还可以利用身边的人、物和周围的环境因素等进行交际。

多模态话语中“多”的含义十分丰富，它既包括交际者的视觉、听觉、触觉嗅觉等感知渠道，又包括交际时的各种媒介及其符号，如声音、语言、动作等。多模态话语使“话语”不再局限于语言和文字两种表达方式，而是由多种方式表达的意义实体。多模态话语可以体现出“话语”更深层次的意义及其复杂性。媒体是没有意义的，它只是一种载体，只有通过形式表达才能让媒体具备一定意义。模态用两种手段对媒体进行组织和构建：一种是媒介符号被直接赋予某种特定意义，如“红灯停、绿灯行”。这里的红、绿灯由媒介与意义组成，所以其用途仅限于指挥交通。另一种手段是语法，它可以为单个符号赋予意义，也可以将多个符号组合起来，赋予这个组合特殊的意义，语法的作用就在于此。

2. 多模态话语形式之间的关系

第一是多模态话语间关系的理论基础。张德禄（2009）基于系统功能语言学理论，组成多模态话语分析综合理论框架，根据这个框架，设计了动态多模态话语分析框架。

受意识形态的支配和体裁系统的制约，在特定的语境中，交际者根据实际语境和交际目的，选择合适的模态和体裁结构将要表达的意义表现出来。交际者可以选择用视觉模态（如图形）表达，也可以由听觉模态（如音频）表达。在系统选择中，最关键的因素是利用好不同模态之间的关系，使不同的模态相互配合，从而构建动态多模态话语的整体意义，因为不同的模态体现的意义属于同一个交际事件，需要整合为一体才具有交际意义。这种模态之间的配合主要体现在模态的形式层面，即在词汇语法层面表现出来。张德禄（2009）将此关系归纳为互补关系（强化和非强化）和非互补关系（交叠、内包和语境交互）两大类。

模态之间的关系不是静止的，而是随时间推移而变化的动态过程，可能是以图像为主，语言为辅的过程，也可能是以语言表达为主，图像和动画为辅的过程。如果是以图像为主，那么图像中的文字与图像之间也是一种互补的关系。两者之间关系的变化是和交际事件的进程密切相关的这种动态性的文字、图像与动画的关系，是动态多模态话语分析的研究要点。

第二是课堂中多模态之间的关系。课堂教学话语是以多模态为特点的。多模态基本上分为五种：视觉模态、听觉模态、触觉模态、嗅觉模态和味觉模态。教师的话语在教学中属于主要模态但是话语是抽象的，不能形成具体的、形象的且能够存留的信息，因此教学过程中还需要多种模态相互配合。在一般的课堂教学中，文字是话语的主要补充方式。但是在科学技术飞速发展的今天，新技术能够为课堂教学提供更多的模态配合，各种模态之间相互协同，共同构建有意义的课堂教学。在研究各种模态话语形式之间的关系时，首先需要考虑的是：人们使用多模态进行交际的意义是什么？是生理和心理的表现需求？还是因为多模态能更加充分地体现出交际者的实际意图？一般情况下，可能这两种情况都会涉及，但是最主要的原因应该是第二种，即一种模态不足以表达清楚交际者的意义，从而利用另一者进行强化、补充、调节、协同，另一交际者能够更加充分、准确地表达其实际意义，使对方更容易明白交际者的目的。

从这个方面看，多模态话语的作用就是要充分表达讲话者的实际目的。典型的多模态话语模式是指一种模态的话语不能充分表达其意义，或者无法表达其全部意义，需要借助另一种模态补充，把这种模态之间的关系称为“互补关系”。例如，在课堂教学中，教师的话语不能充分表达其真正目的，而借助投影仪播放段动画，将语言和视觉模态相互补充，达到使学生充分理解和记忆深刻的目的。

在这种互补关系中，各种模态各司其职，通常其中的一种模态是基本模态，如语言，在多模态中具有基础的交际作用；另一种模态具有补充作用，补充以是强化，也可以是补缺。强化关系是一种或多种形式对基本模态的强化。例如，英语课堂上，教师用图片和视频对语言教学进行强化。而在美术课堂上，教师的话语只能起到辅助和强化的作用。补缺是在两种模态缺一不可的时候，互相作为对方的补充，视觉和听觉就是一对模态组合。

非互补关系，是指其他模态对基本模态在意义的表达上作用不明显，但是依然可以作为一种模态进行意义表达。这种关系一般体现为模态交叠和语境交互的关系。交叠现象是两种或两种以上模态同时存在，相互之间却没有强化的关系。模态与语境的关系可能是积极的关系，也可能是消极的关系。情景在参与交际的过程中，所依赖的是交际者的交际目的和方式。因此，多模态性多体现在对情景依赖较强的交际中。

（二）多模态话语在外语教学中的协同关系

在漫漫历史长河中，语言研究已有上千年，但是对多模态的研究只有十年。在课堂教学中，语言教学仍然占据主要地位，其他的多种模态教学只是起着不同程度的辅助、强化或补充的作用。随着科技的高速发展，知识时代强调信息传播的多样性及技术的重要性。尤其是数字技术的广泛应用。计算机技术的发展为多模态教学提供了更加便利的条件，结束了几千年来话语和文字占统治地位的教学方式，图像、动画等新技术成为教学的主要手段。多模态相结合的教学方式成为重要的研究领域。交际工具的多样化和语言的丰富性要求教学方法应该向多元识读教学法发展。多元识读能力主要表现为多模态的识读能力，为了提高学生识读多模态的能力，教师在授课过程中需要把多模态协同应用于课堂教学，同时，也要注重课外教学中多模态的运用，使学生在体验中提高多模态识读能力及应用能力。

1. 多模态话语在外语课堂教学中的协同关系

（1）课堂话语的意义建构。

课堂话语的意义建构过程是符号实践的过程也是物质过程。社会符号及系统功能语言学的理论为多模态课堂话语分析提供了理论框架。课堂教学是由教学内容、师生关系和课堂模态调用三个方面组成。课堂教学内容的大纲是以布鲁姆的理论为指导的；各种符号资源之间通过相互作用实现整体的意义；元功能理论为课堂教学中各符号间相互作用的研究提供了分析工具，学生在识解符号资源相互作用中完成意义建构。建构主义认为教学环境中的符号作用于意义建构。意义构建是学生根据已有的知识对现实情况进行认识并理解的过程，是学生个体建构与社会协商的结果。

鉴于其他模态具有与话语模态相近的作用，因此要对多模态进行系统描述，对多模态交往过程形成的结构进行分析与研究。一是要研究的是语言系统中的词汇语法，多数语言的词汇和语法系统都能得到系统的研究与描述。二是对各个模态的系统和结构的研究，大多数情况下，到了意义层面就不能真正厘清词汇语法系统和意义系统的区别。因此，对多模态的研究还处于认识阶段。下面根据我国大学英语教学的实际情况，探讨各种模态之间的协同合作关系。

（2）大学英语多模态课堂。

第一是大学英语多模态课堂中的要素。

教师、学生、教学内容以及教学媒体是构成大学课堂教学的四要素。这四个要素对于课堂教学来说缺一不可。在课堂教学过程中，教师利用教学媒体，将教学内容传授给学生，学生是学习的主体，教师是课堂的主导，各个要素相互影响与制约，使教学具备了特殊的意义。在教学过程中，如何利用多模态使课堂四要素的功能得到充分的发挥，是值得英语的教育者思考的问题。

（a）教师。教师处于课堂教学的主导地位，不仅在教学过程中，而且在课前组织基于多模态和课下反思中都发挥着重要的作用。教师在语言表达上，除了用口语表达，还用面部表情、声调语气等多模态话语对学生进行教学。话语表达是课堂教学的基本模态，教师的声调、语气、音量、口音等，都会对教学产生影响。在平常的教学中，英语教师的基本要求是发音标准、音量适中、抑扬顿挫、字正腔圆。

在课堂学习过程中，学生仅使用听觉模态是不行的，还要通过视觉模态帮助理解和强化记忆。一个人的真实情感和情绪都可以在面部表情上得以体现，因此面部表情是师生交流情感的纽带，起着不容忽视的作用。在课堂教学过程中，教师可以用点头、微笑、眼神和学生进行情感的交流，这经常会起着“无声胜有声”的作用，不仅能增进师生之间的感情，还能活跃课堂气氛、增强学生的自信心。同时，身体语言在课堂教学中也起着强调与补充的重要作用，甚至可以替代话语。当学生不能明白教师的讲解时，可能通过教师的一个手势立刻理解所讲之义。另外，教师的着装也会对学生产生影响，过于鲜艳的颜色容易分散学生的注意力。

（b）学生。在课堂教学中，学生处于主体地位。学生是多模态教学课堂的重要组成部分，学生在学习过程中应主动探寻未知世界进行知识建构。在多模态课堂教学中，学生应积极调动自身的感官，主动接收通过视觉、听觉、触觉等获得的信息，主动建构自己的知识体系并及时与教师进行沟通。学生通过听、说、模仿等练习提高口语能力和听力。想要说一口地道的英语，必须通过大声读书和模仿练习才能实现，这种练习属于听觉模态符号。学生回答教师的提问，表明学生能够积极参与课堂学习。多模态课堂教学中这种学生的行为反馈，是教师对课堂教学进行把握的关键。师生之间的眼神交流，具有一定的传递作用。如果教师从学生的眼神中看到的是崇拜和激动，那么会觉得这堂课的教学是成功的，是有意义的。如果教师看到学生不愿意与自己进行眼神交流，学生无精打采、昏昏欲睡，那么教师会认为自已的教学是失败的，需要反省自己的教学方法，调动一切有利因素提高学生的积极性。

在多模态课堂教学过程中，一些话语的意义需要通过非语言因素体现。这不仅要求教师注意语言语气、手势体态，也要求学生对教师的教学内容做出反馈行为，用语言或眼神与教师进行交流。这样既可以促进教师改进教学方法，又可以构建和谐课堂，实现多模态教学的最佳效果。

（c）教学内容。教学内容是指为了实现教学目标，要求学习者系统学习的知识技能和行为规范的总和。在多模态教学中，教学内容的传播主要以视觉模态和听觉模态为主。

视觉模态符号由书面语言和与教学相关的图片等组成。随着计算机技术的发展，多模态教学中大多会用到 PPT。教师在制作 PPT 时，要充分考虑到字体、背景、色彩、图片等因素，使 PPT 课件发挥最大的作用。在情景教学中，实物展示最利于学生单词的识记及内容的联想；图片是对文字最重要的补充，有时一张图片比一段话更加形象和直接；而视频是对图片的补充，它能更加生动形象地实现教学目标，有利于活跃气氛，加深学生的理解。当然，过于繁杂的教学模态可能会影响到教学效果。听觉模态符号由教师的讲述、录音的播放、学生的发言和讨论等组成。教师字正腔圆的讲述，能够得到学生更多的关注，使学生了解更多相关的知识；同学的发言和谈论也会激发学生学习的主动性，促进学生之间的知识和情感交流，发散思维学习英语。音频材料在英语教学中使用得比较广泛，学生通过长期的、大量的听和练，才能提高听力水平和口语水平。要选择合适本阶段学生学习的音频资料进行练习，太容易的达不到提高的效果，太难的又会打击学生的自信心。

（d）教学媒体。教学媒体指的是在教学过程中传递信息的方式。计算机和互联网的发展为多模态教学提供了技术基础。多模态教学是多种模态协同合作，在英语教学中使用的多媒体教学平台、语音教学平台以及网络互动平台是多模态英语教学的辅助手段，让学生能够身临其境地享受英语教学，激发学生的学习热情，达到最佳的学习效果。

教学过程是指教学活动的开展，是教师在已有硬件资源的基础上，结合学生特点，借助一定的教学条件，指导学生通过认识教学内容，并在此基础上得到身心发展的过程。在英语教学中，各种模态相互协同发生作用，有教师的口语表达，学生之间的问题讨论，还有通过 PPT 展现的图片、文字、动画等。下文将简单叙述多模态它们之间如何来实现课堂教学话语的意义。

第二是大学英语多模态课堂的教学过程。

张淑杰（2011）根据功能对教学过程进行分段分析，建立了可以为教师提供参考

的基于模态的英语教学语类结构。其中，有七个阶段是必选因素，六个阶段

是可选因素，两个因素的顺序可以根据所教内容安排。基于多模态的英语教学语类结构可以总结为：

开始—教学目标—（学习要求）—（过渡阶段 / 复习阶段）—导入—文化背景—课文内容—语言讲解（语言相关的活动）（情境相关的活动）（学生自学）—主题类总结—语言类总结—作业（作业相关的活动）—评价。此外，他还对修改版的布鲁姆教学目标分类法进行分析，总结教师在每一个分目标下的最佳角色。

第三是大学英语多模态课堂中的角色建模。

角色建模是指从社会协作角度分析一个角色模型内的角色交互，定义是承担这些角色的实体应具备的任务和能力，目的是建立完整的角色描述。建模侧重于一个对象在系统中的位置和责任以及与其他角色的行为交互。角色建模语言里的两个最基本角色是人角色和非人角色。课堂环境下的人角色指的是教师和学生；非人角色指的是课本、黑板、音频、视频等多媒体。教师角色是行为发起者，学生视频、音频、课本、黑板等角色是行为引发者。教师角色策划、设计、组织实验反思教学活动、实施教学理念，学生和上述非人角色对教师行为做出回应，形成互动。

第四是大学英语多模态课堂教学的环境。

大学英语是一门公共课，也是一门必修课，全校几乎每个年级的学生都学习英语课程。在科技还不发达的 20 世纪，大学英语课程大多采用单模态的教学方式，不具备真实的语境。随着科学技术的进步，新技术在教育中的广泛应用，大学英语的课堂呈现多模态化。口语、文字和图片的结合，音频和视频的适当选用，让学生通过视觉、听觉等感官体验，有一种身临其境的感觉。多模态化英语教学能最大限度地培养人才，满足社会发展的需要。

大学英语课堂多模态环境由媒体、模式构建而成。学生是媒体服务的对象，是课堂信息的接受者，课堂上主要采用视觉、听觉、触觉三种模态。在多模态大学英语课堂上，学生与学生之间传递信息，学生也反馈信息给教师，通过口头表达、书面表达、肢体动作等方式进行信息传递与反馈。

第五是多模态在大学英语课堂中的协同建构。

21 世纪的大学英语课堂不单是语言模态教学，而是多种模态协同完成的教学模式，包括口语、文字、图片、音频、视频、动画等。不同的符号系统在适当的语境中表达出交际者的目的，但是系统符号不会独立表达交际者的目的，而是和其他模态符号共同完成交际者的目的。从模态的角度讲，课堂教学涉及多种模态的配合，第一是口头模态，表现为教师和学生的口头对话和交流；第二是以 PPT 为载体的模态组合，包括图像、文字、录像和声音等；第三是教师和学生在教室内的活动；第四是教师和学生的

手势和身势动作；第五是教师的面部表情；第六是教室的空间布局以及周围的相关事物。

大学英语课堂教学的目标是指教学活动实施的方向和预期达成的结果，是一切教学活动的出发点和最终归宿。教师既要教会学生，又要管理好学生。

第六是多模态在大学英语课堂中协同作用的案例分析。

用一个案例进一步分析多模态在英语教学中的协同关系：第一，考察相关的教学语境，包括教学目标和设计等；第二，探讨话语的体裁结构；第三，分析不同的话语模态及其在实现话语意义中的作用；第四，分析通过语法结构体现模态所实现的意义；第五，分析多种模态在实现话语意义中的协同作用。

（a）语境描述。本案是以一堂学时为 28 分钟的大学英语课为例，教学主题是“智能车”，教学目标是通过这篇文章学习这个领域的英文知识，而不是讲解智能车的概念和性能。本节课的交际者是教师和学生，教师是组织者，学生是学习者、被组织者。交际的方式主要是口语交际，口语的轻重、快慢等作为辅助，PPT 为整堂课提供文字和图片等。

（b）体裁结构。这堂课共包括 10 个阶段。①上课仪式。②布置教学任务。③引入阶段：首先讲述中国汽车产业的发展，然后和学生讨论学开车的经历。④点出主题：用 PPT 的形式展示各种类型的车。⑤发展主题：比较普通车、概念车和智能车等不同类型的车之间的差别，请同学们描述理想中的智能车。⑥课文讲解：教师给学生布置任务，让学生通读全文并找出智能车的特点，教师和学生一起讨论智能车的特点。⑦回到课文导入部分：教师先问同学们是否愿意开智能车，有没有人开过智能车，然后讲解引言部分，引出本课的主题。⑧讲解课文的第二个重要内容：智能高速公路，并总结本文的结构，讨论智能高速公路。⑨录像播放：通过播放视频片段《汽车的将来》，培养学生的技术识读能力，然后检查学生的记忆情况。⑩总结重点，布置作业。

（c）模态在语法层面的配合。这 20 张 PPT 包括以下四种类型：显示图像、显示文字、显示图像和文字、显示录像和动画。图像显示是为学生提供新信息；文字是一个语篇片段，可以是一个句子，也可以是多个句子来体现；文字与图像结合本身就是多模态的，通过多个语篇片段共同阐释语篇意义，并分别由各自的语法结构表现出来；动画和录像也都可以形成自己的语篇片段，从而实现整个语篇的意义。

2. 多模态话语在外语“课外”教学中的协同关系

随着互联网技术的发展，有许多聊天室和在线访谈服务为学生的口语练习提供了便捷的场所，在这样的环境下，每个学生都能进行课外练习，并以此作为课堂教学的辅助手段。

作为教师，可以在固定网站上设置专门的课程站点，也可以导入学生站点。各协作站点以 http：//ites，google，com/sie 为前缀来统一标识，还可以完成授权学生用户、布置作业等任务，以导学方式吸引学生展开学习资源的分享与协作学习项目的创建过程。

教师可以利用QQ、微信、电子邮件等方式，在线辅导学生学习，及时评判作业，还可以建立QQ群、微信群，实现即时的交流与讨论。有时候，课堂讨论并没有线上讨论那么激烈，一方面是学生思考周期的原因，另一方面是因为有些学生性格比较腼腆，而有的学生碍于情面不好意思当面批评别人。另外，课堂时间有限，用于讨论的时间更有限，不可能进行深度讨论。这些问题都可以通过教师的博客得到解决。教师以匿名的方式将同学的稿件上传到博客，并让同学以匿名的方式对这些稿件提出意见或建议。这样做会得到更加激烈的讨论，进而提高知识的传播度和理解度。经过这种课上课下的学习与讨论，可以增强学生的学习兴趣，提高学习效果。随着科技的发展，先进的教学手段必将伴随先进的教育理念，并服务于先进教育理念。如果使用了先进的教学手段，却沿用老旧的教学理念，那么只能是从“人灌知识”到“机灌知识”的改变，仍然在同一水平徘徊。多媒体教学是促进教育理念更新的关键，对此多数教师都深有体会。

网站可以提供页面流量统计与分析的功能，这些功能有助于教师了解有多少学生参与线上协作学习，有哪些学生对哪些栏目感兴趣，有利于教师对协作学习进行更加客观的评价。

（三）多模态在大学英语课堂中的协同原则

多模态课堂使英语教学重新拥有活力，教学模式的多元化使英语课堂不再呆板，而是充满生机。在选择多模态方式教学时，不是越多越好，而是要根据课程内容选择合适的模态进行教学，才能取得良好的效果。从这个意义上说，多模态就像一把双刃剑，合理使用它就会增强教学效果，提高学习效率；反之，就会影响学生的注意力，对识记能力产生影响。所以，教师在教学时要对各种模态择优选择，还要处理好各模态之间的协同关系。

1. 多模态话语的有效性原则

在课堂教学中多模态内容的选择要注意部分与整体的关系、前景与后景的关系以及强化关系。教师先选择一种媒体来提供具体信息，然后通过PPT图片等模态强化知识点的识记。通过这种模态间的协同进行课堂教学，实现教学目标。在整个教学过程中，前景是语言交际，其他模态为语言交际提供背景支持。形象生动的图片，优美、激昂的音乐及幽默的动画，可以提高学生的学习兴趣，集中他们的注意力。例如，某节课上，教师需要播放英文电影片段进行辅助教学，在此之前，教师对该片的主要内容、人物关系以及文化背景都会做简单介绍，提前在学生大脑中形成图式知识，学生在观看影片的过程中才更容易接受新知识。多媒体只是教师教学的一种方式，并不能完全替代教师的教学，所以学生应该充分整合教师的语言、手势以及教学工具所呈现的多模态形式。总之，各种模态的教学方式最终都是为教学服务的，是教学内容的辅助手段。

2. 多模态话语的交互性原则

和谐的多媒体大学英语课堂，涉及的是教师、学生和多媒体之间的关系。目前，大多数英语教师在课堂教学中都会使用多媒体，用幻灯片代替黑板，把文本数字化，用多模态方式进行教学。这里的文本不光指文字，还配有图片、声音等，能够充分引起学生学习英语的兴趣，同时也给教师的教学带来了难度。过于花哨的 PPT 会吸引学生把注意力放在其他方面，让师生间的互动产生困难。师生之间的互动是多模态课堂产生效果的前提。多模态课堂中，学生应积极地参与话题讨论，才能有更多的练习机会，获得成功的体验。在设计 PPT 课件时要考虑到师生的互动，为学生留出充分考虑问题的时间。与此同时，可以让学生参与到 PPT 课件的设计中，让学生更加充分地体验到多模态课堂的益处，使多模态话语的优势发挥出来。

3. 多模态话语的适配性原则

在教学中选择什么样的模态教学，应该以模态之间能够成为最佳搭配及产生最佳效果为标准。比如，在单独使用三种模态之一时，都会产生正效应，但是将三种模态组合在一起后，并不能互相配合产生更大的作用，相反，还会降低应有的效应。例如，在播放动画的时候教师非要进行口头讲解，反而起到了相反的作用。适配性原则还体现在：教师作为专业课程开发的主体，要以研究者的身份进入课堂教学，发现问题，采集数据，运用教学实践经验进行多层次、多角度的分析，使自身的实践和教学内容形成理论上的理解和建构。外语教师还必须了解不同学科、不同场合、不同目的所使用的不同语言文化形态，从而采取不同的传道方式指导和帮助学生。通过言语、视觉、听觉各个模态间的连贯适配，达到教师、学生和多媒体之间的和谐。

（四）教学启示

从上述关于多模态在大学英语课堂教学中的协同关系讨论中，我们可以得出一些启示。

第一，教师的口语讲述质量要高。教师站在讲台上，就相当于学术的权威，要想吸引学生的注意力并且让学生学到真正的知识，他的表达能力必须要好，信息传递必须通畅。这就要求教师拥有较强的语言表达能力，发音标准、字正腔圆，还要控制好语速、语调和音量，注意口音、口气和重音，各个方面都要严格要求自己。

第二，教师要协调各种模态，提高教学效果，在以口语模态为主的课堂上用其他模态作为补充和强化，适当地利用动作、幻灯片和各种设备来辅助教学，还要确定各种模态的使用效果。通过分析各种模态的教学效果，来确定使用什么类型的模态和怎样的教学方式进行搭配，以更好地发展学生的学习能力。

第三，教师要学会利用周围的环境为教学服务。这里的环境既包括已有的环境，也包括需要创造的环境，如教师的身体动作、手势和教室的硬件设施等。

第四，教师要学会用人际意义来提高学生概念意义的获取，提高互动频率和效果，如教师与学生的交流要亲切，用诙谐幽默的语言烘托课堂氛围。竭尽全力拉近教师与学生之间的距离，适当地踱步于学生之中，适时地引起学生的注意让他们把注意力放在老师所讲的内容上来。

第五，教师要学会使用多媒体教学方式，如幻灯片、录像、电影、同声传译等，利用这些方式可以模拟真实的英语语境，提高学生的学习兴趣，取得显著的教学效果。

第六，教师与学生之间的角色要适当互换，为学生的实践提供机会，让他们进行表演、演讲、辩论等，使他们不再是被动的听觉、视觉模态的接受者。目前，对多模态话语的研究是一种必然的现象，因为多模态是现代话语的一个非常突出的特点。在大学英语课堂中运用多模态话语分析理论，将口语与文字、图像、录像等结合在一起，可以大大提高学生的学习效率和教师的教学质量。胡壮麟指出："教室中各种模态的应用形成了一个连贯的整体，特别是课本中的图像使教师的讲述更加完整和具体。"

由此可以发现，教师在课前准备阶段要搜集大量相关的信息和图片，还要制作相关的课件，以此来提供学生的学习兴趣。前面以外语教学课堂话语为例探讨多模态话语的体裁结构、模态语法以及模态在共建课堂话语意义中的协同，发现不同的话语交际目的需要选择不同的模态，话语体裁的不同阶段有不同的交际目标，所以也需要不同的模态和模态组合来体现，多模态语法单位可根据多模态语篇的最小单位的体现形式来确定。另外，模态的语法是多模态研究的基础，也是多模态协同研究的结合点，需要在该领域做更深入的研究。

二、多模态话语的认知过程分析

（一）多模态话语分析的理论基础

法国著名的符号学家 Bartehes 是研究多模态语篇的开创人。Bartehes 研究多模态是从符号学的视角出发的，所以多模态语篇分析从一开始就被符号学打上了深深的烙印。多模态话语分析融入了认知学、心理学、社会学等领域的研究，冲破了传统单一的语言模态的限制，形成了多模态协同的局面。

多模态话语分析和研究的理论基础是系统功能语言学，可以从语法、形式、媒介、话语意义、文化背景等多层次对多模态话语进行研究。除了语言媒体之外，科学技术媒体为话语交际提供了更多的选择，可以用各种各样的模态作为话语模式的补充，更加真实地表达交际者的目的。

（二）多模态话语分析的主要学派

目前，一些多模态的研究者会关注语言学之外的其他领域，还有学者对语言学理论进行拓展应用，这些领域为非语言模态进行意义构建提供了基础。不论语言还是非语言，它们作为符号的地位是相同的，都对意义进行构建。但是，多模态的研究往往掺杂一些折中主义。

1. 社会符号学的分析方法

O.Toole 和 Kress 等是用社会符号学方法分析多模态话语比较早的人，他们的研究都受到 Halliday 社会符号学理论的影响，主要是以 Halliday 功能语言学为基础的社会符号学分析。Hlliday 运用系统功能语法对英语语言进行了分析，其核心理念是语言作为一种社会符号，具有三大元功能：一是概念功能，既能够表达个人情感，又能够描述客观事实；二是人际功能，能够体现交际者的角色；三是语篇功能，能够形成一个完整的语篇。Kress 和 O.Tolde 等认为，图像也属于一种社会符号，可以用 Hlliday 分析语言的社会符号学的方法对图像进行分析。语言的结构决定了利用单词组成语句和段落的方式，视觉的结构决定了利用人物、时间、事件、地点等陈述视觉的过程。他们主要研究利用语言和视觉来表达意义，使两媒种模态相互合作实现整体意义，并且把这些融合在多模态语篇内。根据上述语言的三大功能，他们从再现功能、互动功能和构成功能三个方面来分析图像。在对语篇进行分析时，这个流派的学者把语言分析和图像分析进行整合，用这个新的整体进行话语分析。自此，有很多学者用三大元功能思想分析各种交际模态，如 Van Leeuwen 对声音的符号学分析、Martin 对剧院的分析等。

2. 交互社会语言学的研究方法

交互社会语言学更加关注的是，交际者使用交际语言构建交际情景和他们当时的身份。交际者在交际中通常不会只做一件事情，只有在特殊的情况下，交际架者才会把注意力放在某一件事或某一媒体上。所以，在分析话语时经常会使用不同的视角，有时会使用非语言学的视角来研究多模态，其出发点是人们的行为，而不是语篇。Scollon 的介入话语分析理论就是建立在交互社会语言学基础上的。他把，语言著作社会行为和介入行为，而不是语篇。

在 Scollon 的理论基础上，Norris 对多模态话语进行了分析，建立了分析模式 Norris 认为，社会交互是以多模态为基础的，在一定的背景下，每一种模态都会参与交互，只是参与的程度不同而已。Norris 的分析模式由介入行为、模态密度、前景、背景延续体三部分组成。在分析多模态的介入行为时，先要确定介入行为是低层行为还是高层行为，如低层行为就是一个面部表情，高层行为就是拍了段视频。组成高层行为的强度或复杂程度叫作模态密度。比如，教师上课时，口语教学使用的强度较高，那么口语模态就是高模态密度；而教师做实验的时候，说的话很少，则口语模态就是低模态密度。前景、背景延续体，是交际者同时使用不同的高层行为，但是对这些高层行为的关注度不一样。Nori 建立的话语分析模式分两步来完成：首先，确定参与者构建高层行为时使用的是高模态密度还是低模态密度，特定参与者在前景、背景延续体层面上与高层行为有何种联系；其次，确定所有参与者在延续体深度上与高层行为有何种联系。

3. 多模态话语认知过程的分析方法

Forceville 认为，对多模态话语的分析需要自上而下的概念化的理论指导。多模态话语中，交际者如何选择不同的模态进行连贯的交际呢？要回答这个问题，就必须考虑人类所掌握的超越话语之上的内化了的模式，如心理表征、类典型、关联理论等。

在交际过程中，双方通过各种刺激手段来达到调节对方认知环境的目的，这些刺激手段可以是语言的，也可以是非语言的。选用哪种刺激手段，取决于关联原则，无论选择什么样的刺激手段都会造成成本的消耗。关联的功能就是如何使成本、利润达到均衡。所以，在言语交际或非言语交际和多模态交际中都可以使用关联理论。在多模态话语交际中，在关联原则下，要通过两种或两种以上的交际模式来表达语气、感觉或想法。图像隐喻被 Forceville 创造性地提出，并逐步发展成为多模态隐喻。实际上，Forceville 是用认知理论，尤其是概念隐喻理论尝试解释多模态话语的，只是较偏重模态隐喻的部分。

在认知领域，Hobariova 和她的同事关注的是人类如何通过多模态实现与网络新闻媒介的互动。他们研究网络新闻的多模态话语，包括：读者如何理解不同模态之间的相互影响，如何获取信息，如何整合信息；不同交际模式之间的自然整合；多个行为流同时存在时，它们之间是重叠的还是依次序的；使用者与多模态界面的互动，使用者对不同媒体的评价和态度等。

（三）多模态话语理论的实际应用

多模态话语理论从诞生以来，其理论研究便逐渐深入，理论的应用范围也越来越广。丹麦设计师约恩·乌松用多模态来阐释建筑物，他解读了世界著名的表演艺术中心一悉尼歌剧院（Sydney Opera House）的结构和设计意义。Kress 和 Van leeuwen（1996）用多模态来解读图片。韦琴红（2008）采用多模态话语分析理论，分析了一则多模态语篇，阐述了语言符号与其他社会符号共同进行意义构建的过程。在社会科学领域也存在多模态的应用，如音乐与声音（Van Leeuwen，1999）、运动与手势（Martinec，2000）、电影语篇（Lemke，2002 Baldry& Thibault，2006）、三维空间（Pang，

2004）、数学符号（O’halloran，2005）、广告研究（王红阳，2007）和计算机科学（Baldry，2004；王立非、文艳，2008）等。此外，多模态也应用了词汇教学（孔亚楠，2008）和英语听力教学（龙宇飞，赵璞，2007）中，但目前对英语写作教学的应用研究仍然不足。

1. 认知与信息处理

认知是对信息的整合过程，包括对信息的整理、信息输入、信息产出和信息改编。对篇章信息的认可，可根据篇章自身包含的树状信息加以整合，如对篇章的命题、信息的发展方向、信息的分类、信息的缺少、信息的重合等。非篇章信息则可以转换为篇章信息，通过描述语言的方式来进行。对非篇章信息进行整理和识别，对信息内容的感知和识别都是多模态的。若信息内容不同，采取的模态形式应不同，认知结果也不尽相同。例如，针对篇章信息，读者需要依据自身不同的感觉模态进行外语五大能力的认知，即听、说、读、写、译的认知。非语篇信息则通过视觉、听觉等模态来感知，并通过听觉、视觉、触觉等多模态感知和识别。认知心理学、感知心理学和二语习得理论都涉及认知的概念。认知心理学“研究人如何认识和了解事物，如何组织和应用知识”（夏纪梅）。感知心理学“试图发现人的感觉系统（如视觉和听觉系统）如何发挥作用，研究人如何感知事物”。Johnson 指出，“认知风格指人的思维方式。Messick 称之为‘信息处理的习惯模式’”。王立非等认为，“第二语言认知理论关注的焦点是学习者个体，把大脑视为信息的加工者，而不是把它当作装有语言信息的容器，因此，学生在学习过程中需要自己建构知识”（王立非等，2009）。认知语言学家针对篇章认知过程的分析展开了大量的研究，成果丰硕。语言学者提出了许多概念和多种模式，如脚本、框架和图示等。除此之外，以篇章为层面的认知分析也展开了一系列的研究，提出了重要的模型，如篇章的宏观框架。而心理语言学则从知识的角度探究信息的构成。“陈述性知识是关于某个事物是事实的知识；程序性知识是关于怎样做某个事物的知识”（桂诗春，1991：151）。“信息的重现是陈述性知识被激发的表现，而信息的转变则是程序性知识被激发的表现。”桂诗春对模态信息也进行了分析，称其为“言语信息”和“视觉信息”。他认为倘若语言信息和视觉信息都被保存在记忆中，它们在正常理解的进程中都是有意义的。

笔者认为，认知是针对篇章信息和非篇章信息从多级别、多方面进行认知的过程，即输入、整理、存储、改编和产出。篇章信息和非篇章信息的联系密不可分，非篇章信息的处理不能脱离篇章信息，要依赖篇章信息进行思考，加工和表达。

2. 多模态认知方式

在互联网和多媒体的教学情境下，多模态是师生借助自身的视觉、听觉、触觉等多种感官实现对知识的获得、感知和表达的方式。多媒体教学情景涉及图片动画、音频、视频、幻动片等手段，以达到利于人们采用多模态方式提供，获得和认知信息知识的目的。针对学习方面，多模态学习和认知方式包括听觉学习、视觉学习和触觉学习三方面，触觉学习又可以分为体验学习和实践操作两种方式。

在具体教学中，采用多模态教学方式就意味着将课堂设想为多模态话语模式互相连接的符号系统，如听觉、视觉、触觉、音频、视频等符号相互交织。Kress 指出，在一些交际场合，“语言不再是所有意义的载体”，并强调从语言的层面解释篇章。事实上，若想真正地解释语言本身及对其的使用，篇章中的其他模态也应给予关注。正如胡壮麟和 Kress 对课堂中多模态信息传递的描述，任何一种模态信息都是用来表达意义的。课堂上掌握这些意义本质的只有教师一个人，因为模态和模态所代表的意义有着深刻的社会根源和文化积淀。因此，要经常依据情境改变信息的传达和表述的方式，以适应不同交际者对信息表达的需求。

（四）多模态话语在教学过程中的认知分析

在对信息的认识过程中，人们往往使用不同的模态对应不同类型的信息进行认知。语篇信息可以通过视、听、触等模态对信息进行认知；非语篇信息可以通过视觉、听觉、展示等模态来认知；还可以用说、写等触觉模态转换为语篇信息。

1. 多模态教学的概念

外语学习实际上就是一种通过多模态方式传递信息的过程。多模态教学是指教师在教学过程中利用多媒体技术，将信息通过口语表达、图像展示、身体动作等方式构建成有利于学生学习的意义表达方式，指导学生通过多模态方式进行知识的学习，从而共同实现教学目标。教师不再仅仅传授语言知识，也不是 PPT 的被动播放者，而是多模态的选择者、协同者、示范者，对学生要明确指导、多模态示范并设计情景任务。外语学习过程中，学习者面对的是由各种模态组成的超文本语篇，在构建和解读超文本语篇的过程中，各模态之间应呈现一种和谐互动、优势互补、相互协调、相互促进的动态关联关系。

2. 多模态话语在国内外教学中的应用

自 21 世纪以来，国外许多学者把多模态化研究的触角探及教育领域。多模态话语在教学中的应用成了西方近年来研究的热点。Kress & Van Leeuwen 是这方面的专家，对模态和媒体之间的关系深有研究，并且探讨了多种模态有规则地表达意义的现象，提出了多出了多模态环境下多元读写能力的培养设计方案和应用原则。新伦敦小组则开辟了多模态应用于语言教学的先河。该小组认为，语言教学的主要任务是培养学生的多元识读能力。自此，关于语言教学和多模态的研究层出不穷。Mils（2006）经过 18 天课堂教学观察，和教师、学生进行结构式的访谈，由此提出了课程设计方案。

Guichon & Melman 通过分析外语学习者与多模态之间的关系，提出了用计算机辅助教学的具体方法和原则。

我国也有学者进行这方面的研究。胡壮麟教授从符号学的角度对多模态话语进行了深入分析。朱永生教授从话语分析角度对多模态话语进行了深入研究，并探讨了多模态对我国教学改革的启示。顾日国区分了多媒体学习和多模态学习两个概念，并根据认知心理学对多媒体、多模态学习总结了五个假设，并提出用角色建模语言来构建学习行为模型，从而最终实现知识的建构和学生的主体地位的确立。此外，关注多模态化这一社会符号学的最新研究领域的课题也有很多，如从多模态话语交际框架下讨论现代多媒体技术在外语教学中的作用（张德禄，2009），元认知策略与多模化在大学听力课堂的使用（龙宇飞、赵璞，2000）等。

我国对多模态话语的研究还处于初级阶段，对多模态话语教学与学生学习外语之间的关系仍需要进行深入的研究与探讨。只有不断地探讨与实践，才能推动多模态话语这一社会符号学的研究，用更加成熟的理论来支持外语教学，从而取得更佳的教学成绩。

3. 多模态话语信息认知教学模式

大脑在学习过程中所起的作用和外部行为背后的意义构建是认知心理学所关注的。认知心理学强调，学习的过程是知识的构建与理解的过程，是构建意义的过程。学习者通过与他人的交际来掌握知识。“构建意义”并不是让学生空想出一个意义，而是让学生在与他人交际的过程中，构建自己所理解的意义。这个过程分为三个部分。

第一，在交际过程中，通过视觉、听觉、触觉等多模态方式来获取信息。

第二，大脑通过交际过程获取信息，进行意义构建。大脑需要视、听、触嗅和味五个模态进行内部与外部信息的互动。这五个模态有各自的子模态。模态的感受器有的是外感受器，负责处理与外部互动时进来的信息；有的是内感受器，负责接收和处理来自身体内部的信息。

第三，学习者通过学习效果的外部行为表现来获取实践能力。顾日国（2007）提出，学习者的实践能力有听、说、读、写、译以及体态等。国外的学者提出了一些认知学习理论，如 Paivio（1986）提出了双重编码理论，Wittroc（1990）提出了生成学习理论，Sweller（1994）提出了认知负荷理论，Mayer（2001）提出了多媒体学习理论，Atkinson（2007）提出了协同互动理论。这些理论的提出，能够使学习者更加深入地理解知识，使教师在选择各种模态时具有理论依据。多模态信息认知教学模式是三位一体的教与学模式，由信息、认知和多模态三者构成，是一个多模态语篇的设计者（教师）和学习者（学生互动的过程，其指导理论是认知学习理论）。21 世纪，大学英语课堂由教师、黑板、电脑、投影仪等组成，学生的学习过程是与上述多模态进行和谐互动、构建意义的过程。教师是这个过程的设计者、组织者和信息的传播者。具体而言，本教学模式以多媒体课堂为教学环境，以多模态为教学手段，以信息为教学内容，以认知能力发展为教学目标。换言之，多模态是教学过程中教与学的方法，信息（主要指语篇信息与非语篇信息）是教与学的内容，学生认知能力发展是教与学的目标。

4. 教学活动中符合对象认知规律的教学原则

第一是明确指导。在大学英语课堂中，教师要引导学生发现各种符号的内在意义，让学生用多模态方式进行学习。比如，在读写练习中，除了要关注文字外，还要注意排版、颜色、图文搭配和布局，这些在意义构建中都有重要作用；要注意副语言的语调语气、语速、音高等，它们在传递意义、保持学生注意力和表达特殊含义或情感等方面有重要作用。

第二是多模态示范。在多模态教学中，教师使用多种模态进行意义构建，辅助语言教学，有两方面的意义：一是可以让学生学习教师的多元识读能力和利用多模态进行交际的能力；二是用多种模态进行师生交际，可以吸引学生的注意力，提高他们生的学习积极性。教师先要选择合适的模态构建意义，使之更容易被学生理解和记忆。另外，更重要的是教师对多模态的协同。协调的多模态在意义构建中相互补充，优化教学效果；不协调的多模态对意义建构有消极甚至抵消作用。例如，多媒体课堂中教师的言语与屏幕图像，二者若内容同步，则可以共同构建意义，调动学生的视觉与听觉同时进行意义解读，从而加强理解和记忆；二者若内容不同步，则会互相干扰，分散学生的注意力。

第三是设计情景任务。教师应设计情景任务，给学生运用多模态符号完成任务的机会，从而切实提高学生的多模态交际能力。任务形式可以以课堂报告、演讲或表演等方式呈现，也可以是课后以网络平台为基础的视频理解、师生互动或学生间协作等。

第四是多模态环境下的多元互动。传统的英语课堂中缺乏师生之间的互动，显得枯燥乏味。21 世纪，随着网络技术的发展，课堂上师生互动不再困难，英语课开始变得生动、有趣。多模态教学模式的特点就是多元互动。互动关系可以分为两种，一种是主体间互动，包括师生互动和生生互动；另一种是学生和多媒体之间的互动。不管是哪一种互动，都是以学生为主的。

首先是主体间互动，包括师生互动和生生互动。

课堂学习中，教师通过多模态的选择与展示和学生互动。言语交际时，教师的语调、语气、面部表情、肢体动作等也都传递着重要信息，可能是对学生的鼓励、赞扬、警告或批评。图片或视频等手段的运用可以使课堂变得轻松、有趣，从而使学生更活跃。在制作课件时，教师可以设计一些交流互动式的问题，调动学生讨论或参与的积极性，从而实现生生互动。

在学习和意义表达过程中，学生学习利用多模态符号构建意义，并在课堂上呈现和交流，实现与教师和同学的互动。另外，网络平台中一对一或一对多的师生交流、学生间互动和协作可以激发学生的交际欲望，为多模态交际能力的锻炼创造机会。

其次是主客间互动，主要指学生与多媒体的互动，包括文本、图像、音乐、视频等。

在主客间互动过程中，学生要注意到各符号系统在当前话语意义构建中的作用，并充分调动手、眼、耳、脑等，获取信息，解读意义。在与文本的互动过程中，学生要仔细观察并解读文字、字体、排版、图文布局等传递的意义，从而提高多元识读能力。另外，学生通过与视频的互动可以沉浸在另一种虚拟的环境中，体验不同文化、不同场合的交际情景，从而增强多模态交际能力。主客间互动的一个重要方面是基于网络的人机互动。网络给学生提供了丰富的多媒体、多模态学习资源，学生可以自己操控机器，掌控学习进度，按照自己的兴趣、爱好、学习需求等进行自主学习。

5. 多模态话语在教学认知中的意义

随着现代技术和多媒体的发展，异军突起的视觉文化和视觉交际手段开始影响教育教学，语言和技术变的密不可分，多模态化语篇成为现代课堂教学的显著特点之一。外语教学的传统目标在多模态教学模式下被拓展为培养学生的多元识读能力和多模态交际能力。师生交际诉诸多种感官，利用多种符号系统（文本、言语、图像、音频、表情及动作等）进行意义构建和解读。课堂是多模态话语相互交织的符号空间，而语言不再是所有意义的载体。我国于 2007 年印发了《大学英语课程教学要求》，在教学模式一栏中提出了“各高等学校应充分利用现代信息技术，采用基于计算机和课堂的英语教学模式，改进以教师讲授为主的单一教学模式。新的教学模式应以现代信息技术，特别是网络技术为支撑，使英语的教与学可以在一定程度上不受时间和地点的限制，朝着个性化和自主学习的方向发展。新的教学模式应体现英语教学的实用性、知识性和趣味性相结合的原则，有利于调动教师和学生两个方面的积极性，尤其要体现学生在教学过程中的主体地位和教师在教学过程中的主导作用。在充分利用现代信息技术的同时，要合理继承传统教学模式中的优秀部分，发挥传统课堂教学的优势”。多模态教学对各种意义资源充分、合理地利用，可以最大限度地发挥多媒体和网络环境的优势。

多模态话语教学符合信息时代的发展趋势，使用多种符号的形式进行师生交流，更能提高学生的多元识读能力。从这个意义上讲，多模态教学模式不仅改变了教学方式，还提高了教学效率。英语教学的目标是培养学生的多元识读能力和多模态交际能力，而这个目标必须是以多模态话语分析理论为基础的。英语教师要通过明确指导、多模态示范和设计情景任务等，引导学生多元识读和多模态交际，最大限度地发挥学生的主体意识，实现课堂互动，从而提高学生的综合能力。教师在课堂上可利用多媒体技术，将文字与图像、声音、视频等相结合，通过听觉和视觉模态，调动学生学习积极性。例如，上课充分应用 PPT 课件、音频、视频图片资料，利用校园局域网和网络教学平台等与学生互动等。

多模态教学是一种新型教学模式，它打破了传统教学模式以教师讲授为主的单一线性模式，主张利用多种教学手段来调动学生的多种感官，是一种立体化的教学方法。因此，多模态教学模式符合教学的要求，是超文本思想的集中体现。随着科学技术的不断发展和创新，先进的科学手段和信息技术应用到了社会多个领域，教育领域也不例外。为了更好地开展高校素质教育，现在绝大多数高校已建立了多媒体教室、语音教室等教学场所，大部分普通教室也配备了计算机、投影仪等多媒体教学设备，有的高校还建立了校园局域网以及数据库，甚至开通了网络在线学习平台，这些都为多模态教学提供了充足的物质基础和有力的技术支持。

在英语教学中，利用多模态教学模式进行教学具有积极的意义。多模态话语理论和多模态教学法等最新理论和研究成果立足于课堂教学，构建了“多模态信息认知”的教学方式。该教学方式的特色是教师多模态地教学，学生多模态地学习，师生多模态地综合评估教与学的理念。多模态教学指教师（在某些教学环节中也可指学生）在多媒体环境下，充分调用多模态获取、传递和接收信息。教师可采用视频、电影剪辑、录音、图画、图表、实物等传递信息，充分展开教学活动。每次课程准备均关照多模态的有效融合。教师根据课程具体内容晰地搭配使用各种模态，准确掌握语篇信息与非语篇信息的合理比例和关系。多模态学习指学生（也可指教师）运用多模态观察、分析、表述各类信息的认知能力。教师引导学生多模态地获取、加工各类语篇信息并在课堂上呈现和交流，引导学生敏锐地捕捉课堂上老师和同学所提供的各类与语篇信息相关的非语篇信息，将非语篇信息转换为语篇信息，达到课堂高度互动。多模态综合评估指教师和学生采用多模态评价模式进行互评和自评，每节课后收集整理评价结果，作为动态评价师生表现的重要根据。要加大对教师和学生运用、辨识、处理多模态信息的能力的评价比例。每学期各项动态测评成绩按一定比例计算，计入学生总评成绩。

传统意义的大学英语课堂是教师的一言堂，基本的教具是课本、黑板和粉笔。单模态的弊端：教学模态单一，课堂缺少互动，乏味无趣；多模态教学的优点：以主模态——语言模态为基础进行意义构建，以其他模态为辅助手段，共同进行意义构建，使主模态产生最佳的效果。多模态教学方式的目标是最大限度地优化教学过程，更好地完成教学目标，使多模态充分服务于大学英语教学。

（五）多模态的运用

语言研究者不但要研究单个模态符号对意义构建所做出的贡献，还要研究多个模态符号相互协同的作用。必须意识到，多模态手段应用于教学过程为课堂教学模式构建了前所未有的多元化教学体系，但运用的模态数量与所取得的教学效果并非成正比例关系。不同的课程内容加上不同的课时，会产生不同的教学目标，在这种情况下，应该选择合适的教学模态进行教学。即使是同样的课程，在面对不同学习水平的学生时，也应该选择与之相适应的教学模态。使用多模态方式进行教学时，教师要处理好每一种模态之间的关系，否则会产生负面效果，影响学生的注意力，干扰学生强化和记忆语言知识点。

因此，教师在外语教学的过程中至少要考虑到三方面。首先，要考虑课程内容、课程难度和课程进程。其次，教师应考虑到自身的性格特点、特长爱好与学生的知识层面和技能结构以及两者的关联问题。再次，教师应结合学校的硬件环境和教学设施等因素。例如，以获得知识和内容为目标的教学，应主要利用讲解、阐述等方法；以实践能力训练为目的的教学，应侧重技能训练等。

张德禄（2010）认为，模态选择的总体思路是充分运用现代科学技术等多媒体手段，最大限度地表达话语意义，以获得最佳效用。

1. 选择多模态时的四点原则

针对多模态的选择，要考虑如下方面。

首先是强化关系原则。主要运用一种模态，其他次要模态对主要模态起加强作用。例如，在讲解雾霾天气对人类的危害时有这样的一个句子：“Haze is bound upwith the lung cancer.”教师在使用语言模态解释这个句子的同时，要利用幻灯片对雾霾天气的实景图片进行展示。朗读和解释句子是教学的同时搭配文字说明或图片，对语言起到加强效果的作用，并有助于学生对句子的理解和记忆。

其次是协调关系原则。一个完整概念的表达是多种模态相互联合和交互运用的结果。这并非意味着各种模态之间可以随意地组合，因为各种模态之间并不都是相互融洽的关系，有时还会产生冲突。比如，学生正在聚精会神地阅读某篇课文，如果配以音频或动画效果则会分散学生的注意力，这说明此时文字模态和音频模态是相互矛盾的。

然后是前景化和背景化原则。使用多模态时，必定有一个模态处于主要地位前景中，其他次要模态则被背景化了。例如，在感受某种音乐节奏的时候，音乐的播放为主要模态，歌曲的作词和作曲的介绍则视为背景，起到配合作用。

最后是抽象和具体原则。当一种模态表达的是一些难以理解的晦涩的理论时，其他模态则提供实际的例子加以解释，使抽象化的理论呈现具体特征，这有利于学生对理论的理解和记忆。

2. 运用多模态的目的

有时使用一种模态无法将交际者的真实意思充分地表达出来，需要其他模态来辅助交际者进行表达，从而使话语的接收者能够理解语言意义的目的。例如当英语教师在解释同音异形异义词 Swet 和 Suite 时，仅通过口头表述或声音模态式难以区分两个词的真正含义，这时需借助书写或文字模态，让学生直观、立体地架感受到这个单词的发音、词形和词意又如，同音词汇 Paper 的三种含义分别为“纸”“报纸”和“论文”，教师在英语教学中可使用语言模式和文字模式进行教学，若学习者仍不理解，再借助图形等模态。

3. 认知发展需实现的目标

英语教学的最终目标是以后学生的认知能力获得发展。教师在教学过程中应该意识到不同的学习者具有不同的学习风格和认知风格，以及在不同学习者身上所体现的个性差异和不同的发展情况，其包含对篇章信息、非篇章信息的多方面、多角度的感知、认知和识别能力。而上述能力的提高需要借助多媒体教学环境和多种模态的相互作用。

一般情况下，学习风格是个性化的感知和信息处理方式的结合，是学生对学习环境的认知和感知模式。不同背景和学习环境下的学生有着不同的认知风格。Reid（2002）将学习风格定义为“个体学习者吸收、处理、存储新信息与新技能的自然的、习惯的和偏爱的方式”。另外，他还对学习风格进行了分类，分为认知型、感知型和人格型三种类型。认知型学习风格又被划分为场独立型和场依存型两种方式。教师必须在教学过程中注意每个学生的个性特征和认知风格特征并利用不同的模态以及相互组合的作用，将其运用到教学的各个环节中，提升和开发学生的认知潜能。

（六）认知过程的分析

对信息内容的感知和识别是多模态的。信息类型的差异将决定选择模态的差异，从而形成认知差异。比如，语篇信息是使用听觉、视觉等模态进行听、说、读、写；非语篇信息则是依靠视觉、听觉等模态进行认知，并通过说、写等触觉模态形式转换为语篇信息。

1. 学生主体认知的模式

教师设计和组织的教学内容是学习者认知方面的重要组成部分。在教学过程中，学习者是认知的主体，需要输入和整合教师所提供的如声音或文字模态的信息，其最终目的是使学习者能够对这些信息内容加以理解、消化和吸收，而教师应该关注学生的认知程度和识记效果。从宏观角度来看，影响学习者对信息整合的深度、认知效果的因素有多种，对以学习者为主体的认知模式的分析，教师可以通过调整讲解信息的组织方式和传授方式以及“元注意”能力的培养等方面提升自身的教学水平。

不同的心理学家和语言学家对人类认知过程的分析呈现出明显的差异。笔者依据不同的模式特点，总结出其共性，并设计出了学习者主体认知模型。学习者是认知的主体，是一个可以进行信息加工、整合的系统，通过输入、整合、加工输出信息。

学生主体认知，模式的核心内容是“注意”。“注意”的局限性会影响整个认知进程中的信息整合过程。换句话说，学习者能够在某一个时间段内注意到的信息内容是有局限性的。这种局限性会引发两个问题：第一，教师在进行教学设计时要考虑到学生在课堂教学中是否能够充分吸收教学内容，教学内容是否简单易懂；第二，外部环境的刺激物较多，认知活动较复杂，学生应该关注信息的内容和认知的方式是否适合自己，应该怎样高效地进行认知。第一个问题是教师所讲授课程的内容组织情况与学习者认知的关联；第二个问题是学生在信息接收、加工的过程中应该关注的“元注意”问题，它对认知效果起间接的作用。因此，如何组织信息、传递信息是教师首要考虑的问题。帮助学生提高调解能力和保持好注意力是教师在教学过程中应该注重的方面。

2. 教学实践中的信息组织方式

根据上文对学生主体认知模式的分析，教师在课堂上输出的信息应该与学生输入大脑中的信息在理论上是吻合的。其不吻合性的原因呈现出多样性，本书未涉及此问题的讨论。教师应将注意力锁定在如何有效地组织讲课内容以及如何挑选合理的授课方式上，使这些精心提炼出的信息内容最大限度地被学习者消化和吸收。依据心理学的观点，要对学习者的认知过程做简单的分析。心理学对认知的研究是指人们如何对刺激物进行定义和描述。

通常情况下，学习者有两条信息加工的路径：第一，学习者对事物的认知是由点到面再到整体的，是基于数字信息进行制动的加工模式；第二，用学习者自己原有的信息或知识对当前接收的信息进行加工，这是对概念信息的再加工模式。在实际学习过程中，上述两条路径都是常见的。学习者自身的知识结构、能力水平存在着一定程度的差异，这使学习者加工信息的深化程度和最终所取得的信息加工成效出现一定程度上的区别。作为认知和信息的发布者和传递者，教师应在承认和尊重这些差异性的前提下，尽可能地将所要讲授的内容合理加工成容易被理解的信息，同时注意因材施教。笔者认为，在教学过程中要把握以下三点才能将传递的信息有效组合。

第一是充分精练、演示认知对象的特点。认知对象可以指某些学习者认为较难消化的知识点，如某个计算系统、某个专家的观点或某个数学定理等。这个原则以强化知识点为主。比如，遇到一个既难理解又容易出错的计算系统，那么我们应该重点把握系统的特点，理解系统输入和产出存在的关系，而不是从系统理论的讲解入手。这就是所谓的先来后到，而且针对特征地深化认知也有利于学习整体化的构建。

第二是已传递的知识点能够为新知识点的介入奠定基础。这种表现模式主要体现在将旧知识中的某些条件更换或某种形式变更这两种情况上。旧知识点和新知识点之间或是一种补充关系，或是在此基础上的提升。例如，在讲授英语教学法的时候，应该突出强调一种教学法是在吸取了上一个教学法的基础上，经过改良而得出的。

第三是最大限度地体现知识点之间的关联。事物之间的关联性是客观存在的、不可改变的，落实到学习中的知识点也是这样的。因为学习者对知识点的学习是建立在自身已有的知识点之上的，它们之间有一定的关联性，对于学习者知识层次的构建、知识的转移和创新技能的提升有着重要的现实意义。

笔者起初在按照教学大纲的顺序讲授《大学英语》课程的时候，学生普遍反映每天背诵单词和语法，难以进行有效记忆，感到非常困惑。经过一番深入的思考后，笔者与学生进行了一次面对面的沟通，认为授课内容和授课方式需改进，才能使晦涩难懂的知识点简单化和条理化。最后，笔者对大纲的授课内容进行了整理、突出和阐述。这样，学生大脑中旧的信息点再度被激活，同时传递了大纲要求的新知识点。

此外，学生将已吸收的信息在大脑中进行编码、加工、整理，最后转入识记阶段。实际上，不论短时记忆还是长时记忆，都是经过学习者的编码、加工、整理才能储存到大脑中的。需要注意的是，作为认知的主体，学生在对信息进行加工的过程中存在个体差异性，即不同的学生对同一教师传授的相同知识点的信息加工效果差异显著，同时他们的编码过程是不同的，所以学习者的学习效果呈现出明显的差异性。这也是教师在授课过程中需要考虑的一个方面。

3. 激发学习者的“元注意”能力

信息组织方式的不同会导致教学效果的不同。合理的信息和知识点会在很大程度上被学习者接受。同时，针对课上讲授内容的组织优化过程是无止境的。所谓注意，指的是学习者对认知或心理状态的活动的努力方向；所谓元注意，是指认知主体对注意力的注意。从实践的角度来看，元注意力是教学实践最底层的。注意是心理活动对一定对象的指向和集中，是伴随着感知觉、记忆、思维、想象等心理过程的一种共同的心理特征。注意的有限性取决于认知材料的质和量，取决于可以执行的信息任务的类别以及各类信息任务之间的差异度和协同性。换句话说，学习者的认知注意在某段时间内加工和整理的信息是有限的。激发学习者有意识地注意自己的注意力和有意识地限制和控制自己的注意力，是非常必要的。其中涉及注意的选择、注意力的监控、注意力的调配以及使注意力变得自动化。下面从教师的角度列举了几点培养学习者元注意的策略。

第一点是展示学科内部的趣味性和价值所在。在心理学中，认知的动机与结果之间有直接的关系，这是已经被证实过的事实。评价教育是否成功，取决于能否激发学习者的内部动机。然而，做到这一点并非易事。社会的每个层面对于学习者的学习情况都给予了很多物质层面的利益要求，目的是激发学习者的内在学习潜能，但是效果往往差强人意。笔者认为物质鼓励固然重要，但是学习者对所学知识点的趣味性和价值观的认同更为重要。

某些课程的教学目的、任务目标和授课意义都在教案中给予了详尽的描述，但是这样的描述往往都是非具体且晦涩难懂的。因此，学习者很难对此有兴趣，难以激发“元注意”能力，更不能转化为学习动机和潜力。每位教师都应该对学科内部的趣味性和价值所在进行深入探究。有心理学家指出，成功的经验和成功的喜悦有利于兴趣的培养。从实际教学来看，课堂上发言积极、讨论激烈的那些学习者展示了较浓厚的学习兴趣，学习渐渐地变成了一种积极和主动的探究过程，因为自信是建立在成功的基础上的，源于这些学习者已经感受到了成功运用知识的喜悦感，而这种喜悦感让他们体会到了这些知识对他们是有益的，进而激起了他们的学习的热情。因此，在教学实践中，教师应该设法提供给学习者一些成功的案例和较好的实践体会，让学习者感受课程的知识结构带来的成就感和兴趣，从而探究和了解课程的价值所在。

第二点是适时地进行心理干涉。众所周知，学习者的学习过程并不是一帆风顺的，经常遭遇困难和挫败。克服了这些困难的学习者可以使自己的学习成绩显著地提升；而不能不能克服这些困难的学习者在学习中容易产生压力，随即堆积焦虑情绪进而厌烦学习，这时学习者的注意力就难以集中。适时地对这样的学习者进行心理干涉是十分必要的。首先，要让对学习产生疑惑的学习者了解学习的内在规律，正确面对学习过程中的“高潮”和“低潮”期，意识到挫败正是下一个“高潮”期来临的暗示；其次，教师应该在适当的时候向学生答疑解惑，启发学生依据自身的思维方式解决困难。

心理学家指出，适当的焦虑并不仅是一种不良的情绪，有时还会成为一种学习动力。伴随着焦虑情绪而产生的紧迫感能够使学习者的注意力达到集中状态，且思维灵活、行为稳定。因此，适当地激起学习者的焦虑感是一种有效的教学方法。有一些教学方法，如“激将法”“刨根问底法”就是建立在这样的心理学基础上的。

第三点是巧妙运用“设疑—解疑”的讲授方式。在授课过程中，无论从提升学生的注意力还是以信息内容进行深层次加工来看，在恰当的时间和地点提出一些应景的问题是一种常见和有效的教学方式，这也是教师采用比较多的一种授课方式。应该强调的是，提出疑问的方法和时机是值得再思考的。经常性地提问容易使学生产生厌烦和懈怠的态度，而对疑惑的不充分解释会让学生疑惑，不能达到较好的学习效果，同时学生的注意力会被分离。此外，提出疑问的人不能仅局限于讲授者，应该鼓励学生向自身提出且自己找到答案，最后由教师给予充分的诠释。

第四点是显露认知过程，建构认知结构。学习过程强调的是“过程”，而不是“结果”，因为学习的过程是学习者对知识探求的一个过程。科学知识都具有一定的认知规律和内在的认知过程。若学生通过充分融入知识的获取过程而对某些认知规则能够深入地识记、加工和利用，那么学生的注意力则会呈现出较高的聚集性，对某些学科的感知程度、信息的加工程度也会比较深刻。在教学实践中，教师要充分地显露认知过程并积极地构建认知结构，使学生在大脑中形成对比、链接的关系。通过这种认知活动，学习者自身所储备的信息和资源将会得到高效利用。此外，还可以通过建构学习者的知识结构来完善教学过程。

美国心理学家、结构主义教学思想家布鲁纳指出，任何一种学科的内部知识都是以一种结构化的模式存在的，知识结构具备理性发展的潜能，有意义的学习模式就是把新接触的知识与头脑中的元知识相联系，并将新的知识结构融入学生原来的认知结构模式中。以上提出的对学习者头脑中的认知结构的显露，能将书本上的知识归类说明，但其重要的目的是把课本上认知结构严谨的知识化为学习者头脑中的认知结构，以利于学习者明晰地掌控知识的体系、模式和结构。此外，学习者通过对知识结构的研究能够使自己站在一个较高的层次掌握知识体系，对知识掌握较为轻松，所以更有利于知识体系在不同的学科之间进行交叉、运用和对比。以上所述能够拓展学习者的思维模式，利于他们开创性思维的产生。

三、认知理论与多模态英语教学的整合与同构

认知外语教学法的理论基础，主要来自美国语言学家乔姆斯基的转换生成语法理论和认知派的学习理论。其中，认知学习理论主要指布鲁纳的学科结构、发现学习及奥苏贝尔的有意义学习等理论。

（一）认知理论

1. 认知外语教学法及其产生背景

美国心理学家卡鲁尔在 1964 年撰写出版了《语法翻译法的现代形式》，文中首次提出了认知法教学，但对认知教学的广泛研究开展于 20 世纪 60 年代中叶。认知外语教学法就是“关于在外语教学中发挥学生智力作用，重视对语言规则的理解，着眼于培养实际而又全面地运用语言能力的一种外语教学法体系”。重视语言规则的理解和创造性运用，重视听、说、读、写技能的全面发展。

2. 认知外语教学法的学习现论基础

第一是学习实质。认知学习理论认为，学习的基础是学习者内部心理结构的形成

或改组，学习的实质是学习内容的内在结构与学习者原有的知识结构相互作用的过程。除此之外，该理论还认为学习者的认知能力将会对语言学习产生重要的影响，它要求学习者不能对所接收的知识进行机械记忆和被动接受，而要对所学的知识进行归纳、理解和概括。总的来说，认知主义学习理论主张外语是语言习得者“通过认知技能，对语言素材进行分类、分析、归纳、推理而习得的”。

如此看来，语言学习有赖于语言学习者认知能力的不断进步，认知法教学要求教师在教学过程中综合考量学生的生理、心理因素及其发展特点。教师对学生当前的认知结构要做到心中有数，明确学生需要构建的知识框架，并根据当前的条件客观、合理地进行教学设计和课程安排。

第二是获得、转化与评价。认知学习理论的代表、美国心理学家布鲁纳提出学习包含三个几乎同时发生的过程：新知识的获得、知识的转化与评价。

在学习知识的过程中，学习者先要对获得的知识进行加工和整理，将其转变成自己容易接受的知识，这些新知识可能与原有的知识相冲突，但是学习者可以通过自身的调整使新旧知识相融合，最终形成自身知识体系的一部分。掌握了这些知识以后，学习者应把这些死的知识转变为活的知识，将其应用到实践当中，在实践中进一步检验、巩固、内化自己所学到的知识，使这些新的知识真正转变为自身的能力。同时，在检验的过程中，还可以对所学知识进行检验，来判定其是否正确和有价值。

认知外语教学同样可以分为三个阶段：语言的理解、语言能力的培养和语言的运用。这就要求教师先筛选合适的语言知识，然后把它们编辑成易懂的方式供学生理解。在传授完这些知识后，教师还要通过一些教学手段将这些知识内化到学生的大脑中，使其成为学生知识结构的一个组成部分。最后，教师要设计一些实践活动，使学生灵活应用过程语言知识，达到熟练的程度。同时，学习者也可以多参加一些社会实践活动，如笔译、口译等活动，在语言学习实践过程中提高自身的语言能力。

第三是学科知识结构。任何学科知识都是一种结构性的存在，知识结构本身具有理智发展的效力。这是布鲁纳提出的观点，他认为学习的重点就是要学习这个知识体系的基本结构，只有掌握了该学科的基本结构，学习者才能从根本上掌握这些知识。因此，教师在授课的过程中应当注意把基本概念和基本原理贯穿到教案当中，依照科学的结构来安排教学步骤，这种方式符合学生的认知过程，能够提升学生的记忆能力，提高教学效率，促进学生的学习。

在以往的教学中，经常出现违背学科知识结构的情况。比如，在英语学习中很多教师主张让学生先学习真实的语言材料，从整体上对要学的知识进行把握，然后从基础（如语音、语法）进行详细的讲解。这样的授课方式显然是错误的，因为学生如果没有一定的语言基础，他就无法对所学知识有一个全面的理解，很容易对语言知识失去兴趣。正确的做法是，教师对语言内部最基本的语言规则等知识进行讲解，通过有限的语言规则扩充出无限的句子和语篇，这样才符合语言学习的自然规律。

第四是发现学习理论。行为主义认为，“刺激—反应”式的机械学习对学生消化和吸收知识是无益的，也不利于学习者将所学的知识进行应用。所以，在教学过程中，教师不能简单地将知识灌输给学生，应当设法创造合适的教学环境，引导学生发现应学到的知识，这样的教学才会使学生对所学内容印象深刻，提高学生的学习效率。

发现学习理论和传统的听说教学是截然不同的。在传统的听、说、教、学过程中，教师在课前将知识整理好，在课上按照自己的教学步骤进行教学，学生需要做的就是按照老师安排好的教学步骤，机械地、毫无创造性地学习教师已经准备好的知识。在这个过程中，学生的心理结构和认知能力完全被忽视，个体差异性在教学过程中完全没有被体现。发现学习理论则与此不同，它充分重视个体的差异性，懂得每个学生的认知能力和心理结构都是不同的，所以教师在授课中并不为学生提供现成的学习资料，而是让学生充分发挥自己的主观能动性，主动发现语音、语法等规律。

第五是有意义学习。奥苏贝尔认为，有意义的学习是指“将符号所代表的新知识与学习者认知结构中已有的适当观念建立非人为的和实质的联系”。与有意义学习相反，机械学习是指学习者采用死记硬背的方式，没有充分理解符号所代表的知识，只记住某些无意义的词句或组合。

认知法是一种有意义的学习，这主要体现在两个方面。①认知教学法是在充分了解学生的语言基础前提下进行的教学。这就保证了教学资源的难度适中既不会使学生因为难度太大而产生厌学心理，也不会因为难度太小而无法提高学习者的语言能力。②认知法侧重实际语境的作用。学生们所学的语言知识方面要有逻辑意义，另一方面要有实际意义。例如，“She like seating houses”与“Are you a dog”这两句话在语法上没有任何问题，但从实际的交际来看，这两句话就没有任何意义。所以，认知法要求学习者在学习过程中必理解和把握语言材料，只有在理解语言知识和规则的基础上，才能进行有意义的操练。

第六是学习者中心。认知法要求教师以学生为中心。学习者中心理论要求教师在教学中必须重视的提出。学习者认知能力发展和身心发展的规律，把学习者当作完整的“人”看。教师的作用不再是为学习者准备好现成的知识向其灌输，而是转变成为学习者创造学习的环境和机会，让学习者发挥主观能动性进行自主学习，如果学生在学习中遇到任何困难，教师再去帮助其解决这些困难。

在传统教学过程中，教师是课堂上的权威，每堂课几乎是从头讲到尾，学生在课堂上没有说话的机会。认知教学法则打破了这种授课模式，教师不再是课堂的中心，成了课堂的组织者，真正的核心是广大学生，他们在教师设计好的语境中灵活地运用语言，也不用再担心犯错误，因为这是语言学习者在认知过程中不可避免的。在这样开放的教学环境下，学生没有了压力，可以更加大胆地练习，迅速地提升了自身的外语水平。

3. 认知语言学理论在教学中的应用

每一种新的语言学理论都会对教学产生一定的影响，任何一种理论都可以为外语教学提供一个理论平台，并有可能为外语教学提供一个新的教学模式和教学方法。认知语言学未能对教学产生革命性的影响，但是它对教学具有很大的价值。认知语言学是研究人的思维、想象、记忆、意志等心理活动是怎样对语言产生影响的，它的中心任务是研究人在习得和使用语言过程中的一些规律。而学习的过程是人的思维过程，从这一点来讲，认知语言学中总结出的规律对外语教学具有重要的参考价值。同时，我们也可以总结学生在外语教学条件下学习语言的心理认识过程及其活动规律，来丰富认知语言学的理论体系。

（1）是图式理论在外语教学中的应用。

理解的过程就是解码的过程和意义建构的过程。图示理论认为，语言分为语意图示和形式图示。其中，语意图示又可以分为多个小的图示，每个图示都可以被某些单词所激活，因此我们在学习过程中，学生要调动大脑中的各个小图示这有助于增强对新信息的理解。这一理论对外语教学着极大的帮助。

首先，对于阅读教学来说，在理解一篇文章的时候，应先了解它所涉及的文化背景知识，这会对学生理解文章有很重要的帮助作用。通过 Carr（1988）的研究发现，学生对文章的背景知识了解得越多，对文章的形式结构预测得越准确，就越能够更好地理解所读的内容。同时，在处理具体的语篇时，学生也可以通过图示知识对文章进行预测和推理，如学生在阅读过程中可以依据自身的经验去理解自己没有读懂的部分，或者根据自身的知识去设计文章的发展。这样，既可以激发学生的阅读兴趣，又可以增强学生理解文章的能力。

其次，对于听力教学来说，图示理论也具有极大的帮助作用。听力对于广大学生来说是外语学习中的难点。在听力的过程中，由于多种原因导致学生没能理解语篇。此时，如果学生能够借助图式知识，许多问题就会迎刃而解。因为对于一个听力语篇来讲，学生了解的图式知识越多，就越容易理解，就能更多地推测出没有听懂的地方。这对理解听力语篇，增强学生的外语自信心具有很大的帮助。

再次，图式理论对于语法的讲解也有很大的帮助。传统的语法教学就是让学生死记硬背一些语法的规则，这种机械式学习的效果往往不是很理想。而通过图式理论的帮助，就可以很容易对一些语法进行合理的解释，学生也可以免去死记硬背之苦。例如，语法教学中不定式和动名词的区分一直是一个难点问题，借助图式理论对其进行解释就很容易让学生理解。赵艳芳认为:“不定式表示某一情景是以个例为出发点被感知的，而动名词表示某一情景被当作一个完整的认知输入而不注重其个例。所以，不定式用于将要发生的具体事例，而动名词用于对事件一般的陈述或用于描述正在进行的动作和心理经历。”这一理论就可以理解所有不定式和动名词的区别。

（2）是表征理论在外语教学中的应用。

阅读理解是人类独有的一种认知活动，它不仅包括对一个个句子的理解，更重要的是要将当前加工的信息与先前的背景信息相结合，以形成局部和整体都连贯的心理表征。

表层形式是对阅读文章结构最完整的体现，表层形式将词句连贯成篇，并使衔接性和连贯性得以显现。情境模型是表征最持久的水平，它是一种心理表征，源于阅读文章所描述的如同读者所亲身经历的一种情境。如果在精读课堂教学中很好地利用情境模型理论组织教学，就能让学生更容易地理解和接受课文，并且培养学生丰富的想象力和创造力。

（3）是语境理论在外语教学中的应用。

语境，是指语言环境，具有广义和狭义之分。广义语境泛指一切语言环境，既包括狭义的上下文，又包括语言本身以外的语言环境；狭义语境是指上述的语内语境或词语语境，即我们常说的上下文。

语境对外语阅读教学有着重要的作用。众所周知，语言的理解离不开语境，如果一些单词或句子离开了具体的语境，我们就不能准确地判断其含义，从而影响对整篇文章的理解。同时，在阅读过程中我们难免会遇到一些生词、难句。如果我们可以借助语境知识进行推理，有些难点就会迎刃而解，这都是语境带来的好处。

（4）是推理理论在外语教学中的应用。

在外语教学中，推理机制有着很强大的作用。例如，语法教学中需要学生举一反三的推理能力，阅读教学中需要学生进行逻辑推理，听力教学中离不开学生的理解和推理能力。可以说，推理理论贯穿在外语教学的方方面面。

（5）是工作记忆理论在教学中的应用。

目前，认知心理学把工作记忆解释为某种形式的信息的暂时存储，并进行加工处理的过程。其将短时记忆分为如下功能：信息的暂时激活、信息的调控、信息加工容量的限制。需要着重强调的是，在外语教学过程中，工作记忆与语境、图式、表征、推理的作用是同时发挥的，一种作用的实现往往要借助其他几种作用的实施。

（6）是隐喻理论在教学中的应用。

认知语言学中还有一个重要的理论，即隐喻理论。在这里，隐喻不仅是一种修辞手法，更是一种认知方式。这种理论对外语教学有着极大的参考价值。首先，在授课过程中，教师适当地运用一些隐喻，可以增强课堂的趣味性，这有利于营造一个适合学生学习的授课环境；其次，隐喻是某些单词一词多义的根源，它可以解释其产生的机制，这对学生掌握单词的不同义项具有极大的帮助；再次，在一些文学作品中，隐喻是一些语言晦涩难懂的根源，懂得了从隐喻的角度看待一些文学现象，有利于提高学生的文学鉴赏能力；最后，隐喻可以体现出不同民族之间思维方式上的差异，这也是导致语言文化差异的原因。深层次地把握语言上的差距，掌握并运用不同的思维方式，对外语的学习具有重要作用。

（7）是相似性理论在教学中的应用。

认知语言学认为，自然语言与认知现象处于一种可以相互印证的状态，各自可从对方的迹象中反映自身。因此，语言是对客观世界的临摹，语言的规律都能从客观世界中找到依据。

传统的外语教学受语言符号任意性的影响，认为语言和外在的世界没有任何联系，任何语言都是随意选择的结果。这种理念反映在外语教学中的教学方法上，就是由于语言和世界与人的思维没有任何联系，所有的语言符号、语言规则都是偶然性的产物，所以教师在授课过程中一味地强调死记硬背，严重地违背了人的认知规律，教学效果往往很差。而相似性理论指导的外语教学强调语言符号客观世界以及人的认知中的同构性，通过发现人的认知、外界以及语言的同构性来学习语言，这种方法能帮助人们了解语言的成因，语言不再是没有任何逻辑的存在，而是一个有意义、有逻辑的整体。这种学习方法与人类的认知规律相吻合，对学生学习效率的提高大有裨益，对外语学习具有重要的意义。

（二）多媒体外语教学模式

改革开放以来，英语教学在我国取得了长足的进步，为我国培养出了许多优秀的外语人才。然而，随着社会的进步和发展，以往的大学英语教学模式已越来越满足不了当前社会对人才培养的需求，还存在着许多弊端，如学生普遍缺乏学习英语的兴趣，教师的教学方法缺乏变换等，严重阻碍了大学英语教学的发展。而多媒体技术的应用丰富了大学英语教学，解决了传统外语教学的弊端。随着网络技术的发展，多媒体技术逐渐与网络技术相结合，一种更为高效的崭新的多媒体教学模式应运而生，并且在短短几年内实现了普及型的推广。这种新型的教学模式比传统模式更加具有优势，也在很大程度上为学生构建了更为优越的学习环境，大大提高了学生的学习效率。因此，多媒体教学在外语课堂中的应用是外语教学发展的必然结果，它能增加学生学习外语的兴趣，提高学生的学习效率。

第一，多媒体外语教学模式是多模态外语教学的概念所决定的。人类通过多种感官系统作用于外部环境，实现两者之间的互动与融合，这便是所谓的多模态。多模态外语教学法是由外国学者 Stein 提出的。Stein 指出："多模态教学法突出了身体和大脑通过多模态、多感官协同参与交际的不可分割性。多模态教学法要求教师设计多模态任务，学生在完成任务的过程中综合运用多模态。"

近年来，随着网络技术的发展，多模态外语教学的研究又有了新的内容。在这方面比较有代表性的学者是 Reidreid 指出："在网络信息与多媒体教学的环境下，多模态是教师和学生利用各种感官来获取、认知和传递信息的手段和方式。多媒体教学环境由文字、图片、音频、视频、PPT、网络等工具集合而成，帮助人们利用多模态（如语言和姿态等）获取和感知信息与知识。对于学习而言，多模态认知和感知手段包括听觉学习、视觉学习和触觉学习，后者又分为体验学习和动手操作学习。"

第二，多媒体的特点。首先是融合性多媒体可以将不同的符号信息融为一体，并实现这些符号信息之间的自由离散和结合。其次是非线性和无结构性。多媒体符合人的思维的非线性化的信息系统，这种信息系统的结构组合是自新由的、可变的。它是在超文本、超媒体软件支持下发展起来的。最后是可编辑性。多媒体中的各种模态信息都可以通过各种电脑技术进行编辑，方便外语教师随时根据学生的具体情况对授课的内容进行更改。

在传统的外语教学中，大部分的教学都集中在书本中，教师很容易就能掌握所有的授课内容，同时由于教学工具的限制，课堂上的重点和书本外引申的知识只能书写在黑板上，所以能在课堂上传授给学生的知识有限。而在多媒体外语教学中，电脑课件整合了大量的视频、音频、文字、图画等信息，教师需要自己书写的内容很少，但传授的知识量十分丰富。这就需要教师在课前做好充分的准备工作，将大量的知识在单位时间内传授给学生。

在多媒体教学中，外语教师是用自己课前精心制作的课件进行授课的。但也有的外语教师只是简单地将书本上的内容原封不动地抄写到课件中。还有一部分老师完全摒弃了教材的内容，对教材进行无限扩展。这两种做法都不可取。在前一种方法中，使多媒体教学失去了其本质的意义，和传统的外语教学没有任何区别；后一种做法脱离了教学大纲，导致学生不能掌握基本的英语技能。正确的做法是，将教材和课件有机地结合在一起，这既达到了教学大纲的要求，又丰富了授课材料，提升了外语学习的效率。

教师要不断地学习，不仅要把握好教学大纲中的语言知识和语言技能，也要学习书本以外的知识，满足多媒体环境下授课的需要。另外，除了专业课理论需要继续扩充外，教室还需要掌握一定的电脑知识，学习一些常用的课件制作软件，如 PPT、Flash 等，同时关注多媒体发展的最新成果，积极地将最新成果应用到课件的制作中，使学生从最新的成果中获益。

在多媒体教学中，外语教师必须能够熟练地运用网络技术。首先，在多媒体教学环境下，教师备课量加大，这些课本外的知识需要教师在网络中获取，如果教师的网络使用技术不过关，就会影响到课件的制作，导致课件缺乏深度和广度，不能达到预期的教学效果。其次，师生之间在课下通过网络进行交流是教学的一个重要环节，教师要教给学生通过网络与老师交流的方法，以弥补课上交流不足。

四、多模态课件的相关概念

（一）多媒体

媒体（Media）是人与人之间实现信息交流的媒介，是信息传输和表达方式的载体，它有两层含义：一方面指装载内容或信息的物理媒介，如纸张、磁带、磁盘、光盘、硬盘等；另一方面指在物理媒介上装载内容的编码手段，即逻辑媒介，如文字、音频、视频、图像等。不同的物理媒介上装载的内容有其特定的编码形式，例如在纸介上不能装载音频或视频等编码的内容，但是可以装载文字或图片编码的内容。

逻辑媒介被用来界定某个内容是否是多媒体材料。单逻辑媒介的叫单媒体，两个的叫双媒体，三个或以上的叫多媒体。用这个分法，文字印在纸介上的材料是单媒体材料，声音录制在磁带上也是单媒体材料。但是，多媒体（Multi-Media）并不只是简单的媒体组合，而是把文本（Text）、图形（Graphics）、图像（Images）、动画（Animation）、音频（Audio）和视频（Video）等多种媒体通过计算机软件建立起逻辑联系。

（二）多模态

模态指人类通过感官（如视觉、听觉等）跟外部环境（如人、机器、物件、动物等）之间的互动方式。用单个感官进行互动的叫单模态，用两个的叫双模态，三个或以上的叫多模态。多模态里的“多”有三层含义：既包括交流主体的人参与认知时的多种感知渠道（听觉、视觉、触觉等），又包括交流所需的物质媒介和技术媒体，还包括通过这些渠道和媒介生产出来的，诸如语言、图像、声音和动作等的多种符号资源。

多模态内容是指，无论是单媒体、双媒体还是多媒体，如果其内容是关于多模态互动的，我们都称之为多模态内容。以下面的 The Framework for Inve 节选为例：

A shiver in the air inspired afire on the Franklin stove.We were all sipping hot chocolate and then my father went over to the upright piano，pushed up the sleeves of his shirt and began picking out a tune with one finger.He was not much of a pianist，but he knew the love of song and family.My mother put down her sewing and joined him on the bench and then my brother drifted to the piano as well. Finally, a poor singer and so usually a violinist instead, I added my voice for a line or two. My father, ever considerate, said, "See, you can sing, darling.That was good."

文本中的多感官互动显然是多模态的，我们称其为多模态内容。如果这段节选的多模态内容只是以文字的编码手段承载在教学课件上的，我们则称其为单媒体的多模态内容。当学习者读这段文本时，阅读行为启用视觉这个单模态来获取课件上的信息，我们把读这段文字的行为描述为单模态通过单媒体跟多模态内容进行互动。如果这段多模态内容以视频的编码手段承载在课件上，观看者则启用视觉和听觉两种模态通过多媒体（音频、视频和字幕）跟多模态内容进行互动。

（三）多模态课件

课件（Courseware）是指在某种学习理论的指导下，为实现特定的教学目标或为支持教学活动而开发的课程教学软件包，包含了特定的教学内容和教学策略。根据制作软件的不同，课件可以分为 PPT 课件、Authorware 课件、Flash 课件等；根据应用环境的不同，可以分为一般多媒体课件和网络多媒体课件等：按照课件在计算机辅助教学（CAI）中进行的教学活动的类型可以分为课堂演示型、练习测试型、仿真模拟型等。

多媒体课件与多模态课件是从不同的视角对课件进行界定的。多媒体课件侧重课件的媒体编码形式，即指课件是集合了文本、图形、图像、动画、音频、视频中两种或两种以上的媒体表现方式和超文本结构制作而成的课程软件。而多模态课件是从认知主义理论和多模态符号学理论的视角来界定课件的概念，是探讨课件开发的，即课件具体表现以多种逻辑媒介编码的教学内容与多模态感官的认知互动过程中意义的构建。

五、多模态课件开发的理论基础

（一）行为主义理论对 CAI 的影响

计算机辅助教学（CAI）的初始阶段是以行为主义学习理论作为理论基础的。行为主义学习理论强调对学习者外部行为的研究，强调对学习者反应的强化。在认知主义心理学产生后，学者们开始摒弃学习是简单的刺激—反应—强化的过程，开始着眼于信息的输入与输出过程中学习者主动的意义构建。但是在行为主义理论指导下的课件设计，尤其是美国行为主义心理学家斯金纳（Burrhus Frederic Skinner）提出的“程序教学”原则，促成了后来逐渐形成的计算机辅助教学（CAI）的研究领域，这对于教学课件的开发有指导性的意义。

1. 小步子和及时强化原则

小步子原则即循序渐进原则，指学习内容按其内在逻辑关系被分割成细小的单元。及时强化指通过练习等方式要求学习者对每一单元内容作出反应，保证学习者积极的学习动机。当学习者作出反应后，要求对学习者的反应给予“及时确认”或“及时强化”的措施。传统教学内容的组织形式是线性的，即每个信息单元的逻辑关系是顺序的，从一帧到下一帧，按设置好的序列。而人类的记忆是网状结构的，联想检索必然对应不同的认知路径，按照线性结构组织的信息客观上限制了联想能力。现在，多媒体教学课件的信息结构越来越多地采用非线性的超文本方式，信息没有固定的顺序，也不要求学习者按顺序获取信息。

2. 自定步调原则

在传统的教学中学习速度是一致的，这极大地限制了学习者的自由发展。学习者应根据自己的特点自定学习进度和速度，学习者在以适宜速度进行学习的同时，要通过不断的强化得到进一步学习的动力。多媒体课件在进行设计时要考虑到不同层次学习者的需要，让学习者能够根据自己的需要，自定步调进行学习。如，课件在“系统登录”部分设置“继续学习”的按钮，学习者结束本次学习后，系统自动记录学习进程，学习者再次登录后，可以按自己的进度继续进行；再者，在学习者登录后的学习内容界面，“学习记录”“学习笔记”“作业管理”等被用来记录学习者的学习情况，保存学习者的基本信息、在线时间、参加讨论的次数、笔记的记录、留言、作业以及登录情况等，以此作为评价学习者学习过程和学习效果的参考。

（二）认知主义理论对 CAI 的影响

以认知主义学习理论作为理论基础，是计算机辅助教学的发展阶段。在 CAI 课件的设计中，人们开始注意到学习者的内部心理特征与认知规律，学习者不再只是把学习视为对外部刺激做出被动反应的适应性的学习过程，而是利用自己原有的认知图式，对外部信息做出主动的选择和建构的过程。认知主义心理学注意到人类在与外部环境（包括自然环境和人文环境）互动时是以“意义”为中介的，而不是用外部可观察到的行为直接去互动的，强调学习过程中学习者的心理认知、意义的构建以及意义构建的认知情景化，在此基础上，确定适合的教学策略来促进学习者有效地学习。认知主义学习理论的研究成果对教学课件的开发有着广泛而深远的影响。

1. 认知负荷理论

认知心理学的标注记忆模型认为，人类的认知结构是由工作记忆和长时记忆组成的，信息处理主要通过工作记忆，而工作记忆的容量是有限的，长时记忆的容量则是无限的。澳大利亚新南威尔士大学的心理学家约翰 · 斯威勒（John Sweller）基于标注记忆模型和双通道编码理论于 1988 年正式提出认知负荷理论（Cognitive Load Theory，CLT），该理论关注学习过程中的工作记忆的作用，认为，工作记忆的容量是极其有限的（一次只能存储 5~9 条基本信息或信息块），长时记忆的容量在本质上是无限的，所有的信息在进入长时记忆之前，必须在工作记忆中进行信息加工。学习过程要求将工作记忆积极地用于理解和处理材料并对即将习得的信息进行编码以存储在长时记忆中，长时记忆中的内容主要以“图式”的形式储存，“图式”除了在长时记忆中具有储存及组织信息的功能外，也可降低工作记忆区的负荷。如果学习者所要加工的信息容量超出了学习者的工作记忆所能加工的信息容量，就会引起资源分配的不足，产生认知负荷，从而影响个体学习或问题解决的效率，学习将变得无效。

斯威勒等人将认知负荷的来源分为 3 类：内在认知负荷、外在认知负荷和关联认知负荷。内在认知负荷是由材料本身的固有特性（如难度和复杂度）和学习者原有的知识水平及两者的交互作用决定的，一般认为内在认知负荷是相对固定的，教学设计不会对它产生直接的影响。外在认知负荷是超越内在认知负荷的额外负荷，它主要是由设计不当的教学引起的，能通过教学内容的重新组织和设计进行调整。关联认知负荷指学习者在图式建构和自动化过程中意欲投入的认知资源的数量，它与学习者的认知努力有关。外在认知负荷和关联认知负荷都直接受控于教学设计者。

在教学活动中，课件的设计应尽可能减少外在认知负荷，增加关联认知负荷。根据艾伦·佩维奥（Allan Palvio）的双重编码理论，可以通过均衡使用学习者的视觉通道和听觉通道达到有效学习。学习是以视觉和词语两种编码进行加工的，图像为视觉加工提供形象具体的信息，语言能表达深层的语意信息。如果图像和词语材料都以视觉形式（如动画或文本）呈现，就会出现听觉言语通道闲置而视觉表象通道负荷过重的情况。如果语词以听觉形式呈现，视觉通道就可以只用来加工图像，这样就出现听觉和视觉通道信息加工的平衡，实现工作记忆容量的充分利用。

此外，在课件中应适量使用有趣但无关学习的文字和画面，以避免信息冗余而增加学习者的外在认知负荷。在心理学研究中，将与要传递的信息没有密切联系但又非常有趣、醒目的材料称为“诱惑性细节”。研究证实，给枯燥的学习材料添加有趣但是无关的细节，并不会改善学习者对材料内容的学习。再者，呈现的内容不宜过多。多媒体课件要通过文字、图片、音频、动画、视频等媒体将教学内容传递给学习者。在针对特定的教学内容时，设计者有很多的选择范围和选择空间，有时在教学设计的过程中，为激发兴趣、情境导入、复习等需要会引入不同的内容，这往往也造成了很多不必要的数据冗余。由于工作记忆容量仅为 i+2 个单位，如果单个页面中同时共存较多的信息元素，会给学习者造成很大的认知负担。因此，在设计多媒体课件时，每帧页面上呈现的内容不宜过多，以免这些信息元素同时加工，超出学习者的工作记忆容量，产生认知负荷超载。

2. 建构主义理论

建构主义理论认为，学习是学习者通过已有的认知图式，主动建构意义的过程。学习是新旧经验相互作用的结果，一方面，学习者需要借助已有的经验，对新知识进行解释和假设，将其纳入认知图式结构中；另一方面，由于新知识的纳入，已有的经验会发生一定的调整或重构来取得平衡。

在传统的教学观念中，学习的核心内容是抽象概念和规则的学习，认为对概念和规则的学习可以指导学习者在具体情境中解决具体问题。与传统教学观不同，建构主义者提出了情境性认知（Situated Cognition）的观点，强调学习的情境性，重视教学过程中对情境的创设。情境是否真实，是否有利于学习者对于知识的认识，对实现意义的建构是十分重要的。其中，情境包含：①真实任务情境。学习任务应当与现实生活具有一定的同构性。②情景化的过程。学习过程应与现实生活中的问题解决过程类似，解决问题所需要的工具和资料隐含在学习情境中。③真正的互动合作。情境性学习强调学习过程应与实践活动一样，在一定的共同体中进行合作互动、协商和交流。④情景化的评价。情景化教学的评价一般不需要独立的测验，在学习过程中对具体问题的解决本身就反映了学习的效果。

由此，课件的设计要为学习者创设这样的“真实”情境，需要考虑为学习者再现背景知识情境及其知识的使用情境；需要考虑适合的交互技术，帮助学习者创设协作学习的环境，例如在多媒体课件中使用留言板、论坛、视频等促进交互；需要为学习者提供丰富的工具资源，帮助学习者利用所提供的工具和信息资源进行自主探索。通过情境的创设、结构、导航和交互的设置，学习者在教学内容意义建构的过程中通过多种信息编码方式与输入通道，以及结构、导航等逻辑关系的指向，确保信息的意义建构以及长时记忆中信息结点的联结强度。

（三）多模态符号理论下的多元识读能力

韩礼德（MA.KHalliday）提出的“社会符号学”理论认为，语言模态和其他模态往往交织在一起构成传递信息的意义潜势。社会意义的产生渗透于语言、图片、声音、动画、建筑、服饰、烹调饮食、民族行为等多重符号模态以及这些模态的互动之中。多模态化指在一个交流成品或交流活动中不同符号模态的混合体（Van Leeuwen，2005），同时也可以表示不同的符号资源被调动起来，在一个特定的文本中共同构建意义的各种方式（Baldry & Thibault 2006）。人们根据传统习惯地认为副语言的图像、颜色和动作等符号在现代社会交流中已不再处于辅助位置，而是正在和文字符号一起形成一种更为宽泛的符号资源，共同参与意义构建。

以英国的Norman Fairclough、Gunther Kress、美国的James Gee和澳大利亚的Mary Kalantzis等为代表的新伦敦小组（New London Group）于1994年首次提出“多元识读能力（Multiliteracies）”。这一概念的提出有两个重要的起因：一是通信渠道和媒体的多重性；二是文化和语言的多样化。此外，这一概念的提出基于两个假设：一是人们通过一系列不同的符号进行交流；二是每一种符号在表达意义时都显示出与语言相近似的规律性。新伦敦小组提出新媒介的超文本时代，意义的构建模态包含语言、视觉、听觉、姿态、空间五个方面。后来，Gentle，Knight & Corrigan（2006）将新伦敦小组的多模态信息交流方式具体划分为5种构成成分：①语言成分，如词汇、隐喻、结构、情态等。②视觉成分，如颜色、视角、矢量、前景、背景等。③听觉成分，如嗓音、音乐、音响效果等。④姿态成分，如行为、感受、身体控制、情感、动作等。⑤空间成分，如生态空间、几何空间、建筑空间等，并指出与之相对应的解读能力便是社会群体的多元识读能力。胡壮麟教授认为，多元识读能力（Multiliteracies）包含文化识读和技术识读。文化识读用来描写语言、文化多样性以及对其变异尊重的能力；而技术识读也就是多模态识读，指参与者能在信息环境中学习、工作并构建意义等。

多模态意义的解读能力建立在能够鉴别各种语言变体、图像、视频、音频、颜色、动作等模态如何相互依赖并产生整体意义的基础上。李战子认为多模态信息指的就是“除了文本之外，还带有图像、图表等的符号话语，或者说任何由一种以上的符号编码实现意义的文本”。社会符号学家Hodge R & Kress G.也赞同多模态信息意义广泛地存在于视觉、听觉、行为、表情和动作等社会符号资源中。因而对于多模态环境下意义的解读，单独依靠语言文字的理解是远远不够的，因为整体意义是在各种模态的相互依赖和互动中产生的，没有任何一个单一的符号能够被孤立地理解。如同胡壮麟教授所描述的那样，“没有口述的词语说明，图表会一无意义；没有模型课件，教授用手做的节奏性动作也就没有意义”。

传统以语言为中心的读写认知能力，因只涉及读和写的个人认知行为，而忽视了除语言文字外其他模态系统对意义构建和信息交流的贡献，已不能适应以多元文化渗透和信息技术飞速发展为特点的新媒介时代。多模态化教学作为一种全新的教学理念，主张利用网络、图片、视频、音频媒体流、角色扮演等多种渠道、多种教学手段来调动学生的多种感官协同运作的语言学习方式已经成为21世纪新媒体教育时代的主流。在我国，超文本时代的高校外语教学中因多媒体和网络教学平台的不断开发，多模态化也日趋明显。课堂教学中演示型课件的呈现、视频流/音频流的应用，以及网络教学环境中师生/生生的在线互动、网络词典、网络教学资源链接等多元信息的表达模态都对信息的接受者提出更高层次的多元识读能力的要求。

第二节　多模态课件中的逻辑媒介

在多模态话语时代，交际的模态不仅局限于语言和一些与语言相关的非语言模态如手势和腔调等，而应扩大为多种模态，包括图像、音乐、空间布局、投影、网络等，并在一定的规则和教学策略下将各种模态有效地组合为一体。多模态课件的开发是各种模态和模态组合的运用，是教学活动中辅助教学信息传递的手段。在多种多样的符号体制中，各符号资源既继承了符号的意义共性又有着不同的表现形式和系统规则。在多模态课件的开发中应关注两个问题：①模态的符号特征。对不同模态在意义感知和构建中的贡献进行清晰的描述。②各模态间的关系。建立跨模态关系的组合框架。

一、视觉模态的逻辑媒介

在外语教学活动中，多模态课件通过各种视觉媒体符号同视觉感官互动来传递教学信息。在所有的感官中，视觉的感受能力最强，是人类获取信息的主要通道。实验证明，人类获取信息的过程中，有 83% 依靠视觉，视觉符号能直观地呈现对象、过程及结果。文字、图片、图表、视频等视觉媒体作用于学习者的视觉感官，通过视觉感知，由视觉通道进入记忆系统进行加工和意义构建。

视觉媒体，即作用于视觉感官的信息编码手段，包括文字、图片、图表等。文字是一种概括性极强的视觉媒体，由字符组成的字符序列是使用最多的一种媒体符号形式；图片是一种直观的、形象化的视觉媒体，相较于文字，更易于记忆和回忆；其中图表可以直观地呈现统计信息；视频是连续的图片，每秒超过 24 帧（Frame）画面以上时，根据视觉暂留原理，人眼无法辨别单幅的静态画面，就产生了连续的视觉画面效果，视频可以直观、形象地再现事物的多维度细节。图文关系是多模态符号学必须关注的问题。从人类语言的“物种发展”来看，早期的文字和图像有密不可分的“同祖”关系；从人的个体语言发展来看，儿童早期的书面语发展往往经历由文字逐渐代替绘画的过程。现代社会多模态复合话语中图文关系的复杂程度远远大于“相似性”文字和儿童的图文作品。从社会符号学角度来看，图像不只是有赖于文字的诠释，它和语言一样，对社会现实和心理现实既具有再现作用，又具有重构作用，图像也具有替代文字的说明功能，如词义的解析、语言情境的创设等。如当学习者接触到以“9・11”为背景的文本时，课件的设计可以在背景导入模块部分插入“9・11”情境再现的视频片段，借助视频、音频和电子文本（字幕）等多媒体与学习者的听觉、视觉双通道的多模态互动输入背景知识，有助于认知的情景化，有效地帮助学习者构建知识。

二、听觉模态的逻辑媒介

听觉媒体作用于学习者的听觉感官，通过听觉通道传递教学信息，这种互动形态被称为听觉模态。音频(Audio)指人们能够听到的所有声音，通过计算机上的声卡录制、储存声音，而储存下来的音频文件通过一定的音频程序再现。按其用途划分，音频可以分为语音、音乐以及音效等。语音即语言的声音，是语言符号系统的载体。教师通过教学内容的音频格式作用于学习者的听觉感官，呈现第二语言的内容及情境，一方面有助于学习者二语信息的听觉输入及二语语音听觉的敏感性，从而提高二语听力能力；另一方面通过母语者语音输出与二语者语音输出的比对及进一步的模仿，为语言的下一步输出提供潜势。音乐是在多模态课件中借助于音乐产生共鸣的特性作用于学习者听觉感官的一种信息互动形态。在人类还没有产生语言时，就已经知道利用声音的高低、强弱等来表达自己的意义和感情。随着人类劳动的发展，逐渐产生了统一劳动节奏的号子和相互间传递信息的呼喊，这是最原始的音乐雏形。效果音有着信息听觉指向及导航的作用，引导学习者的注意力集中到重要的或者是新的信息上。效果音可分为自然界的声音及人为创造的声音两大类。自然界的声音包括风、雨、流水、鸟鸣声等；而人为创造的声音包括电铃、汽车、马达声等。有些音效可以从自然界取得或现场收音，有些可以人工合成。如外语教学中一篇涉及父子情感的文本，在课件的设计上插入以父亲为主题的音乐Dance with My Father，一方面可以使学习者产生共鸣，将注意力转向即将开始的文本的主题；另一方面还可以进一步通过歌曲中词汇的填充，达到学习资源补充的学习效果。

三、动觉模态的逻辑媒介

动觉模态是指调动学习者的触觉及动觉感知教学信息的互动模态，除了视觉及听觉通道接收信息外，学习者还可以通过动觉来参与完成教学信息的学习。多模态课件中的各种交互都需要通过学习者的触觉感官来完成，而随着信息技术的发展，触觉及动觉感知的学习互动模态逐步成为多模态课件开发中的重要元素。计算机的发展经由了从文本到图像、音/视频，再到以虚拟现实为代表的3D媒体，其中虚拟现实(Virtual Reality，VR)是用计算机生成逼真的三维视觉、听觉、触觉或嗅觉等感觉世界的技术，将学习者引入与真实世界相对的虚拟空间。而目前前沿的增强现实(Augmented Reality，AR)也被初步尝试着用在课件的开发中，用以实现教学课件的多感官互动，即多模态化。增强现实，也被称之为混合现实，它通过计算机图形学和视觉技术，将虚拟的信息应用到真实世界，即真实的环境和虚拟的物体实时叠加到了同一个画面或空间中，是现实和虚拟的融合和实时的交互，学习者可以看到承载在媒介上内容的3D形态，由此有助于建立师生／生生合作式的教学互动。

相对于正在开发应用中的增强现实，虚拟现实（Virtual Reality）已经可以很成熟地应用于课件的开发中，向学习者提供视觉、听觉、触觉等多种感官刺激，使学习者有身临其境的沉浸感，并且学习者能够与虚拟世界中的对象进行交互。欧盟“2007~2013年终身学习行动计划（LLP）”重点资助的语言学习革新项目VILL@GE，全称为Virtual Language Leaming through Edutainment Activities，项目成员包括希腊的软件公司EXODUSS. A，以及英国斯旺西大学、匈牙利赛格德大学等机构的语言教学专家和一线教师。该项目旨在利用Second Life为语言学习者创设虚拟的语言学习环境，通过虚拟的会见、交流和游戏互动鼓励学生运用所学语言表达思想，使学生在近似真实的社会情境中通过交际实践，增强语言运用能力和跨文化能力。项目组于2010年发布的中期报告显示（Garbi，2010），VILL@GE三维虚拟环境构建工作已初步完成。该环境在Second Life中体现为一个虚拟大海环绕的虚拟小岛VILL@GE Island. 分为英国区、希腊区、匈牙利区和一处供所有学习者互动、娱乐的VILL@GE Main Area。各区均包含：①具有典型目的语民族风格的三维建筑模型和实体仿真，如大本钟、红色双层巴士、名人故居等，为学生提供虚拟的文化认知空间。②虚拟超市、动物园、服装店等，供7~8岁的幼年语言学习者使用，因为此学习群体的第二语言课程几乎都是对动物、食物、衣着的好恶。③虚拟银行、房地产公司、旅行社等，供更高水平的大学语言学习者锻炼金融、旅游和房屋租赁等领域的语言运用能力。中期报告还介绍了运用VILL@GE Island在英、希腊等国进行的一系列教学实验。实验表明（Milton，2010：1~6），“在三维虚拟环境中，学习者会被虚拟建筑、虚拟人物这类新奇事物所吸引，提高学习兴趣。更重要的是，它提供了大量的第二语言实践机会，因此学生对使用这一环境学习有着巨大的动机。三维虚拟环境中的互动不仅使词汇的吸收效率增加，而且学生在交互中的话语长度、速度也大为改善，这些结果都说明语言学习者取得的进步与多模态语境是密不可分的。

四、逻辑媒介的组合关系

多模态课件的设计中集合了多种媒体符号的组合，如文本、图片、图表、音频、视频等。多媒体并不只是媒体间的简单相加，而是需要遵循一定的原则来设置的。美国加州大学圣巴巴拉分校（UCSB）的教授理查德·E·迈耶（Richard E. Mayer）坚持以学习者为中心的多媒体设计取向，强调如何利用多媒体技术来促进人来学习，而不仅是利用最新技术促进信息的传播效率；同时，他还认为多媒体学习是知识构建的过程，学习者是主动的意义建构者，而不是简单的信息接收器。

梅耶及其同事组成了由认知心理学家、教育技术专家和计算机科学家在内的多学科团队，在近20年中针对多媒体学习开展了大约100项实验研究，提出了多媒体学习的认知理论，其中包括三个假设及五个步骤：三个假设是双通道假设（人们对视觉表征和听觉表征材料拥有单独的信息加工通道）、容量有限假设（人们在每个通道上一次加工的信息数量是有限的）和主动加工假设（人们为了对他们的讲演建立起一致的心理表征会主动参与认知加工）；五个步骤是选择相关的文本、选择相关的图像、组织所选择的文本、组织所选择的图像以及整合基于文本和基于图像的表征，这些为多模态课件的开发中媒体的组合关系提供了指导原则。

（一）多媒体认知原则

多媒体认知原则是针对改进单一媒体观提出来的，它认为学习者通过文本和图片进行学习比仅仅通过文本学习效果好，应该用文本和相应的图像呈现教学材料，而不是只用文本呈现教学材料。在显示图片的同时，也应附有相应的文字说明，以揭示主题，这样比直接呈现文本效果好。

（二）空间接近原则

如果屏幕上出现相关的文本和画面，那么屏幕上相关的文本与画面临近呈现，比隔开呈现更能促进有意义的学习。设计多媒体课件时，应尽量避免文字和画面两者分离带来的注意分散；如果可能，最好把描述图表的文本整合到图表之中，减少学习者因对图表意义进行不必要的猜测而带来的额外认知负荷。页面设计采用文本和图画临近方式进行呈现效果更好，而不是在两个页面上分别呈现图片和解释文本。

（三）时间相邻原则

时间相邻原则是指语言材料和视觉材料在时间上同步呈现，更有利于促进学习者的学习。记忆的编码理论认为，当学习者能够同时在视觉工作记忆中保持一个视觉表征而在语言工作记忆中保持对应的语言表征时，意义学习就得到强化。遵循这一原则在设计视听说教材时，音频文本应尽量采取与画面同步的字幕方式显示。如课件中课文的阅读，可在画面呈现的同时，由系统边朗读边显现所读之处的内容，学习者边听边看，这样输入的意义将得到强化，而不是所有文字全部呈现，再呈现朗读音频。

（四）一致性原则

一致性原则是指排除无关的词语、画面、声音和功能按钮，学习效果会更好。在多媒体课件中，呈现的材料种类、内容和性质保持一致，能激发学习者使用已有的认知资源去获取和加工学习材料，学习效果将更好，相反，加入无关信息会阻碍这种意义构建的过程，造成认知资源分配不够集中的现象，降低学习的效果，有时候也会显得过于花哨。如果课件中呈现全部的讲解，同时加入图像、视频、按钮、热区等多项元素，会造成主次不分，容易感觉杂乱无序。

（五）通道原则

通道原则是指在有视频和图像的前提下，通过听觉通道获取文本信息，比通过视觉通道获取文本信息造成注意力分散的效应小。因为当文本出现在屏幕上时，视觉通道需要同时加工文字信息和图像信息。每个通道的容量都是有限的，此时视觉通道就可能超载，当视觉通道超载时，有意义的学习所需的加工过程是无法完全进行的。

（六）冗余原则

冗余原则是指所要呈现的语言信息量要适度，对信息的编排方式要适当。由于处理冗长文字和图表会给工作记忆增加认知负荷，整合包含多余或重复信息的学习材料并不可取。此外，相同的信息多次或重复呈现时，学习者的学习效果较差。例如，由动画加解说组成的呈现方式，比由动画加解说再加关于操作全部过程构成的屏幕文本组成的呈现方式更能使学习者学得好。也就是说，有了动画和解说之后，屏幕上的文本就变成了冗余信息，如果去掉屏幕上的文本，学习者的学习效果会更好。

（七）个体差异原则

个体差异原则是指多媒体教学设计及界面设计应该充分考虑学习者的个体因素，包括学习策略和使用情况、学习者的智力、学习风格、自主学习能力、焦虑状况，甚至个性特点等个体差异都应适当考虑，设计效果的好与坏对知识水平低的学习者的影响要高于对知识水平高的学习者的影响，对空间能力高的学习者的影响要弱于对空间能力低的学习者的影响。也就是说，对知识水平和空间能力相对比较低的学习者，在课件设计上要进行更为精细的设计，从各个角度来提高学习者的学习效果。

第三节　多模态课件的模态选择原则及学习

一、多模态课件的模态选择原则

在探讨多模态课件模态的选择时，我们首先要考虑一个问题：为什么人类在交际中会用多模态。是为了有趣，是随意的，是生理和心理的自然表现的结果？还是因为一种模态不能或者不能充分地表达交际者的意义？可能两种情况都有，但最主要的应该是后者，即一种模态的供用特征不能很好地体现交际者要表达的意义时，选择多种模态相互配合可以更好地完成交际任务。也就是说，多种模态相互补充、相互协同来共同体现交际者需要表达的意义。多模态课件的模态是信息经由多种逻辑媒介编码，通过与学习者感官的交互传递信息的形态。课件的开发之所以会用多种逻辑媒介、多模态互动形式，也同样是因为虽然每一种模态都可以是自足的，但是一种模态很多时候不足以充分表达意义，或者不足以充分让学习者构建意义。换个角度说，随着多媒体技术的发展，人类的多模态话语交际可以通过多种逻辑媒介得以呈现，这在意义的建构上要优于传统的单一模态的认知。

模态选择的原则是以模态选择的动因为基础的，教学课件模态的选择是在最优化和最简化的矛盾中进行的。但从两者的先后顺序上讲，最优化原则是首选原则。模态的选择涉及最佳搭配问题，不是完全自由的、随意的。一方面从经济的角度讲，理论上每一种模态是可以自足的，如果能用单模态解决的问题，就没有必要选择多模态；另一方面从模态间配合的角度讲，如果不同模态产生矛盾、相互抵消、相互无关、互不衔接等现象，就会降低教学效果，从这个意义上讲，模态的选择要以增加正效应为原则。在总的原则指导下，具体可分为相互联系的几个原则：有效原则、适配原则、经济原则。有效原则和适配原则都有自己的次级原则，有效原则的次级原则包括工具原则和引发原则；适配原则的次级原则包括强化原则、协调原则、前景背景原则、抽象具体原则。

（一）有效原则

有效原则表示选择任何一个模态都要以取得更好的教学效果为前提，避免无效使用某个模态，或者其所产生的负效应等于或者大于正效应。有效原则有自己的次级原则，包括工具原则和引发原则。

1. 工具原则

工具原则是指在教学中，多种媒体和模态互动为教学主程序提供新的途径和可利用的工具。传统的外语教学中，由于技术条件限制，我们很难创设真实的交际语境，用角色扮演虽然比一般的模拟要有效，但由于没有环境的支持，学生感受不到实际语境的存在。现代多媒体技术及网络平台的发展为多模态话语交际提供了新的途径，图片、音频、视频等作为意义表达的工具提供了背景情境的创设、交际语境的模拟、师生／生生的互动。此外，发展现代多媒体技术的一个最基本的理念是多模态交际可以使受话人通过多通道获得信息，比单模态话语更容易使受话者理解和记忆。

2. 引发原则

引发原则是指多媒体技术还可以从内部提供动力，即通过前景化或者任务设置激发学生的学习动机。例如，通过课件中的各种编码手段使部分内容前景化，引起学习者的注意：或者通过任务的设置激发学习者的学习动机。如外语教学中单词的讲授可以借助任务的设置，调动学习者的视觉、触觉等感官互动，从而激发学习者的学习动机。

（二）适配原则

适配原则表示选择不同的模态时，要考虑不同模态之间的相互配合，以获得最佳搭配为标准。适配原则的次级原则包括强化原则、协调原则、前景背景原则、抽象具体原则。

1. 强化关系

强化关系是指在多模态选择中用一种模态来突出另一种模态所表达的信息或者部分信息。这就是说，用第二种或者多种模态参与教学的目的不是让它们提供更多的信息，而是让第一种模态表达的信息更加突出。例如，在为学习者呈现单词时，可选择多种逻辑媒介形式来强化接收者对信息的理解和记忆。

2. 协调关系

协调关系实际上是运用多模态最有效的教学方式，也同时反映了社会交际的基本特点，即人类交际不是只通过语言一种媒体进行的，而是运用可以利用的各种媒体进行的。利用多模态之间的协调性，就是还原人类社会交际的本来面目，即由一种媒体不能独自完成的交际任务可以由其他媒体来补充。例如，在教学中如果我们只是用文字媒介来呈现“Franklin Stove”，接受者会很难解码并构建这一信息的意义，这时就可以借助其他媒体形式进行协调。

3. 前景背景关系

第三种选择多模态教学的依据是语言交际中的前景和背景的关系。语言交际都是在一定的语境中进行的，即每一个交际事件都有一个背景。在外语教学中，语言交际显然都是处在前景中，由其他模态提供背景。例如，在戏剧的开始，首先出现一个布景，提供事件发生的时间、地点、环境，还可以包括人物等，如提供学习者信息内容的发生地点。

4. 整体部分（抽象具体）关系

语言交际都遵循经济的原则，如果用笼统的话语可以实现交际目的，就不会把具体的信息再讲出来。同时，语言也具有一定的局限性，对于纷纭复杂的现实社会，语言无法把所有的意义都表达出来，而只能选择一些最相关的部分，这就使读者通常对所讲的内容一知半解。在多媒体时代，教师可以通过选择适合的媒体来提供具体的信息，从而使学生能更清楚地理解其所学的内容。例如，通过具体的图像媒介来补充并呈现一些抽象的文化概念。

二、多模态课件辅助的多模态学习

现在我们来剖析基于计算机多媒体材料的多模态学习。计算机多媒体材料包括：数字化文字材料、图片、图表、音频、视频、动画等。人与计算机多模态互动的感官包括：视觉、听觉、触摸、发音器官等。计算机多媒体、多模态互动学习从输入到产出之间的模态搭配与学习效果的关系，是一项亟待深入研究的课题。

传统的书面文字教材属于逻辑媒介意义上的单（或多）媒体材料。纯文字的则为单媒体，配有图片、表格等的则为多媒体。用视觉去获取文字图像等多媒体信息是单模态的学习。假如这种学习的目的是取得对信息的理解，那么在输入和产出之间没有发生模态的变化，用外语教学的术语说，从视觉阅读到大脑理解没有发生模态上的改变。我们把在输入和产出之间没有发生模态变化的学习称之为“同模态学习过程”。假如从视觉阅读到大脑理解还不是学习的最终目的，还要求学习者把所学内容用语音说出来，如口语复述，这时，学习的过程就不再是同模态，而是发生了模态转换，即从输入的视觉模态转换成发音器官运动模态和听力模态。恰当的模态转换可以增强学习者对所学内容的内化度，提高内容记忆的持久性。在同模态的情况下，输入方的信息对于产出方来说是同质的；当模态发生转换时，输入方的信息对于产出方来说是不同质的，学习者要调用个人知识图式中的相关资源，同时启动新模态。所有这些都要启用大脑已有的资源，把外来的新信息跟已有的个人知识进行联系，从而起到强化学习效果的作用。

人类的各种模态之间的互相支持是符合人的交际活动特征的。通过视觉跟视频进行互动，具有直观性和体验性，学习成本与效果之间的比例比起其他模态来说是事半功倍的。当视频记录的是人类活动时，观察者是不需要专门培训就可以互动学习的。直观体验性学习往往是“暗学习”（Implicit Leaming），儿童习得母语口语可以说大部分都是通过暗学习方式习得的。通过视觉跟视频进行互动的直观、体验性的学习是技能类学习的关键学习方式。通过视觉跟文字互动去学习技能是付出大而收获小的学习方式。把数字化文本放到计算机上让学习者学外语是对计算机硬件资源的最低级使用。通过数字化文本去学口语涉及模态的转换，作为初始学习资源是不适合的，这是脑力资源和媒介资源的浪费。同样，用视频材料仅仅为了增加趣味性是对高级多模态资源的低级使用，也是一种浪费。恰当地处理好多媒体资源与多模态的输入与产出之间的关系，是对计算机辅助教学的优化。

认知主义心理学研究“学习”时，特别强调研究记忆力的重要性。Lefrancois 在回顾这方面的研究成果时指出，在认知主义心理学里，研究记忆力成了研究学习的另外一种方式。他写道：“There will be no evidence of leaming without something having happened in memory；be the same token，something happening in memoryimplies leaming.Studying memory is，in effect，another way of studying leaming.” Anderson 认为研究记忆力是研究学习的中心问题。

多媒体、多模态学习比单媒体、单模态学习更能增强记忆力。Lefrancois 将记忆力分为三大类。①感官记忆：感官下意识获取的信息，如不加注意，瞬间即逝。②短期记忆（亦称工作记忆）：大脑的注意力在有限范围内所能处理或存储的信息。③长期记忆：影响记忆力的因素很多，其中注意力可以说是最重要的，感官记忆如果没有注意力则是瞬间即逝的，即使相隔时间很短也是无法回忆起来的。短期记忆力实际上就等于注意力的活动范围。

研究发现记忆力跟获取信息的模态有关系。Mayer（2001）细心研究了词语加图像的“多媒体学习”（Multimedia Learning）。他构建了从感官记忆到工作记忆再到长期记忆的一个认知学习理论。他指出工作记忆是多媒体学习的核心区。工作区分为两小部分，感官记忆（耳朵和眼睛）输入进来“原材料”（Raw Material），工作记忆区构建关于原材料的知识（相当于理解后所产生的意义）。工作记忆在做这些处理时要从长期记忆里调用必要的知识。Mayer 的研究试图证实词语加图像一起学比单学词语要学得好一些。从学习与记忆的关系来看，多模态有助于记忆能力的提高，这一点已经被神经科学和视觉研究所证实。根据 Dale 的研究，人一般能记住“10% 读到的，20% 听到的，30% 看到的，50% 看到和听到的，70% 说的，90% 说和做的”。虽然该研究并没有明确交代研究对象等研究背景，也没有论证在其他因素干扰下是否会产生相同的效果等，但起码可以说明，多模态教学的效果通常优于单模态教学。

第五章　高校英语多模态教学设计模型建构

第一节　多模态研究相关概念

目前，学术界对多模态研究中的核心概念认识还比较模糊，混用现象严重，国内学者对这些术语的翻译也常有不同，有必要进行深入的探讨和界定（韦琴红，2009）。本节从大学英语多模态课堂教学实际出发，以语言学理论为基础，借鉴教育技术学、社会符号学、计算机科学、传播学等跨学科研究成果，对与多模态研究密切相关的三组术语分别进行界定，并重点讨论媒体间性、模式与模态之间的关系以及大学英语课堂教学话语的多模态属性。

一、媒体、多媒体、超媒体与媒体间性

（一）基本概念

1. 媒体（Medium）

媒体也称媒介，指传播信息的载体和渠道。按照教育技术学的分类标准，媒体包括感觉媒体、表示媒体、显示媒体、存储媒体、传输媒体等五大类，既包括信息传播过程中从传播者到接收者之间携带和传递信息的一切形式的物质工具（如纸和笔、教室中的黑板和白板、扩音器、录音机、计算机、投影仪、课堂表演使用的道具等），也包括人类感觉系统（如视觉、听觉）（Heinich，2002）。按照语言学的标准，媒体则可分为语言媒体、非语言媒体两大类。前者以语言为信息载体，包括语音、文字和副语言（如语调、口音、语气、音色、音质、音强、语速、停顿、节奏等）；后者指非语言的物质媒介，包括交际者的身体动作和交际者在信息传递和意义表达中所使用的非语言手段，包括工具、环境等（张德禄，2009）。换言之，非语言媒体包括肢体动作和非肢体媒体。非语言媒体传播的研究也是一个热门话题，因为人类生活中的非语言传播现象极其丰富。

2. 多媒体（Multimedia）

多媒体是将两种或两种以上的文字、图形、图像、视频图像、动画或声音等传递

信息的媒体结合在一起的信息技术，往往通过计算机进行综合处理和控制，在屏幕上将多媒体各个要素进行有机组合，完成一系列交互式操作。多媒体技术具有集成性、实时性和交互性，能够综合处理声、文、图等信息。课堂教学中，教师根据教学对象、课程性质、课程类型、教学目标、教学内容，合理利用动画、视频、摄像机、电视机、互联网、语料库、计算机、白板系统、iPad 等多媒体手段，有效地吸引学生注意力，帮助学生理解重点难点，丰富课堂信息量，增强互动效果。多媒体技术已经成为大学英语教学中不可或缺的教学工具，以多媒体教学技术为支撑的混合式教学模式已经成为大学英语教学的主流模式。

3. 超媒体（Hypermedia）

超媒体是超文本和其他媒体在信息浏览环境下的结合，超媒体系统是使用超链接（Hyperlink）构成的全球信息系统，即因特网上使用 TCP/IP（传输控制协议 / 网际协议）和 UDP/IP（用户数据包协议 / 网际协议）的应用系统。万维网是超媒体的一个经典例子，随着 3G、4G 手机的普及，超媒体已经成为数字化教学潜在的媒体形式。

4. 媒体间性（Intermediality）

媒体间性也称媒体相互性，指的是现代媒体的相互关联，即媒体之间从信息内容到技术形式的转换、交互、综合与演变（Ellestrom，2010）。探讨媒体间性，有利于课堂教学媒体、教学模式和教学模态的创新，有利于课堂“教”与“学”的观念更新，有利于课堂“教”与“学”环境与文化的改进。例如，随着数字化移动通信工具在高校学生交流和学习中的普及，以超媒体为载体的“泛在式”学习逐步进入课堂教学，过去课堂教学中曾经被视为干扰物而往往被老师强令“关机或静音”的手机，现在却随着“微博”“微信”等网络通信系统的诞生以及 MOOC 资源的普及而用于课堂交流与互动。这个例子表明，手机作为一种媒体，过去仅仅意味着打电话、发短信，所以在课堂上被禁止使用；但现在随着泛在式学习的普及以及多媒体、超媒体的广泛应用，手机就不只是一个电话、短信传递载体，而变成了一种有效的教学互动工具。这里，手机媒体被赋予了新的内涵，不仅成为一种新的信息表达和交流的模式，还改变了教师的教学理念、教学方法，促进了课堂互动的学习文化。

（二）教学媒体系统

在现代教育技术条件下，一名成功的大学英语教师，需要在课堂教学中充分利用多媒体教学条件，采用多种话语模式，最大限度地调动和促进学生的多模态学习。

人类进入新媒介时代（New Media Age）或者数字时代（Digital Age），现代信息技术迅猛发展，多媒体技术给教与学都带来了广泛而深远的影响。教师更须与时俱进，关注媒体的演进规律，及时掌握新媒体，创新课堂教学媒体形式，优化课堂教学环境，更新教与学的文化、观念和方法，改进课堂教学效果。

二、模式、模态、多模态及其相互关系

（一）基本概念

1. 模式（Mode）

模式是指有组织、有规律的表达和交流方式，不仅包括静止的图像、手势、姿势、言语、音乐、书写等基本形式，也包括由上述基本形式构成的新的形式（如视频会议）（Jewitt，2004）。根据社会符号学，模式不仅指表达和交流信息的方式，也指传递信息的符号渠道。在系统功能语言学研究中，模式也用来指“话语模式”（Mode of Discourse），即口头、书面、电子、身体动作等交流渠道，任何一种话语模式都是通过某一种媒体表现或者通过几种媒体协同表现的，采用不同媒体可以产生不同的交流模式，模式的使用和变化在一定程度上影响信息的流动和话语特征（朱永生，2007）。以教师“讲课”为例，教师可能一边播放 PPT 讲义课件，一边口头讲解，一边在黑板上补充板书，甚至配以动作示范，实际上同时使用了言语、手势、姿势、动作、板书、电子等多种交际模式。可见，模式的概念侧重于信息生产的过程和方式，是具有意义潜势的符号资源。

2. 模态（Modality）

模态是事物通过一定模式（Mode）、方式（Manner）或形式（Form）所表现的属性（Attribute）或情形（Circumstance）。不同学科对模态的划分标准不同，模态作为信息接受者所感知的话语模式，既是媒体表达信息的结果，也是人们通过感官（Sense）感知的交际结果。系统功能语言学和社会符号学认为，人们通过一系列具有意义潜势的符号进行交流，主要有语言（文字）、言语（声音）、副语言、图像、肢体动作、音乐等模态。认知科学则从人类的感知通道出发，把模态分为视觉、听觉、嗅觉、味觉、触觉等模态。笔者认为，模态的概念应该兼顾上述两种标准，分为宏观、微观两个层次。宏观上，以感知通道为标准，模态指的是信息受体通过感官（Senses）对交流模式的感知形态；微观上，模态则是具有意义潜势的符号资源，是媒体通过交流模式表达信息的结果。在多模态话语研究中，可以先从宏观入手，然后再细化为微观的符号系统，比如课堂上学生的阅读行为，从感知通道角度分析，这是一种视觉模态，但从符号资源角度分析，它还可以细化为具有意义潜势的图、文两种模态。随着多模态研究的深入，国内外学者从多角度界定和探讨模态，比如，根据表达媒体的性质，把模态划分为物质模态、感觉模态、时空模态（Spatioternporal Modality）和符号模态（Ellestrom，2010）。

3. 多模态（Multimodality）

多模态指的是通过整合、编排或编织多种不同模式的符号资源而形成一个语篇。从人类感知通道的角度，多模态就是同时使用两种或两种以上的模态。人类生活在多模态的世界里。人们通常都是运用多模态来感知和交流的。例如，学生在课堂上学习，一边听老师讲（老师的“言语”模式所对应的是学生的“听觉”模态），一边看老师的动作演示和在黑板上的板书（老师的“手势、姿势”和“书写”等模式所对应的是学生的“视觉”模态）。值得注意的是，有些模态，按照感知模态的划分标准，只是一个单模态，但却涉及两种或两种以上符号系统，也就是说，按照符号系统多少的划分标准，这些模态也是多模态的。例如：报纸上的一篇新闻报道只涉及视觉模态，但它既有报纸的特定版式、色彩、字体，又有新闻的图片和文字，所以，我们常常也把报纸视作多模态的一种形式（郭万群，2013）。

（二）相互关系

1. 模式与模态的区别

目前，学术界对模式、模态两个术语的使用比较混乱。一方面，由于两个词在不同学科有不同的使用传统，很难在话语学研究中取得共识；另一方面，模式和模态在一定条件下常常会相互转化，例如，在课堂教学中，“书面”表达模式通常表现为“语言（文字）”模态，口语表达模式通常表现为“言语（声音）”模态，PPT既是表达信息的电子模式也是一种模态组合。

笔者认为，从课堂多模态教学研究的实际出发，应该对模式、模态加以区分，以便准确把握课堂话语的主体特征、主体间性和教师的教学理念，因为模式强调的是信息传递者以及信息的传递方式和意义潜势，重在输出；模态强调的则是信息受体以及信息的认知和解读的结果，重在输入。如果课堂上学生大部分时间仅仅通过听觉和视觉两种模态，很少参与“说”“写”和表演等学习交流模式，那就说明这是一节以教师为主导、缺乏交际互动的课堂话语。所以，一堂有效的语言课不仅需要学生运用视、听模态，还要求学生通过充分的口头、书面、电子、身体动作等交际模式，主动参与课堂话语建构，这样，学生在课堂上经常是“边听、边看、边写、边说、边演”，“听”（听到的是言语）和“看”（通常看到的是文字或其他有意义潜势的符号）是学生作为信息接受者的主要模态，侧重于语言输入；而“写”（文字）、“说”（口语）、“演”（身体动作）却是学生的语言输出行为，是学生主动参与课堂话语构建的表现模式。在分析课堂教学话语中，不仅要分析学生作为信息受体的各种“模态”，还有分析学生作为传递信息主体的口头、书面、电子、身体动作等交流模式。这就要求话语研究者要动态地把握模式与模态之间的关系，既要从信息流动的角度把握模式和模态之间的转化关系，还要结合不同的语境，根据不同的模态划分标准去分析真实的课堂话语。

2. 媒体、模式、模态之间的关联

媒体、模式和模态三者之间主要体现为交流工具、交流渠道、交流结果的关系；同时，它们之间的关系通常比较模糊，相互交错，在一定的语境下，它们还会相互转化，有的模态既是媒体，也是一种交流模式（Lauer，2009）。例如：教师在课堂上通过口头、书面、电子、身体动作等四种 Mode（话语模式）组织教学；学生作为信息受体，在课堂上主要使用了听觉、视觉和动觉三种模态，或者按照社会符号学主要使用了语言（文字）、言语（声音）、副语言、肢体动作等模态；同时，在课堂上，学生也是信息传递者，常常使用多种媒体手段，通过口头、书面、电子和身体动作等交流渠道（Mode），进行信息反馈和互动，例如：学生“边听边写”，“听”是学生作为信息接受者的模态（听到的是教师的言语），而“写”却是学生的一种再表达了，应该归入 Mode（模式）。课堂上教师和学生所使用的媒体、模式、模态种类及其比例，能够反映一节课的话语结构，也能反映这节课的教学模式、教学方法甚至教学效果。

（三）英语语课堂教学中的话语模式和模态系统

任何一种话语模式都是通过某一种媒体表现或者通过几种媒体协同表现的，采用不同媒体可以产生不同的交流模式，模式的使用和变化在一定程度上影响信息的流动和话语特征。英语课堂教学实践中，师生主体的话语模式主要包括口头、书面、电子、身体动作等交流渠道。在教学设计或评价中，不仅要根据不同的教学活动而有所侧重，还要注意各种不同话语模式之间的关联和整合。仅仅介绍几种单一的“身体动作”，而在课堂教学中往往是综合运用不同的身体动作，如“手舞足蹈”就是几个部位协调动作的结果。再如，要求学生根据课文内容编排节目，在课堂上进行表演，这种“roleplay”就同时调用了口头、动作、甚至书面或电子等话语模式。实践证明，有多种话语模式共同参与的教学活动的教学效果是显著的，所以，教学过程中，教师既要善于运用各种话语模式，促进学生有效的模态输入，还要有意识地组织学生调用各种话语模式，强化输出，改进课堂教学的效果。

学生是课堂学习的主体。作为信息受体，学生在课堂上的主要模态及其使用频率能够反映甚至可以决定一节课的教学模式、教学方法、教学效果。

在大学英语课堂教学实践中，因为课型、教学对象、教师观念和教学模式等方面的不同，各种模式或模态发挥的作用也不尽相同，往往有主次之分。笔者根据多模态研究的需要，把其中处于主导地位的那种模式称作“主模式”，而其他处于辅助地位的模式叫做“辅模式”，辅模式对主模式起着强化、补充、调节等作用，各种模式协同地实现课堂教学话语意义。同样地，我们也把模态分为主模态和辅模态。例如：英语写作课堂话语的主模态是通过书写模式呈现的文字模态，但也常需要通过视觉（阅读文字）、言语（口语表达）等辅模态强化输入，促进写作教学，即所谓的“以读促写”“以说促写”的写作课堂教学方法。

三、话语、多模态话语与课堂话语

（一）基本概念

1. 话语（Discourse）

话语是一个长期以来被十分广泛地以不同目的、用于不同学科和思想流派的术语，不同学科对话语有不同的理解视角和研究方法。例如：在话语语言学里，话语是指能够完整地表达某种思想或意思的文字或语言，是比句子更大的语言单位。根据超语言学和符号学，话语指的是以表述（Utterance）为基础单位的活生生的言语整体（王永祥，2010）。话语学界和系统功能语言学还常用 Text（“语篇”或“文本”）指代话语的概念，不少学者同时使用 Text Analysis 和 Discourseanalysis 而不作区分。话语、语篇、文本之间的关系本身也是一个非常复杂、颇有争议的问题，这不是本研究所要解决的问题，我们采用 discourse 这个话语语言学术语。

2. 多模态话语（Multimodal Discourse）

多模态话语是相对于单模态话语而言的。根据话语涉及的模态数量，只有一种模态的话语是“单模态话语”，如广播仅涉及听觉（言语）模态，一份文字通知仅涉及视觉（语言）模态。同时涉及两种或两种以上模态的话语就是“多模态话语”。根据社会符号学，多模态话语则指在一个交流成品或交流活动中不同符号模态的混合体（Van Leeuwen，2005）；换句话说，在一个特定的完整的话语中，不同的符号资源协同地构建意义、实现交际目的（Baldry&Thibault，2006）。张德禄则通过整合模态的两个不同标准，把多模态话语定义为“运用听觉、视觉、触觉等多种感觉，通过语言、图像、声音、动作等多种手段和符号资源进行交际的现象”（张德禄，2009）。

3. 课堂话语（Classroomdiscourse）

课堂话语是话语的一个特殊类型，是课堂上师生为了一定的教学目的，运用一定的教学手段，通过一系列有组织有计划的教学事件而协同建构的话语。外语课堂话语不同于一般的课堂话语，语言在这里既是一种交流手段，也是学习的工具，还是学习的目的，所以，语言和言语始终是外语课堂话语中起主导地位的教学媒体、教学模式和教学模态。在外语课堂教学中，文字或口语是主模态，但也需要通过图像、肢体动作等模态予以补充（Stein，2000；张德禄，李玉香，2012）。

（二）大学英语课堂话语的多模态属性

随着现代信息技术的日新月异和人类交际模式的日趋多样化，话语的多模态现象日益显著，这就是话语的多模态化。话语的多模态化反映了媒体形式的多样性、人类活动的多维性、人脑结构的完备性和复杂性，以及人类认知的多模态性（胡壮麟，2007）。

作为现代话语的一个突出特点，话语的多模态化在课堂教学话语中表现更加突出（张德禄，李玉香，2012）。在基于计算机和课堂的多媒体教学模式中，大学英语课堂话语具有典型的多模态属性。这是现代信息技术与大学英语课堂教学整合的结果，也是大学英语教师更新教学观念的结果。为了优化学习者的语言输入，促进语言输出，强化语言交际和课堂互动，大学英语教师普遍采用了丰富多彩的多媒体、多模式、多模态教与学的手段。

在多媒体、多模式、多模态大学英语课堂教学条件下，通过媒体、多媒体、媒体间性的研究，有助于把握新媒体的演变规律，创新课堂媒体形式和文化；通过模式、模态的对比研究，有利于大学英语教师加强课堂教学设计。教师既要充分利用多媒体教学条件，最大限度地调动学生以听觉、视觉等模态为主的多模态学习，促进学生的语言输入，更要指导学生合理使用多种媒体手段，通过口头、书面、电子和身体动作等多种交流模式，强化反馈、互动等输出机制，开展积极、有效的语言学习。

第二节　MAP—高校英语多模态教学设计原则模型

一、大学英语多模态课堂教学设计原则模型 MAP 及其含义

（一）MAP 模型概览

为了加强现代信息技术与大学英语课堂教学的整合，我们以间性理论为指导，参考多媒体学习认知理论、教育生态学理论和有关教学设计模型（Heinich，2002；Merrill，2009a，2009b；郭万群，2013），构建了大学英语多模态课堂教学设计原则模型 MAP（Multimodal Apple Pie，或称“多模态苹果派”）。MAP 指在多模态（Multimodal）教学中，以 APPLE（Activation，Presentation，Peer Learning，Learning Reinforcement，Evaluation）为主要教学环节，贯彻 PIE（Productive，Interactive，Engaging），即有效性、互动性、参与度的教学原则。

（二）M 的内涵

该原则模型是针对大学英语多模态课堂教学而设计的。这里的“多模态教学”既指课堂话语的多模态（Multimodal），也包括大学英语课堂教学所需要的多媒体（Multimedia）教学技术条件以及师生在课堂上所使用的口头、书面、电子、身体动作等交流模式。换句话讲，这里的“多模态”实际上涵盖了多媒体、多模式、多模态等“三多”的概念。

在 MAP 原则模型中，M 突出了教学媒体在教学系统四元素中的地位和作用。在大学英语课程的特定教学系统中，由于媒体间性的作用，M 远远超越了作为教学媒体自身的功能，不仅武装了教与学的主体（师生），还使教学内容及其载体发生着翻天覆地的变革。在 MOOC（慕课）风靡全球的背景下，教学媒体已经将教学内容与教学主体融为一体，人们越来越注重发挥教学媒体的作用，在多媒体教学技术与外语课程融合的语境下，学术界甚至有人提出了计算机教学技术由“辅助”向“主导”的转向（孙丰果，齐登红，2012）。笔者认为，计算机“主导”语言教学的提法虽然有点过激，有失偏颇，但媒体间性的整合作用确实淡化了教学媒体与教学主体、教学内容之间的界限，比如：作为大型开放在线课程，MOOC 既是教学内容，更是一个教学媒体智能学习系统，而且作为一个平台融入了教师主体，也正是因为教师主体的嵌入，才显现出 MOOC 这种教学媒体中的计算机“主导”性质。所以，从以 ICT（Information and Communication Stechnology）教学媒体在语言学习中的作用来看，我们觉得使用“促进”（Enhanced）比“辅助”（Assiated 或 Aided）更贴切，因为“促进”这个词更加突出了教学媒体对于学习者的意义以及教学媒体与学习者之间的关系。基于上述理解，我们不妨用 CELL（Computer-Enhanced Language Learning）来替代 CALL（Computer-Assisted Language Learning），而 CELL 在国际学术界也是使用比较广泛的一个术语。另外，从教育生态学的角度，CELL 这个术语也暗示着媒体间性的融合作用，教学媒体就像是一个个的 CELL（细胞），促进了计算机与语言学习的深度融合，也孕育着外语教育技术学的发展。

需要强调的是，既然 MAP 模型中的 M 代表着“三多”（3 Multi’s，即 Multimedia 多媒体，Multi-Mode 多模式，Multimodal 多模态），那么，它就成为大学英语多模态课堂教学设计的基础，在基于 APPLE 的课堂教学设计中，必须充分考虑“三多”，充分发挥“三多”的作用，有效地促进课堂教学效果。

（三）APPLE 的内涵

在 MAP 模型中，APPLE 代表着大学英语课堂教学的五个基本教学环节或者教学方法，而不是五个固定不变的教学步骤。根据不同的教学实际情况，一节课可以包括所有这些教学环节或者整合所有这些教学方法，也可以只包括其中部分教学环节或者采用其中部分教学方法；既可以按照“A–P–P–L–E”的顺序组织课堂教学活动，也可以根据教学需要重新组织教学流程（见表 5-1）。

表 5-1 APPLE 课堂教学设计内涵

	环节	教学主体	教学活动	教学方法	理论基础
A	课堂导入	教师或学生	问答、讲解、小组汇报	温故知新导入法、标题导入法、情景导入法、视听导入法、背景知识导入法	输出驱动－输入促成；跨文化交际学；多媒体学习认知理论；建构主义学习理论
P	信息呈现	教师或学生	教学演示、小组汇报	讲授法、语篇分析法、任务教学法等	输出驱动－输入促成；多媒体学习认知理论；CBI 理论
P	同伴学习	学生、教师	结对、小组、角色扮演、辩论、讨论	任务教学法、项目教学法等	社会构建主义学习理论；输出驱动；情境认知理论
L	学习强化	学生、教师	结对、小组、角色扮演、辩论、人机交互等	任务教学法、情景教学法等	输出驱动；情境认知理论；CBI 理论
E	学习评价	教师、学生	教师讲评、测验、问卷等	表现性评价、测验法、问卷法等	形成性评价理论；学习性评价理论；教师行动研究

1. A（Activation）：课堂导入

这是基本的课堂教学环节，因教师在教学理念、教学经验、教学对象、教学内容等方面的不同，课堂导入的方法就有很大差异。常用的课堂导入方法包括：温故知新导入法、标题导入法、情景导入法、视听导入法、背景知识导入法（钱晓庆，吴颖，2012）。根据教师所采用的不同教学模式，课堂导入的教学主体、教学内容、教学方法、时间安排等都会有很大差别，比如采用“翻转课堂”教学模式的情况下，课堂导入的前提是学生的课前视频学习，教师根据学生反馈的问题，撰写基于学习反馈的教学计划，课堂导入的教学活动通常就采用问答法，也可以采用小组活动法，要求学生根据老师布置的预习任务进行汇报。

课堂导入是实施新课教学的重要手段，旨在激活旧知识，联结新知识、新技能，导入过程中应当遵循跨文化交际学、多模态学习认知理论、建构主义学习理论等教学原则。

2. P（Presentation）：信息呈现

这里的“信息呈现”指的是新课讲授的具体方式。是 Tell 还是 Talk？是 Show 还是 Do？是 Guide 还是 Coach？不同的答案可以反映出教师不同的教学概念、教学方法和教学模式。

在传统的课堂教学中，新课讲授是完全以教师为中心，往往占据课堂时间的大部甚至全部，讲授的方法则因教学媒体的使用情况而有所不同。

在以 MAP 为原则而开展的大学英语多模态课堂教学中，教师虽仍起着主导作用，但这种主导是为了确保学生的学习主体地位，学生不再是被动知识接收者，学生成为课堂学习的真正主体。教师甚至可以通过课前预习任务设计，把学生推到“信息呈现”教学环节的主讲地位（鼓励以学习小组集体汇报的方式），取代传统教学中教师的“一言堂”。由于基于 MAP 模型而设计的课堂能够充分突出多媒体、多模式、多模态教学，“信息呈现”的方式就以这“三多”为特质，而且，“信息呈现”在整个教学安排中占用的时间比例应当是合适的，特别是以教师讲授为主的新课“信息呈现”时间要得到有效控制，把有限的课堂时间更多地用来保障以学生为中心的合作学习（Peer Learnlng）与学习强化（Learning Reinforcement）。

不管是教师主讲还是学生（或小组）学习汇报，新课“信息呈现”应当遵循输出驱动—输入促成理论，以及认知负荷理论的基本原理和教学策略，既要做好课前学生预习任务的设计和学习反馈，又要确保课堂上新课“信息呈现”的有效性。在采取学生汇报方式时，教师更要做好及时有效的反馈。

3. P（Peer Learning）：同伴学习

MAP 模型中的 Peer Learning 指的是 Peer Collaborative/Critical Learning，也就是说，它不仅包括学生合作式学习，也包括学生之间的批评式学习。两种学习都强调学生之间的互动。

同伴学习是课堂教学落实学生中心地位的核心，旨在通过结对、小组、角色扮演、辩论等学习探索活动，使学生在具体的学习活动中，在合作完成教师设计的学习任务过程中，主动地探索语言知识，结合真实的语言情境体验和训练所需的语言技能，并在讨论、辩论中提升自身的批判思维能力和跨文化素养。

同伴学习应当遵循社会建构主义学习理论、输出驱动、情境认知理论等教学原理，主要采取任务教学法、情境教学法等教学方法，鼓励学生通过结伴、小组活动等主动探索、协商完成学习任务。虽然提倡以学生为中心，但在 MAP 课堂教学设计中，教师的主导地位更加重要，要求教师不断更新教学观念，改进教学方法，并通过情境化的教学任务设计，确保以学生为中心的合作学习。

这里简要介绍情境认知理论及其对于大学英语教学改革的意义。情境学习是 20

世纪 90 年代前后兴起的一种重要学习方式，指在所学知识应用的场景中进行学习的方式，强调把学习者的角色、认知融入到真实的情境中。情境学习具有两个基本特征：一是知识与实践应用的结合；二是社会互动性和协作性。情境学习理论是当代西方学习理论领域研究的热点，也是继心理学领域“刺激—反应”学习理论、认知学习理论、人本主义学习理论、建构主义学习理论后的又一个重要的研究方向（潘黎，刘建如，侯剑华，2014）。国际学术界对于情境学习的前沿研究主要集中在情境学习理论、交互情境下的词汇学习、实践共同体概念等，这些研究对于旨在强化学习的教学活动设计具有重要的指导作用。

4. L（Learning Reinforcement）：学习强化

MAP 模型中的“学习强化”指的是课堂教学中的一个教学环节，目的在于消化和运用新知识、新技能。

这里的“学习强化”（Learning Reinforcement）不同于人工智能学科中的“强化学习”（Reinforcement Learning）理论。强化学习理论中的“强化学习”，也称作“再励学习”或“评价学习”，指的是一种重要的机器学习方法，是智能系统从环境到行为映射的学习。但是，我们借鉴了强化学习理论中的“再激励策略”以及引导性、激励性评价策略，参考了情境认知（Situated Cognition）、输出驱动假设等理论，通过恰当的教学设计，引导学习者通过情景化的应用，或者通过对同伴、老师或网络平台评价的反思，达到强化学习的目的。

“学习强化”教学环节依据输出驱动—输入促成假设、情境认知理论、CBI 理论等教学原理，采取任务教学法、情境教学法等教学方法，组织学生开展结对、小组、角色扮演、辩论等活动。计算机网络条件好的学校还可以让学生在线进行人机交互，旨在落实教学计划中的语言知识、技能以及批判思维、跨文化交际意识等教学目标。强化学生合作学习的成果，这是检验课堂教学有效性的重要环节，学习强化任务的设计和组织实施是否得当，同样离不开教师的主导作用。

5. E（Evaluation）：学习评价

MAP 模型中的评价主要指一节课结束前教师对学生的表现性评价（通常以讲评方式进行），或者是基于教学目标的小结性课堂评价（通常采取多项选择等测验法），也可以是学生对教学内容、教学方法和教学效果的反思性评价（通常是要求学生课前结束前完成教师提前设计的问卷）。

当然，评价是有效教学活动的必要组成部分，它贯穿于教学的全过程，旨在促进学生的有效学习。在教学过程（包括从备课、上课到课后批改作业的全过程）中，教师都要处处考虑如何通过“学习性评价”（Assessment for Learning）来促进自己更好、更有效地教学，促进学生更好、更有效地学习。学习性评价应当高度关注每一节课的学习目标和学业成功的标准，并对学生的学习情况给予有效的反馈。同时，在教学过程中，教师要有意识地发展学生的自我评价和同伴评价能力，指导学生学会如何学习、掌握建构主义的学习观，因为“学习性评价”注重学习的过程，强调学生主动理解和建构意义。因此，在“学习性评价”活动比较丰富的课堂上，我们可以看到教师主要不是在直接地教，而是在创造各种各样的学习与评价的机会，让学生自己独立学习，引导和组织学生开展合作学习，让学生以自己的认知方式表达自己对学习内容的理解，让学生学会相互切磋与合作建构，并以此为基础促进学生的观念转变与发展（丁邦平，2008）。

因此，教师要认识到，评价对学生的学习动机和自尊具有深刻的影响。在课堂上，要改进提问方式，为学生提供及时有效的反馈，让学生主动地参与到他们自己的学习中，促使学生能够通过同伴评价与自我评价改进学习。课后，教师还要根据评价结果，及时调整教学安排，改进教学方法，进一步促进有效学习。

（四）PIE的内涵

大学英语课堂教学应当遵循的教学原则有很多，从不同的视角出发，就会提出不同的教学原则，不同的教学环节所重点采用的教学原则也会不同。但是，我们认为，大学英语课堂教学最核心的原则应当包括有效性、互动性和参与度。在 MAP 原则模型中，PIE 主要被视作一个整体教学原则，将在下文详细阐述。这里仅分项简要介绍 PIE 所包含的有效性、互动性、参与度等教学原则。

P（Productive）指的是有效性。课堂教学首先应当是富有成效的，其有效性是由教学的目标性所决定的根本属性。课堂教学是一种目的性很强的活动，通过教学，要使学生掌握知识，习得技能，发展智力，形成态度和相应的品质。可以说，有效性是教学的生命。要确保有效性，课堂教学就必须遵循基本的教学规范，具有合理的教学设计、清晰的教学思路以及完整的教学环节。课堂教学必须有一个明确可行的目标定位。课堂教学的行为过程必须符合基本的教学规律，关注个别差异，保障充分参与，实现有效互动。因此，合规范性、合目的性和合规律性是实现课堂教学有效性的重要保证（初龙嘉，李宁，2009）。

I（Interactive）即交互性、互动性，既包括人际交互，也包括人机交互。语言学习是通过人与人的交互、学习者内心的交互以及人与环境的交互而实现的。通过交互，学习者可以把新知识内化为自己的知识；没有各种有意义的交互，就没有语言的习得（贾冠杰，2013）。交互性是由语言学习的实质所决定的外语教学属性。目前，大学英语教学改革中普遍遵循的“教师主导—学生主体”的教学原则就是主体间性理念的重要体现。尽管交互性突出以学生为中心，但在课堂人际交互中，教师的新课输入及反馈的质量也至关重要，而且以输出为驱动的教学活动也离不开教师的组织、协助和参与。课堂教学中，师生之间、学生之间的交互程度不仅反映教师所采用的教学模式、教学方法，而且往往也影响着课堂教学的效果。随着计算机网络技术在大学英语教学中的普及，这种交互性还体现在人机互动上。交互式教学模式在大学英语教学实践中的运用，改变了传统课堂教学中的人际交往模式，也彻底改变了传统的教学设计原则和组织原则。交互性原则不仅是一个教学组织原则，也是一个学习行为原则，既能反映一名教师的教育理念和课堂教学方法，也能反映学生的学习理念和有效学习的策略。

E（Engaging）即参与度，主要指学生的学习参与程度，也包括教师在学生学习活动中的参与度。参与度不仅仅体现在时间上，更重要的是体现在参与方式对于有效学习的影响程度上。比如：学生在课堂上“读课文”与学生就课文内容“讨论”，这两种学习方式的参与度就有很大的差别。假如说 Productive（即产出性、有效性）强调的是课堂教学的目的性，那么，Interactive（即交互性、互动性）关注的就是课堂的教学模式、方法和手段，Engaging（参与度）则是考察一节课 Interactive 和 Productive 的标尺。教学活动的主体、行为模式（mode）及其在课堂教学中所占的时间比例是观察学习参与度的重要指标。假如把一节课切分为“A–P–P–L–E”五个阶段，每个阶段占用时间、活动主体、活动方式不同，教学模式和教学效果就可能发生巨大的差异性。

二、MAP 应用于大学英语多模态课堂教学设计应当遵循的原则

（一）以 3M 为教学条件，彰显媒体间性，促进“教”与“学”

在计算机与大学英语课程的整合中，“三多”（即多媒体、多模式、多模态）是教学媒体要素在新媒体时代的重要表现，充分彰显了媒体间性的作用。

基于 MAP 的大学英语课堂教学设计要充分发掘媒体间性的作用，在充分发挥教师主导作用的同时，要真正体现学生的学习主体地位，最大限度地促进“教”和“学”。首先，教师要主动运用多媒体、多模式教学手段，丰富教学资源，创建数字化学习环境，改进课堂教学效果。其次，要充分发挥学生作为数字原住民的优势，引导学生有效利用良好的教学资源和数字化学习环境做好课前预习，并为学生课堂学习设计恰当的任务，让学生在各种学习活动中积极主动学习新知识、新技能。

（二）以 PIE 为整体原则，强化参与互动，追求有效教学

PIE 代表有效性、互动性和参与性这三个原则，在 MAP 模型里，被视为一个整体原则。根据多媒体、多模式、多模态课堂教学的特征，以主体间性、媒体间性和文本间性的思想为引领，通过交互式教学，强化学生参与度，追求课堂教学的有效性。

多媒体、多模式、多模态课堂教学并非等同于有效教学。课堂教学娱乐化也是多

媒体教学需要警惕的一种现象，缺乏互动性、缺乏效率的多媒体课堂教学在大学英语教学实践中也相当普遍。正如秦秀白（2012）在《警惕课堂教学娱乐化》一文所说：多媒体课件作为课堂教学的一种辅助手段，多媒体教学课件已经显现出其特有的重要性和独特性，其功效毋庸置疑。但近年来高校英语课堂上滥用和乱用多媒体课件的现象越来越普遍，导致课堂教学出现娱乐化倾向。多媒体课件可以辅助我们在课堂上实施有效的教学，但多媒体课件既不能替代教师在课堂上的主导作用，也不能替代学生自主学习的地位。教学是一门艺术，但它绝不是什么“表演的艺术”。我们应该警惕课堂娱乐化，切莫让我们的课堂教学改革在娱乐化中窒息，切莫让我们的教师和学生在课堂娱乐化中“死去”。

在教学实践中，的确存在部分教师无视教学目标、教学内容、教学规律和教学特点的现象。有的老师上课离不开多媒体，一旦出现停电等现象，这些老师就不知所措了，好像没有多媒体就不能照常上课了。有的学校担任同一门课程、同步教学的老师，统一使用事先准备好的千篇一律的 PPT，在课堂教学中以屏显替代板书，一节课没有任何即兴的板书；有的老师甚至以展示多媒体课件替代口头讲授，有的简单地照“屏”宣科；有的老师在课件设计上越来越精美，追求“眼球效应”，却忽视了课堂上的教学互动；有的教师让学生以听录音替代课文朗读，老师陪学生观看视频材料占用了大量的课堂教学时间，只有简单、被动的输入，缺乏教学互动和语言输出；有些教师为了追求课堂气氛的“生动”和“活跃”，却背离教学目标，大搞娱乐游戏和表演，表面上看，课堂气氛的确很活跃，学生笑声连连，但实际上并未实施有效教学。笔者认为，有效性是大学英语课堂教学设计的重中之重。在充分发挥多媒体、多模式、多模态教学优势的同时，必须警惕课堂教学的娱乐化。强调教师主导地位和学生学习主体地位，突出互动式教学，这本身就是警惕课堂教学娱乐化的一种表现。

实现有效教学，互动是关键。互动性是当代语言教学的核心原则之一，包括人际互动（师生互动、生生互动）和人机互动。课堂教学过程应该是一个多向（师生、生生、人机）互动的过程，通过合理的人机互动和人际互动，可以促进模态之间的合理搭配，避免因滥用多媒体课件而忽视学生主体性、分散学生注意力从而削弱教学效果。在教学设计中，注重通过多媒体技术促进互动，既要加强人机互动，更要关照多模态语境下的人际互动。根据不同的多媒体教学条件，学习互动可有所侧重。如果在网络语言实验室授课，可以人机互动为主、人际互动为辅，把人机互动作为一个教学实践环节，充分发挥技术和资源优势，突出互动教学理念在数字化课堂教学中的落实。同时，教师也要有计划地跟踪学生的训练，与学生进行一对一的人际互动，或者组织学生开展小组实践。相反，在普通的多媒体课室，则以人际互动为主、人机互动为辅。

互动性是间性理论对我们教学改革最重要的启示，它可以体现在教学资源、教学设计、教学组织和教学评价等多个层面。以教学资源为例,教师可以充分利用媒体间性,为学生自主学习提供多模态的学习资源和多样性的学习体验，例如：PDF 文档作为一种新型的多模态文本，它不仅是可供阅读、打印的文本(及图像),还可以通过超链接,使读者通过点击超文本链接而阅读或观看其他相关学习资源，接触和熟悉与学生将来从事职业相关的语言情境，突出真实性、实用性。

参与性是有效教学的重要体现。在大学英语课堂大班授课还比较普遍的条件下，如何加大学生的参与度、扩大学生的话语权、促进学生的个体发展，这是确保学生中心地位的核心任务，也是大学英语课堂教学设计的核心问题之一。为了确保学生的参与度，不仅要注意充分利用课室的教学设备，还要注意将课堂教学任务延伸到课外，强化以学习小组为主要形式的协作学习，并将学生及学习小组在课外的学习研究成果呈现于课堂教学过程之中。

（三）以 APPLE 为要素，加强教学设计，实施多模态教学

基于 MAP 的教学设计主要是利用多媒体、多模式、多模态教学优势，把 PIE 整体性原则贯穿于课堂教学组织的 APPLE 设计中。

APPIE 的教学设计以间性理论、社会建构主义学习理论、输出驱动假设、多媒体学习认知理论、情境认知理论等为指导，突出教学设计的整体性、教学主体的互动性、教学的多模态化和跨文化性。APPIE 代表五个教学环节或者教学组织形式，它们之间相互支撑，根据教学内容和对象，每节课的设计在五个方面可有所侧重，可以重新组合或者取舍。

下面结合大学英语多模态课堂教学实践，对 APPLE 设计思路和要点做简要介绍。

1.A（Activation）：课堂导入

不同的教学模式、教学内容、教学目标、教学条件，教师采取的课堂导入方式都会不同。

例如，在翻转课堂教学模式中，课堂导入的前提就是学生课前进行充足的预习和反馈。学生通过预习教材、观看教材光盘，了解本节教学目标，在对预习中存在问题进行反思的基础上，通过 Email、QQ、微信或课程论坛等，向老师反馈问题。教师及时整理学生反馈的问题，针对性地准备授课方案和教学资料，修订基于师生互动的教学计划。

在课堂导入中，教师必须清楚地了解学生容易产生误解的根源，有意识地引导学生运用所学知识和技能寻求解决问题的途径和方法。这种互动式教学对教师很具挑战性，教师必须走出传统的、以有准备的讲授为主的教学模式，要运用新的技术和资源，及时调整教学实施方案。课堂导入时，通常采用“对话—问答法”，教师就事先整理

好的、难度适宜、有代表性的问题，提问学生，或要求学生通过小组讨论后向全班汇报。学生结合预习情况，通过课堂上与同学交流讨论，激活了先前的知识和技能，领会到新知识。教师则通过聆听学生的对话、参与小组讨论或者与学生单独交流，促进教学互动，保障教学效果。

如上所述，课堂导入是实施新课教学的重要手段，旨在激活旧知识，联结新知识、新技能，导入的方法可以是问答法，也可以是小组活动法、情景法、视听法、背景知识导入法等。但不管采取什么样的导入方法，都要充分体现教师的主导作用和学生的中心地位，都应当充分利用多媒体、多模式、多模态的作用，确保课堂导入的效果。

2.P（Presentation）：信息呈现

这是讲授新课的环节，演示主体既可以是教师，也可以是学生或学习小组。教师根据教学内容，可以有计划地选择部分教学内容，提前以小组合作项目的方式分配给学习小组准备，重视以学生和学习小组为主体的课堂展示与交流。为了保证学生（或学习小组）演示新课内容的效果，要求学生使用 PPT 等电子文档，并要求学习小组选派成员做好演示和解说脚本的准备工作，必要的情况下，教师可以参与学习小组的准备工作并对小组汇报的 PPT 进行把关。

在新课的讲授过程中，教师要注意选用各种不同的教学媒体、不同的新课讲授模式，既要突出多媒体环境下以计算机为演示工具的多模态教学，也要充分发挥语言学习中口头、书面、身体动作等交流渠道的优势，突出交互性，促使学生有效利用各种交流模式进行积极、主动的语言学习。

3.P（Peer Learning）：同伴学习

这是新课讲授之后学生的任务型合作和讨论环节，包括结对、小组、角色扮演、辩论、讨论等各种活动，目的在于通过交互式、真实性、建构性、分享型语言交际活动，有助于领会和掌握新知识、新技能，培养学生的合作精神和批评思维能力。同伴学习还包括学生在课外开展的社团实践，是学习社会化的重要方式。当然，同伴学习也可作为课堂不同教学环节的组织形式，比如：课堂导入、信息呈现阶段的小组合作。

同伴学习是 MAP 课堂教学模式中学生中心地位的重要体现，在课堂中占据的时间比例一般比较大，正因如此，教师的课堂设计就更加重要。教师必须围绕课堂教学目标，结合相关生活或工作场景，设计充足的教学任务，并组织学生以不同的活动方式试着运用所学知识和技能。

4.L（Learnlng Reinforcement）：学习强化

同伴学习和学习强化是一节课的核心，同伴学习和强化学习之间的界限有时候是很难划清的。学习强化是在同伴学习的基础上，通过进一步的教学任务和教学活动，使学生强化所学知识和技能。学习强化教学环节与同伴学习教学环节的手段、方法可以是相同的，比如，两个阶段都是通过 pair work 或者 groupwork，但两个环节的教学任务应当区别性进行设计，同伴学习环节的任务尽量简单些，以模仿性、单一性应用所学知识和技能为主，而学习强化阶段的任务就要相对复杂些、系统些，与真实的生活或工作语境更贴近些。

5.E（Evaluation）：学习评价

学习评价既指课堂教学的一个环节或者学生课后的自我评价活动，也指教师在教学过程中的形成性评价。学生既可以对照教学目标进行自我评价，也有机会体验教师如何对学生进行反馈和评价，利于学生自我调整，达到预期目标。而教师的形成性评价则通过各种方式对课堂教学效果进行反思和评价，对学生的表现情况，特别是对学生在课堂教学活动上运用多模式交流互动的表现和学习效果进行客观的记录和评价，可作为学生学期总评成绩的重要组成部分。

（四）倡导社团实践，加强课外学习，创新学习文化

在基于计算机和课堂的多媒体教学模式中，网络自主学习与协作学习是大学英语课程教学的重要组成部分，倡导社团实践（Community of Practice）有助于加强课外学习效率，有助于创新协作型大学英语课程学习文化（郭万群，2013）。

社团实践的学习理念充分体现了主体间性、文化间性和媒体间性的思想和原理，为大学英语课外学习提供了丰富的学习理念和方法（杨永林，丁韬，2011）。社团实践的学习理念主要包括以下四个方面：

第一是自然学习（A Natural Way of Learning）。充分利用大学英语各类学习资源和在线互动平台，倡导生态化的学习交流活动，组织学生开展真实的、有意义的语言学习与交流。

第二是社会学习（Social Learnlng）。结合社会发展需求，加强 ESP 应用型课程建设和学习，培养学生适应未来社会生存和发展的外语文化素养和应用能力。

第三是情境学习（Situated Learning）。通过与社会文化环境的交互，特别是通过参与式交互，培育学生的多元文化素养、思辨能力（Criticalthinking），更好地适应未来生活、工作的需求。

第四是动态参与（Changing Participation）。根据主体间性理论，一方面要加强师生互动，推动师生两个主体主动参与各社团实践，丰富学校外语文化；另一方面，要重视学生主体能动性，培养学生的社会责任感和伦理道德，引导其担负起社区的义务，成为有益的社区贡献者。例如，学生通过小组协作，调查研究当地涉外旅游中存在的标识语不规范问题，运用自己的英语优势和跨文化素养，纠正旅游标识语或广告中的错误，或者撰写推动本地涉外旅游文化可持续发展的研究报告，供旅游主管部门决策

参考（November，2012）。

大学英语教学改革的关键是教师，必须充分调动教师主体的积极性和主观能动性。在教学过程中，我们发现，与这些伴随着数字化发展而成长起来的一代学生相比，任课教师的信息素养还普遍较低，多模态教学改革对大学英语教师具有相当大的挑战性。这也是主体间性视角给教学管理者的提醒。在数字素养发展不平衡的师生主体之间，教师必须率先改变观念，主动为创新教学模式“放下身价”，乐于与学生合作，共同提高多元识读能力，充分利用多媒体教学条件，最大限度地调动和促进学生的多模态学习，使学生不仅通过听觉、视觉等模态加强信息输入，又作为交流主体，通过口头、书面、电子和身体动作等交流模式，强化反馈、互动等输出机制，实现有效的语言学习。

第三节　基于 MAP 的高校英语课堂教学设计

一、基于 MAP 的大学英语教案设计

基于 MAP 的大学英语课堂教学设计重视课堂教学环节，但不拘泥于传统的教学环节，充分吸收第二代教学设计理论先驱人物 Merrill 关于教学设计的 E3（即 Effective，Efficient and Engaging）原则（Merrill，2009b）及其提出的展示论证新知原理、尝试应用新知原理、聚焦完整任务原理、激活相关旧知原理、融会贯通掌握原理等五项首要教学原理（Merrill，2009a），综合运用间性理论、多媒体认知学习理论、输出驱动—输入促成假设等理论，探索有效的大学英语课堂教学模式。

教学设计是课堂教学成功的基础。大学英语课堂教学设计应该遵循教育学、心理学和语言教学的规律，其任务是根据大学英语教学要求、标准及学生学习实际，合理把握教学观念、教学模式、教学技术、教学技巧等因素，对教学目标、教学内容、时间安排、教学方法、课堂组织、教学媒体、学习活动、学习评价等作出明确的规划与设计（郭强，2004；Basturkmen，2010）。

根据 MAP 原则模型及其应用于大学英语课堂教学设计应当遵循的教学原则，我们以 B 学院大学英语精读课（上海外语教育出版社《大学英语精读》第三版）为例，介绍 MAP 原则模型在大学英语课堂教学设计中的应用。

B 学院非英语专业本科学生基础阶段大学英语课程开设 4 个学期，课程代号按照学期分为大学英语（一）、大学英语（二）、大学英语（三）、大学英语（四），每个学期 4 个学分，每周 4 学时，教材包括《大学英语精读》和《大学英语视听说》，按照读写综合课、视听说课两种课型授课，读写综合课每 2 周上 6 个学时、视听说课

每 2 周上 2 个学时。读写综合课使用《精读》教材授课，以读写译教学为主，也适当结合听说，属于大学英语综合技能课。通常情况下，《精读》教材每个单元需要 6 个学时。这里的两个教案选例是《大学英语精读》第二册 Unit 5 和第四册 Unit 2 两个单元中的一小节，每个单元计划讲授 6 学时，选例分别是每个单元授课的第 1 小节（1 学时）。

作为一个单元（6 个学时）的第 1 节课，本节课的核心任务是新课导入和课文初步学习。下面将要介绍的案例是 A 大学两名青年骨干教师的备课教案。两位老师在本节课的教学设计中，综合运用了游戏导入法、问答法、活动法、视听训练法、情景导入法等多种教学方法，并结合本节课教学任务特点，恰当地运用多媒体教学媒体、多模式信息呈现和表达渠道，调动学生多模态学习认知策略。

为了使教学设计规范化，我们在基于 MAP 的大学英语课堂教学实践中，要求课题组成员在教学过程中，按照“MAP 课堂教学设计表”制作教案。“MAP 课堂教学设计表”不仅包含了常规教案的要件，如章节、课时、教学目的、教学重点难点、教学过程（教师授课思路、设问及讲解要点）、教学评价（学生反馈及教师个人课后教学反思）外，还要求课题组老师在教案中，明确本节课的 MAP 设计要点，并在教学过程完整设计中，根据每部分设计重点，酌情注释“MAP 要素”并做必要的 MAP 设计分析（见表 5-2）。

表 5-2　教学设计案例：MAP 课堂教学设计

<table>
<tr><td>单元</td><td>Unit2 Deer and the Energy Cycle</td><td>课时</td><td>1</td></tr>
<tr><td>教学目的</td><td colspan="3">Teaching Objectives and RequircementsStudents should be able to:
1. Understand the materials of the background information（Ecological System; Energy Crisis）;
2. Understand the text structure and grasp the main idea;
3. Understand the theme of the text （How to conserve energy？）</td></tr>
<tr><td>教学重点难点</td><td colspan="3">Teaching Important Points and Difficult Points:
1.Important points:
1)Ecological Systerm; Energy Crisis
2)Master the life of deer in the four seasons respectively; the important reading clue may help students to understand the whole text.
2. Difficult Points:
What is the relationship between deers' four season life and the theme “How to conserve energy”？
3M: language media and non language media; oral, written, electronic, body movement; visual sense, hearing sense
apple: activation（10'）, presentation（21'）, peer learning（12'）, evaluation（2'）
PIE: interactive; engaging</td></tr>
</table>

续 表

<table>
<tr><td>单元</td><td colspan="2">Unit2 Deer and the Energy Cycle</td><td>课时</td><td>1</td></tr>
<tr><td>MAP 设计要点</td><td colspan="4">3M：language media and non-language media；oral，written，electronic，body movement；visual sense，hearing sense
apple：activation（10’）.presentation（21’），peer lerning（12），evaluation（2’）
PIE：interactive；engaging</td></tr>
<tr><td rowspan="2">教学过程</td><td colspan="4">教师授课思路、设问及讲解要点</td></tr>
<tr><td colspan="4">General Teaching Procedure and Time Allocation
1st period；Lead in Activities and Text Study（45’）
Step1 Lead-in Activities（10）
Step2 Text Structure Analysis（5’）
Step3 Text Analysis（16’）
Step 4 Theme- related Information Learning（12’）
Step5 Conclusion Remarks（2’）</td></tr>
<tr><td rowspan="2">教学评价</td><td colspan="2">学生反馈</td><td colspan="2"></td></tr>
<tr><td colspan="2">教学反思</td><td colspan="2"></td></tr>
</table>

上述教学设计案例是 B 学院青年骨干教师在参与全国教育科学规划大学外语教育研究专项课题“大学英语多模态课堂教学研究”过程中设计的教案。该课题组坚持“教学改革、教育科学研究、教师专业发展一体化”的工作思路，不仅要求课题组成员加强学习与研究，而且要求大家在自身教学中积极探索大学英语多媒体、多模式、多模态教学改革。要求成员在编写教案时补充说明 MAP 在大学英语课堂教学及其评价中的应用 099MAP 要素及设计思路，就是课题组的重要举措之一。

实践证明，要求在教案中对 MAP 要素及设计思路进行备注，使老师们更加有意识地聚焦 MAP 课堂教学设计原则和方法，不仅为课题研究积累了丰富的教学改革经验和资源，也促使课题组老师不断深入学习和研究。自 2010 年本课题立项后，为了配合课题的有效开展，也为了改进课堂教学效果，提升师资队伍整体水平，提高教育教学质量，课题组提议并在本单位启动了一年一度的以“树标兵、强师能”为目标的课堂教学观摩与授课名师评选活动。通过对青年教师教案设计、教学竞赛的指导，特别是带领他们在本课题研究和实践中不断成长，本单位大学英语教师教学技能和科研素质普遍提升，涌现出一批优秀青年骨干教师。

二、基于 MAP 的大学英语教案评价

MAP 中的 M 既可用来指三个 M 开头的单词：媒体（Media）、模式（Mode）、模态（Modality），也可用来指课堂教学中不可或缺的三个“多”（Multi-）：多媒体（Multimedia）、多模式（Multimode）、多模态（Multimodality）。M 代表着多模

态教学模式的基调，它凸显了 M 教学媒体在大学英语课堂教学中的作用，也借助媒体间性的作用极大地改善了课堂话语的模式，优化了学生习得语言的模态，是基于计算机和课堂的大学英语教学模式评价中的重要观测点。

我们知道，外语课堂教学中学习者动用的主要模态是听觉、视觉两种，但这主要是针对语言输入的方式，而决定外语教学有效性的一个重要指标是参与度，我们更应当关注学生的语言输出，特别是在目前我国高校大学英语教学中被普遍推崇的输出驱动教学中，学生要用口头、书面、电子、身体动作等话语模式进行语言输出活动。换句话说，一个优秀的教案应当通过各种不同的教学活动安排，突出三个 M（Media，Mode，Modality），充分发挥多媒体、多模式、多模态教学的优势，这也是我们在评价教案关于学生主体参与度落实情况时的重要参数。

评价大学英语课程教案的另一个重要观测点就是 PIE 教学原则在教学流程、教学活动中的落实情况。PIE（Productive，Interactive，Engaging）指大学英语课堂教学设计和评价的核心原则，即以互动性、参与性为代表的有效性原则。

课堂教学的关键在于互动、在于学生的参与，而互动教学成功的关键在于教学设计（Merrill，2009b）。在大学英语课堂教学设计中，要充分利用多媒体教学条件，调动多模态学习，悉心布置 APPLE 五大支点，即课堂导入（Activation）、信息呈现（Presentation）、同伴合作（Peer Learning）、学习强化（Learning Reinforcement）和教学评价（Evaluation）。

以下我们根据 MAP 模型的内涵和原则，采用“3M–APPLE–PIE”三步分析，通过对一节课的教案评析，探究大学英语多模态课堂话语建构的实质。如表 5–3 所例。

表 5–3　沙漏模式教学设计样例（张艺宁，2010）

<table>
<tr><th>时间安排</th><th colspan="2">教学步骤</th></tr>
<tr><td>6 分钟</td><td colspan="2">语言呈现阶段→
视频欣赏：The Miracle Worker（奇迹制造者）。欣赏过后，教师提出两个问题：Who does the Miracle Worker refer to ？ Why do you think I had you watch this video clip ?
阅读并聆听美文：教师把这篇文章的精华部分浓缩成一篇 文章 . 让学生在读过原文的前提下，通过听力练习，补全原文，从而达到欣赏与训练的双重目的</td></tr>
<tr><td>10 分钟</td><td rowspan="2">强调重点阶段</td><td>发现阶段→提问：Underline all the adjectives（or adverbs）and sentence patterns which are used to express Keller’s felings</td></tr>
<tr><td>8 分钟</td><td></td></tr>
<tr><td>3 分钟</td><td colspan="2">布置作业→课后作业：Happy Teachers' Day! 给心中最敬爱的老师写一封信。字数要求：120 单词。时间限制：30 分钟</td></tr>
</table>

我们根据大学英语课堂教学多模态话语构建原则模型 MAP，依照“3M–APPLE

五要素 –PIE 原则”三步分析法，对 B3U5 课堂设计案例进行简要评析。

第一步：3M 分析。

B3U5 能够联系大学英语多媒体课堂教学实际，把多媒体、多模式、多模态的教学理念运用到教学设计中，例如：在语言呈现阶段，充分利用了视、听教学手段；在解释示范阶段，教师运用投影进行展示，学生运用歌曲增添课间花絮。但是，B3U5 的多媒体、多模式、多模态教学设计还不够明确、不够全面，比如未发掘学生数字素养优势，没有安排学生运用多媒体技术展示学习成果。

第二步：Apple 五要素分析。

B3U5 基本能够体现 Apple 五要素在课题教学中的地位和作用。

Activation（课堂导入）分析：该例没有安排课堂导入的教学环节，而是直接进行信息呈现，不过，在信息呈现中，通过视频欣赏和问题法，也基本实现了课堂热身的作用。

Presentation（信息呈现）分析：B3U5 能够把握沙漏模式关于语言呈现（Language Presentation）的对话—文本—活动（Dialogue–Text–Activity）多模态教学策略，特别是突出了多媒体环境下以计算机为演示工具的多模态外语教学，也将活动纳入了这个阶段的教学设计。需要说明一点，MAP 模型中的信息呈现（Presentation）并不局限于沙漏模式的语言呈现阶段，也包括师生在其他教学阶段的演示。

Peer Learning（同伴学习）分析：这是任务型教学的重要方式，倡导结对活动（Pair Work）、小组活动（Group Work）、角色表演（Role Play）、辩论（Debate）、讨论（Discussion）等多种教学活动，强化学生对话与合作，促进学生个人发展活动是沙漏模式的重心，包括有控活动、半控活动、自由活动等三个分层，体现了从语言学习到语言习得的过程性发展。B3U5 在教学时间安排和教学步骤设计上都能够突出活动教学法，仅练习活动阶段就占据整节课的 23 分钟，能够通过真实性、建构性、分享性等语言交际活动，创设良好的英语学习语景。

Learning Reinforcement（学习强化）分析：在 MAP 模型中，课堂教学过程被看作是一个多向（师生、生生、人机）互动的过程，不能用多媒体课件束缚课堂教学、忽视学生主体性，也不能让绚丽多姿的多模体教学形式分散学生的注意力。学习强化要凸显交互式、互动教学的优势，通过恰当的交互性学习任务达到学习强化的目的。B3U5 也基本上反映了这种教学理念，但没有充分调动学生在多媒体、多模式学习方面的主体性地位，过于突出了教师多媒体演示，没有充分注意到学生信息素养普遍较高的实际，没有把学生小组合作研究成果的多媒体展示设计进来。B3U5 虽然也较好地遵循了体验式英语教学理念，但在促进学生通过多媒体技术创造真实的语言环境、促进体验式英语学习方面，应该得到一线教师足够的重视和灵活的运用，比如强化学生及学习小组基于任务的课堂多媒体展示，充分发挥校园网、互联网在英语教学中的作用。

Evaluation（学习评价）分析：B3U5 淡化了课堂评价的作用，采取布置作业的方式留待课后或下一节评价，而没有采取小结性的评价并将课堂小结与布置作业进行有效关联。

第三步：PIE 原则分析

PIE 的核心是 Interactive（互动性），课堂教学的关键在于互动，而互动教学成功的关键在于教学设计。以上 Apple 五要素分析表明，B3U5 符合大学英语课堂教学设计的 PIE 原则，即有效性、互动性、参与性。B3U5 突显了交互性（Interactive）和参与性（Engaging）的地位，主要体现在以活动教学为重心的教学设计；有效性（Productive）原则不仅仅涉及教学过程，还涉及教学评价，B3U5 以任务型教学过程为主的教学步骤安排，能够部分地体现有效性原则，但还需要来自于教师的评价，即教学反思（Reflection）。这样，每一节课堂设计都不是孤立的，都成为教师行动研究的一个节点。

第六章　认知理论与多模态外语教学的解构与重塑

第一节　认知理论

认知外语教学法是 20 世纪六七十年代，语言学及外语教学研究界在反对听说法的浪潮中提出来的。其理论基础主要来自美国语言学家乔姆斯基的转换生成语法理论和认知派的学习理论。其中认知学习理论主要是指布鲁纳的学科结构、发现学习及奥苏贝尔的有意义学习等理论。

一、认知外语教学法及其产生背景

美国心理学家卡鲁尔（J.B.Carroll）在 1964 年撰写出版了《语法翻译法的现代形式》（ModemVersion of Translation Method），文中首次提出了认知法教学，然而对认知教学的广泛研究开展于 20 世纪 60 年代中叶。

认知外语教学法就是“关于在外语教学中发挥学生智力作用，重视对语言规则的理解，着眼于培养实际而又全面地运用语言能力的一种外语教学法体系”。重视语言规则的理解和创造性运用，重视听、说、读、写技能的全面发展。提倡学外语不能只靠死记硬背句型，学习、记忆的前提是对语言材料的理解，主张在理解的基础上创造性地进行交际练习。

二、认知外语教学法的学习论基础

（一）学习的实质

认知学习理论认为，学习的基础是学习者内部心理结构的形成或改组，而不是刺激一反应连接的形成或行为习惯的加强或改变，学习的实质是学习内容的内在结构与学习者原有的知识结构相互作用的过程。同时该理论还认为学习者的认知能力将会对语言学习产生重要的影响，它提倡学习者不应该对所接收的知识进行机械地记忆和被动地接受，而要对所学的知识进行归纳、理解和概括。总的来说，认知法主张外语是学习者“通过认知技能，对语言素材进行分类、分析、归纳、推理而习得的”。

既然外语习得必须依赖学习者认知能力的发展，那么，认知法主张教师在外语教学中必须考虑到学习者生理的成熟程度、心理的发展特点和智力发展等因素。教师必须了解学习者当前的认知结构，并明确学习者所要建构的认知结构包含哪些组成要素，并根据这些因素来选择语言材料并进行教学设计。

（二）学习过程的三要素：获得、转化与评价

认知学习理论的代表、美国心理学家布鲁纳提出学习包含三个几乎同时发生的过程：新知识的获得、知识的转化与评价。

学习者在学习知识的过程中，首先要对获得的知识进行加工和整理，将其转变成自己容易接受的知识，这些新知识可能与原有的知识相冲突，但是学习者可以通过自身的调整使新旧知识相融合，最终形成自身知识体系的一部分。掌握了这些知识以后，我们还应把这些死的知识转变为活的知识，将其应用到实践当中去，在实践中进一步检验、巩固、内化我们所学到的知识，使这些新的知识真正转变为我们自身的能力。同时在检验的过程中，我们还可以对所学知识进行检验，来判定其是否正确，是否有价值。

认知外语教学也同样可以分为以上三个阶段：语言的理解、语言能力的培养和语言的运用这三个阶段。这就要求教师首先筛选合适的语言知识，并且把它们编辑成易懂的方式供学生进行理解。在传授完这些知识之后，教师还要通过一些教学手段将这些知识内化到学生的大脑之中，使其成为学生知识结构的一个组成部分。最后，教师还要设计一些实践活动，使学生掌握的死的语言知识变活，达到能够熟练运用的程度。同时，学习者自身也可以多参加一些社会实践活动，例如口语角，笔译、口译等活动，在实际的语言活动中进一步检验和完善自身的语言能力。

（三）学科知识结构

布鲁纳提出，“任何学科知识都是一种结构性的存在，知识结构本身具有理智发展的效力。”所以，他认为学习的中心就是要学习这个知识体系的基本结构，只有掌握了该学科的基本结构，我们才能从根本上掌握这些知识。因此，教师在授课的过程中应当注意把基本概念和基本原理贯穿到教案当中，依照科学的结构来安排教学步骤，这种方式符合学生们的认知过程，能够提升学习者的记忆能力，提高教学效率，促进学生的学习。

在以往的教学当中，经常有违背学科知识结构的情况出现。比如在英语学习中，很多老师主张让学习者首先学习真实的语言材料，从整体上对要学的知识进行把握，

然后再从基础上，例如语音、语法上进行详细的讲解。这样的授课方式违背了学科的知识结构，因为学生们如果没有一定的语言基础，他们就无法对所学知识有一个全面的理解，很容易就对语言知识失去了兴趣。这种教学法违背了学科知识的结构，因而对外语教学产生了消极的影响。正确的做法是，教师首先应该对语言内部最基本的语言规则等知识进行讲解，通过有限的语言规则扩充出无限的句子和语篇。这样才符合语言学习的自然规律。

（四）发现学习理论

布鲁纳认为,学习者不是被动的知识接收者,而是积极的信息加工者、知识建构者。行为主义认为“刺激—反应”式的机械学习不利于学习者掌握和运用知识，也不利于学习者将所学的知识进行应用。所以，在教学的过程中，教师不能简单地将知识灌输给学生们，使他们成为被动的接受者。教师应当设法创造合适的教学环境，帮助学生们自己发现所应学到的知识，这样的教学才会使学生们对所学内容印象深刻，提高学生们的学习效率。

发现学习理论和我们传统的听说教学是截然不同的。在传统的听说教学过程中，教师在课前将知识整理好，在课上按照自己的教学步骤进行教学，学习者需要做的就是，按照教师安排好的教学步骤，机械地、毫无创造性地学习教师已经准备好的知识。在这个过程中，学习者的心理结构和认知能力完全被忽视，个体差异性在教学过程中完全没有被体现。发现学习理论则与此不同，它充分重视个体的差异性，懂得每个学习者的认知能力和心理结构都是不同的，所以教师在授课中并不为学习者提供现成的学习资料，而是让学习者充分发挥自己的主观能动性，自己通过发现的手段，主动地发现语音、语法等规律。其结果是学习者能够有效地理解语言并且能够灵活地运用语言。

（五）有意义学习

奥苏贝尔认为，有意义学习是指“将符号所代表的新知识与学习者认知结构中已有的适当观念建立非人为的和实质的联系”。与有意义学习相反，若学习者并未理解符号所代表的知识，只记住某些无意义的词句或组合，则是一种死记硬背式的机械学习。

认知法是一种有意义的学习。这主要体现在两个方面上。第一，认知教学法是在充分了解学生的语言基础前提下进行的教学。这就保证了教学资源的难度适中，既不会使学生因为难度太大而产生厌学心理，也不会因为难度太小而无法提高学习者的语言能力，这就使得教学过程很有意义。第二，认知法侧重实际语境的作用。学生们所学的语言知识一方面要有逻辑意义，另一方面要有实际意义。例如，“She likes eating houses”与“Are you a dog”这两句话在语法上没有任何的问题，具有逻辑意义。但是从实际的交际来看，这两句话就没有任何的意义。所以认知法要求学习者必须理解语言材料，在理解语言知识和规则的基础上进行有意义的操练，反对机械式的死记硬背，反对无意义的学习。

（六）学习者中心

学习者中心理论要求在教学中必须重视学习者认知能力发展和身心发展的规律，把学习者当作完整的“人”看。教师的作用不再是为学习者准备好现成的知识并向其灌输，教师的作用转变为为学习者创造学习的环境和学习的机会，让学习者发挥主观能动性进行自主学习，如果学生们在学习中遇到任何困难，教师再去帮助其解决这些困难。

认知法要求教师应以学生为中心。在传统的教学过程中，教师是课堂上的权威，每堂课几乎是从头讲到尾，学生在课堂上没有说话的机会。而认知教学法则打破了这种授课的模式，教师不再是课堂的中心，教师的角色转变为课堂的组织者，真正的核心是广大的学生，他们在教师设计好的语境中灵活地运用语言，学生们不再担心犯错误，因为这是语言学习者在认知过程中不可避免的。在这样开放的教学环境下，学生没有了压力，更加大胆地操练自己的语言，迅速地提升了自身的外语水平。

三、认知语言学理论在教学中的应用

每一种新的语言学理论都会对教学产生一定的影响，任何一种理论都可以为我们的外语教学提供一个理论平台，并有可能为外语教学提供一个新的教学模式和教学方法。认知语言学没能对教学产生革命性的影响，但是它对教学具有很大的价值。认知语言学是研究人的思维、想象、记忆、意志等心理活动是怎样对语言产生影响的，它的中心任务是研究人在习得和使用语言过程中的一些规律。而对于教学来说，授课者和学习者都是人，而且学习的过程就是人的思维的过程，从这一点来讲，认知语言学中总结出的规律对外语教学来讲具有重要的参考价值。同时我们也可以总结学生在外语教学条件下学习语言的心理认识过程及其活动规律，来丰富认知语言学的理论体系。

（一）图式理论在外语教学中的应用

美国认知心理学家鲁姆哈特认为：“图式就是表征存储在记忆中的一般概念的资料结构。”Widdowson（1983）认为，图式是认知的构架，它是指信息有条不紊地储存在长期记忆中。Rumelhut（1997）把图式解释为以等级层次形式储存于长期记忆中的一组“相互作用的知识结构”或“构成认知能力的建筑砌块”，而图式理论就是关于这种知识结构的理论。

Brown（1983）说过，句意并不直接体现于话语的表层结构，需要我们运用社会文化背景知识去理解它，以便有效地获取信息。理解的过程就是解码的过程和意义建构的过程。图示理论认为语言分为语意图示和形式图式。语意图示又可以分为多个小的图示，每个图示都可以被某些单词所激活，因此我们在学习理解的过程中，要调动大脑中的各个小图示，这有助于增强对新信息的理解能力。这一理论对我们的外语教学有着极大的帮助。

首先，对于阅读教学来说，我们在理解一篇文章的时候，首先应了解它所涉及的文化背景知识，这会对学生理解文章有着很重要的帮助作用。Carrell（1988）通过大量的研究得出，学生对文章的背景知识了解得越多，对文章的形式结构预测得越准确，就越能够更好地理解所读的内容。同时在处理具体的语篇时，学生也可以通过图示知识，对文章进行预测和推理，比如学生在阅读过程中可以依据自身的经验去理解自己没有读懂的部分，或者学生也可以根据自身的知识去设计文章的发展。通过这种利用自身知识创造性地阅读，一方面可以增加学生的阅读兴趣，另一方面也可以增加学生理解文章的能力。

其次，对于听力教学来说，图示理论也具有极大的帮助作用。听力对于广大学生来说是外语学习中的难点。在听力的过程中，由于多种原因导致我们没能理解语篇。此时，如果学习者能够借助图式知识，许多问题就会迎刃而解。因为对于一个听力语篇来讲我们了解的图式知识越多，我们就越容易理解，同时也能更多地推测出我们没有听懂的地方。这对我们理解听力语篇，增强我们的外语自信心具有极大的帮助。

最后，图式理论对于语法的讲解也有着巨大的帮助。传统的语法教学就是让学生死记硬背一些语法的规则，这种机械式学习的效果往往不是特别理想。然而如果通过图式理论的帮助，我们就可以很容易对一些语法进行合理的解释，学生可以免去死记硬背之苦。例如，语法教学中不定式和动名词的区分一直是一个难点问题，而借助图式理论对其解释就会十分的清晰。根据赵艳芳的描述：“不定式表示某一情景是以个例为出发点被感知的，而动名词表示某一情景被当作一个完整的认知输入而不注重其个例。所以，不定式用于将要发生的具体事例，而动名词用于对事件一般的陈述或用于描述正在进行的动作和心理经历。”这一理论就可以解释所有不定式和动名词的区别。

（二）表征理论在外语教学中的应用

阅读理解是人类独有的一种认知活动，它不仅包括对一个个句子的理解，更重要的是要将当前加工的信息与先前的背景信息相结合，以形成局部和整体都连贯的心理表征。

表层形式是对阅读文章结构最完整的体现，表层形式将词句连贯成篇，并使衔接性和连贯性得以显现。情境模型是表征最持久的水平，它是一种心理表征，它来源于阅读文章所描述的如同读者所亲身经历的一种情境。如果在精读课堂教学中，能很好地利用情境模型理论组织教学，则能让学生更容易地理解和接受课文，并且能培养学生丰富的想象力和创造力。

（三）语境理论在外语教学中的应用

语境，顾名思义，是指语言环境。狭义语境是指上述的语内语境或词语语境，即我们常说的上下文。广义语境泛指一切语言环境，既包括狭义的上下文，又包括语言本身以外的语言环境。

语境对于外语的阅读教学有着重要的作用。我们都知道语言的理解离不开语境，如果一些单词或句子离开了具体的语境我们就不能准确地判断其含义，从而影响整篇文章的理解。同时在阅读过程中我们难免会遇到一些生词、难句。如果我们可以借助于语境知识来进行推理，有些难点就会迎刃而解，这都是语境为我们带来的好处。

（四）推理理论在外语教学中的应用

根据事实做出各种判断，得出结论，做出选择或决定，都是人的认知行为的重要方面。在外语教学中，推理机制有着很强大的作用。例如语法教学中需要学生举一反三的推理能力，阅读教学中需要学生的逻辑推理，在听力教学中同样离不开学生的理解和推理能力。推理理论贯穿在外语教学的方方面面。

（五）工作记忆理论在教学中的应用

在认知心理学中，一般认为短时记忆包括三个主要功能：信息的暂时激活、信息的调控以及信息加工容量的限制。目前，认知心理学把工作记忆解释为某种形式的信息的暂时存储并进行加工处理的过程。工作记忆对人的许多认知活动，比如理解、学习和推理来说都是必需的。

需要特别指出的是，在外语教学的过程中，图式、表征、推理、语境和工作记忆是不分多少、不分前后同时发挥作用的，往往是一种作用的实现要借助其他的几种作用的实施。

（六）隐喻理论在教学中的应用

认知语言学中还有一个重要的理论，即隐喻理论。在这里隐喻不再是一种修辞手法，更是一种认知方式。这种理论对外语教学有着极大的参考价值。

首先，在授课过程中，教师适当地运用一些隐喻，可以增强课堂的趣味性，这有利于营造一个利于学生学习的授课环境。其次，隐喻是某些单词一词多义的根源，它可以解释其产生的机制，这对学生掌握单词的不同义项具有极大的帮助。再次，在一些文学作品中，隐喻是一些晦涩语言难懂的根源，懂得了从隐喻的角度来看待一些文学现象，有利于学生文学鉴赏能力的提高。最后，隐喻可以体现出不同民族之间思维方式上的差异，这也是导致语言文化差距的原因。学习一些不同的思维方式，学生可以加深对于不同国家的了解。深层次地把握语言上的差距，这对于外语的学习具有重要的作用。

（七）相似性理论在教学中的应用

认知语言学认为自然语言与认知现象处于一种可以相互印证的状态，各自可从对方的迹象中反映自身。因此，语言是对客观世界的临摹，语言的规律都能从客观世界中找到依据。

传统的外语教学受到语言符号任意性的影响，认为语言和外在的世界没有任何联系，任何语言都是随意选择的结果。这种理念反映在外语教学中的教学方法上就是，由于语言和世界与人的思维没有任何联系，所有的语言符号以及语言规则都是偶然性的产物，所以教师在授课的过程中一味地强调死记硬背，严重地违背了人的认知规律，教学效果往往很差。而相似性理论指导的外语教学，强调语言符号和客观世界以及人的认知中的同构性，通过发现人的认知和外界以及语言的同构性来学习语言，这种方法帮助人们了解语言的成因，语言不再是没有任何逻辑的存在，而是一个有意义、有逻辑的整体。这种学习方法符合人类认知的规律，能够提高学习的效率，对外语学习具有重要的意义。

认知法是以认知学习理论为理论基础的外语教学法。认知语言学在近些年已经发展成为一门比较成熟的科学，其中的很多理论都被用来指导外语教学，并在教学过程中发挥了重要的作用，深受广大师生的喜爱。但是与此同时，这项理论还在继续地发展，我们相信，随着认知语言学的发展，将会得出更多精辟的理论。而对于外语教师而言，我们需要与理论的发展保持一致，积极学习新的理论成果，并将其和我们的外语教学相结合，随着时间的推移，认知语言学理论必将会从更多方面对外语教学产生影响，从而在外语实践中发挥更大的作用。

第二节　多媒体外语教学模式

改革开放以来，英语教学在我国取得了长足的进步，为我国培养出了许多优秀的外语人才。然而，随着社会的进步和发展，以往的大学英语教学模式已越来越满足不了当前社会对人才培养的需要，同时还存在着许多弊端。比如说，学生普遍缺乏学习英语的兴趣，对教师依赖严重，自学能力差，缺乏自信心，教师的教学方法缺乏变化等。多媒体技术的应用丰富了大学英语的课堂教学，将多媒体技术的优势淋漓尽致地发挥在英语课堂中，从多方面改善了传统外语教学的弊端。

随着网络技术的发展，多媒体技术逐渐与网络技术相结合，诞生了一种新的多媒体外语教学模式，并且在近些年来广泛地被人们应用；相对于传统的教学模式，新的教学形式更加灵活；有利于知识的获取和建构学习环境，学习的效果得到了明显的提升。因此，多媒体教学在外语课堂中的应用是外语教学发展的必然结果，它能增加学生学习外语的兴趣，提高学习效果和教学质量。

一、多媒体教学及其必然性

（一）多媒态外语教学的概念

顾日国指出，模态是指人类通过感官（如视觉、听觉等）跟外部环境（如人、机器、物件、动物等）之间的互动方式。用单个感官进行互动的叫单模态，用两个的叫双模态，用三个或三个以上的叫多模态。

随着电脑技术的发展，多模态外语教学逐渐与电脑相结合，Royce 进一步研究了不同符号在多模态话语中的互补性以及在第二语言课堂教学中多模态的协同性等。他的研究问题是教师如何在课堂教学中运用教材、其他教学资源以及电脑显示器上所呈现的视觉、语言和其他模态来帮助学生发展多模态的交际能力。同时，Royce 提出了一套“多模态教学方法论”，并将其应用在外语教学的听、说、读、写的各项技能上。

近些年随着网络技术的发展，多模态外语教学的研究又有了新的内容。在这方面比较有代表性的学者是 Reid，Reid 指出：“在网络信息与多媒体教学的环境下，多模态是教师和学生利用各种感官来获取、认知和传递信息的手段和方式。多媒体教学环境由文字、图片、音频、视频、PPT、网络等工具集合而成，帮助人们利用多模态如语言和姿态等提供、获取和感知信息和知识。对于学习而言，多模态认知和感知手段包括听觉学习（Auditory Learning）、视觉学习（Visual Leaming）和触觉学习（Haptic Learning），后者又分为体验学习（Kinesthetic Leaming）和动手操作学习（Tactile Lea：ming）。”

（二）多媒体的特点

多媒体技术具备了以下几方面的特点。

1. 融合性

多媒体可以将不同的符号信息融为一体，并可自由地进行分解和组合。

2. 非线性和无结构性

由于多媒体是在超文本、超媒体软件支持下发展起来的，所以它是符合人的思维的非线性化的信息系统，并且这种信息系统的结构组合是自由的、可变的。

3. 可编辑性

多媒体中的各种模态信息都可以通过各种电脑技术进行编辑，方便外语教师随时根据学生的具体情况对授课的内容进行更改。

（三）多媒体教学对外语教师的要求

1. 增加了教师的备课量

在传统的外语教学中，大部分的教学都集中在书本中，教师很容易就掌握了所有的授课内容，同时由于教学工具的限制，课堂上的重点和书本外引申的知识只能书写在黑板上，所以教师能在课堂上传授给学生的知识极其有限。而在多媒体外语教学中，电脑课件整合了大量的视频、音频、文字、图画等信息，教师需要自己书写的内容极少，因此，在多媒体课堂上，教师传授的知识量十分丰富，这就需要教师在课前做好充分的准备工作，将大量的知识在单位时间内传授给学生。

2. 将教材和课件有机地结合在一起

在多媒体教学中，外语教师是用自己课前精心制作的课件来进行授课的。但是有许多的外语教师只是简单地将书本上的内容原封不动地抄写到课件当中。同时还有一部分老师，完全摒弃了教材中的内容，对教材进行无限的扩展。这两种做法都不是特别可取。在前一种方法中，多媒体教学就失去了其本质的意义，它和传统的外语教学就没有了任何区别。而后一种做法则脱离了教学大纲，导致学生基本的英语技能没有掌握。正确的做法是将教材和课件有机地结合在一起，既达到了教学大纲的要求，又丰富了授课材料，提升了外语学习的效率。

3. 提升教师自身素质

在多媒体教学过程中，为了满足陡然增加的知识量，教师需要对传统课程进行扩充，这就要求教师不断地学习，不但把握好教学大纲中的语言知识和语言技能，还要对书以外的知识进行学习，来满足多媒体环境下授课的需要。此外，除了教师的专业课理论需要继续扩充，他们还需要掌握一定的电脑知识，学习一些常用的课件制作软件，如 PPT、Flash 等，同时教师还要密切注视多媒体发展的最新成果，积极地将最新的成果应用到课件的制作中，使学生能够从最新的成果中获得益处。

4. 熟练运用网络技术

在多媒体外语教学中，外语教师必须能够熟练地运用网络技术。首先，在多媒体教学的环境下教师备课量加大，这些课本外的知识，需要教师们在网络中获取，如果教师的网络使用技术不过关，就会影响到课件的制作，使其缺乏深度和广度，不能达到预期的教学效果。其次，在多媒体教学中，师生之间在课下通过网络进行交流是教学的一个重要的环节，教师要教会学生怎样通过使用网络和教师相交流，来弥补课上交流的不足。因此，教师要学会利用电脑网络，使其为多媒体教学服务。

二、多媒体教学在外语教学应用中的特点

（一）提供真实的语境

在传统的外语教学中，教师主要依靠教材上的内容向学生传授语言知识。这种教学方法存在着严重的弊端。众所周知，语言是发生在真实的语境中的，只有在语境中，语言才有生命力。教科书由于篇幅所限，能够提供的语言材料和语境极其单一，这就导致了学生在课堂上学的语言知识很可能和实际的应用相脱离。同时教科书中所提供的内容再也不是放之四海而皆准的真理，它需要同具体事件、人物和场景相结合，才能知道我们应当具体选择的说话内容。然而多媒体教学可以很好地解决这一问题，多媒体可以为我们提供多种语言的素材，学生再也不是只面对教科书中有限的内容，再也不用担心遇到不同的语境而选择不出合适的语言来表达，因为学生可以在网络媒体上寻找到适合这种语境的语言材料。同时多媒体为我们呈现出一个音频、视频、图画相互交织的语境，这样的语境更加接近于我们运用语言的真实环境，它不仅可以激发学生的兴趣，更可以为学生们提供实际交流的机会，学生们通过鲜活、自然的语言素材相互沟通、相互交流，可以激发他们的语言潜能。

（二）重视语言实践

在传统的语言教学中，大多数的情况都是教师一个人说，学生则是被动地倾听。最后的结果往往是学生丧失了语言学习的兴趣，学到的语言因为没有被应用过而印象不深。随着教学方法的发展，大批的外语教师也注意到了这一问题，他们在课堂上增加了一些分组讨论，以及角色扮演等语言实践活动，但是由于条件的限制，学生们对于这种语言实践活动不是特别感兴趣，实际上的课堂效果往往是，一组同学在说，而其他的同学对其毫无兴趣，更为可惜的是，说的同学中大多数也只是应付了事，因此这项实践活动并没有取得预期的效果，然而多媒体外语教学则能很好地解决这一问题。首先，多媒体可以提供大量丰富的语境供选择，学生可以从中选取自己熟悉并且感兴趣的语境材料进行实践。其次，多媒体可以提供形式多样的语料，大量的图片、视频、

音频能够充分吸引学生的注意力，使他们更加投入地加入语言实践当中。最后，多媒体可以为我们提供更加丰富的语言实践形式，例如可以为外文歌曲配音、模拟视频资料，这些都能极大地调动学生参与的积极性，并且运用多媒体观看一些影视资料，对培养学生的外语兴趣有着巨大的帮助。

（三）发挥学生的主体优势

在传统的语言教学中，教师是授课的主体，从教案的准备、课堂的组织，到知识的传授，这些主要的课堂活动都是由教师来完成的。这样的课堂往往就是教师的一言堂，学生极少参与到其中。教师扮演着权威者的角色，学生是被动的接受者。这种课堂的弊端是学生由于缺少参与很容易就失去了学习的兴趣。同时由于教师扮演着权威者的角色，学生往往不敢提出质疑，由于教师个体的差异，很可能一些过时的，甚至是错误的语言知识被传授给学生，这会对外语教学产生消极的影响。而多媒体外语教学则充分地发挥了学生的主体性，教师的任务不再是为学生整理知识，传输知识，其角色转变为引导学生怎样通过网络媒体发挥其主观能动性，自己寻找需要的知识，因此教师的声音不再是唯一的，来自不同学生的不同声音会出现在课堂上。这不但增加了知识的多样性，开阔了学生的视野，拓宽了学生看问题的角度，而且激发了学生的学习热情，培养了学生自主学习的能力，为其日后走入工作岗位进一步自学打下了坚实的基础。

（四）增强学生的记忆力

在传统的语言教学中，授课的形式极其单一。教师的教具只有教材、黑板和粉笔。学生在学习的过程中只有语言单一模态的输入。这种学习的方式，对学生的刺激不强，当堂课程中学习到的知识很难形成长久的记忆。但是多媒体外语教学则不一样，教师可以通过网络寻找到丰富的教学资源，在课堂上再以多种模态展现在学生的面前。这样的教学内容丰富多彩，强烈地刺激着学生的感官，调动了学生大脑左右两个半球，在学生大脑中形成了长久的记忆，从而提升外语学习的效率。

（五）增加了教师和学生的互动

在传统的外语教学中，教师和学生的互动只能在课堂上进行，由于教师数量少，学生数量多，加之课堂时间极其有限，老师和学生之间的沟通交流非常少。因此，个别学生存在的一些问题在课堂上根本来不及解决。而多媒体教学可以通过网络媒体，为教师和学生随时随地建立起交流的桥梁，在课堂上解决不了的问题，可以在课下通过网络向老师进行询问和讨论，教师也可以在自身方便的时间为学生答疑解惑，与学生进行交流。这既方便了学生随时解开自己的困惑，也有助于教师了解学生在学习中存在的问题，同时通过交流师生之间也增进了感情，因此增加了教学的效率，快速地提高了学生的外语水平。

三、多媒体教学的基本教学模式

传统的教学模式是相对于现代教学模式而言的，是以“教”为主，体现为以教师为中心，以课堂为基础，以教材为主体的表现形式。而多媒体教学模式则表现出多样化形式，其基本模式有以下几种。

（一）讲授型

这种类型的多媒体外语教学最接近于传统的外语教学模式，即以教师的讲授、学生的接受为主。将其归为多媒体外语教学是因为它不是教师在传统教室对学生进行面对面的授课，而是通过电脑和互联网对学生进行授课。这种授课形式主要应用于远程教学的课程。它的优点在于，远程教学可以扩大授课的对象，增加学生学习的灵活性，使他们在任何时间、任何地点都可以进行学习，而且通过网络，学生可以更加自然随意地向老师提问；教师也可以根据学生不同的情况，对其进行个别的辅导。因此，它既方便了学生也方便了老师。然而远程教学也存在着一定的弊端，一方面它缺少教室中授课的氛围和真实性；另一方面，和传统的教学类似，它也主要是以教师的讲授、学生的接受为主，学生缺少自己主观努力学习的过程，从而影响到学习的效率。

（二）探索型

探索型模式是多媒体教学中比较常用的一种教学方法。在这种教学方法中，在授课之前教师通常利用网络资源，通过多媒体技术事先设计出一套集声音、文字、图片、视频于一体的声文并茂的多媒体课件，其特点在于这样的课件并不是单纯知识点的集合，而是教师精心设计的一个外语情境，这个情境通常是模拟一个语言场景，学生在这个场景中，通过各种模态的帮助了解所要学习的知识，同时老师向学生分配一个具体的语言任务，学生通过所学到的和已掌握的语言知识，发挥自己的主观能动性，来完成此项任务。在完成任务的过程中，学生可以通过网络的帮助，寻找自己所需要的资源和解决问题的方法。这种外语学习方法的优点在于，学生在学习的过程中能够充分地发挥主观能动性，在完成任务的过程中，不但可以更好地掌握语言知识，而且还可以学会怎样自主学习，从而为今后的外语学习打下更加坚实的基础。

（三）协作型

协作型模式是指利用计算机网络以及多媒体等相关技术，由多个学习者针对同一学习内容彼此交互与合作，以实现对教学内容较为科学的理解和深度的掌握过程。这种类型的教学是由老师布置任务，多个学生共同完成的。其优点在于，首先，学生们的语言认知是不同的，让学生们分工合作，可以帮助学生们发挥各自的优势，相互之间取长补短，共同完成学习的任务。其次，学生可以通过这种学习方式认识自己的不足，明确今后自己提高的方向。最后，学生可以通过学习的过程认识到分享和团队合作的重要性，对于学生的人格塑造，以及未来的工作都会产生积极的影响。

随着网络和多媒体技术的发展，多媒体教学已经广泛地应用于外语教学之中，它与传统的外语教学有着巨大的差异，这就对广大外语教师提出了巨大的挑战。当今的外语教师不但要提升自身的专业素养，而且也要精通网络技术和多媒体技术，并能够将其很好地与外语教学相结合，设计出优良的多媒体授课课件，熟悉多媒体的教学方法，从之前的填鸭式教育向当今启发式教育转变，提升大学生学习英语的兴趣和效率，达到预期的教学目标。

四、运用多媒体技术的优势和意义

（一）有效地利用多媒体技术，可以提高学习效率

学习效率是和学习方法有关的。记忆是外界刺激和学习者心理过程相互作用的结果。传统的教学，方法单一，对学习者的刺激不强，学习者的心理反应微弱，知识只能在学生的头脑中形成短时的记忆，学习效果并不是很好。与之相对，多媒体教学能设计出生动的英语场景，通过各个模态对学生的感官产生刺激，能够同时激活学生大脑左右两个半球，集中学生的注意力，引起共鸣，加强学生的记忆。所以，相比传统的外语教学，多媒体教学更能提高外语学习者的学习效率。

（二）有利于培养学生学习外语的兴趣

众所周知，学习兴趣是提高学习效率的根本源泉，在学生学习的过程中，只有让学生对外语产生了真正的兴趣，才有可能达到最佳的效果。在传统的英语教学中，教师是教学的中心，教师把教学的一切环节都自己事先安排好，学生在学习的过程中没有自主性，只是被动地参与，并且传统英语教学形式单一，教师一张黑板、一支粉笔，学生普遍感到学习的过程比较枯燥，很容易失去学习的兴趣，更没有了自主学习的动力和欲望。多媒体网络技术可以将声音、文字、图片、视频等教学资源整合到一起，形成图文并茂的教学模式，有效地激发学生的学习兴趣，使学生产生强烈的学习欲望，从而增强学习动机。因此，相比传统教学，多媒体为学生提供了更加生动的授课资源，有效地增强了学生学习的效果。

（三）多媒体技术同时有利于外语文化教学

传统课堂在讲授外国文化的时候劣势非常明显。众所周知，文化知识涉及的范围广泛，而在传统课堂中老师教具只有粉笔和黑板，因此许多视频、音频等丰富的文化资料难以展现，学生只能对教师传授的知识有一个抽象的印象，没有任何的直观感受。在外语教学的课堂中教师不但要讲授语言知识和传授语言技能，更应该帮助学生了解国外的文化。而在涉及文化内容的讲解时，多媒体教学课堂更能发挥其独特的优势。在多媒体英语课堂上，国外的各种文化知识都可通过各种模态表达出来，使学生生动直观地感悟不同文化的内涵和魅力。

（四）多媒体技术有利于学生综合技能的发展，提高学生的全面素质

学生学习英语的过程包括信息的输入与输出两个部分。输入是很重要的一个组成部分。在输入的过程中，有效的输入才能很好地作用于学生，从而使学习者准确表达。在传统的外语教学过程中，输入的模态形式比较单一，信息输入的有效性较差，不利于培养学生听、说、读、写、译等各项技能的综合发展。多媒体课件的优势在于，它可以提供多种模态形式的输入，增强信息输入的有效性，使学生的英语技能得到综合的发展，全面地提升了学生英语学习的效率。

五、存在的问题

多媒体外语教学在我国的外语教学中已经得到了普及，它有着传统外语教学方法无可比拟的优势。但是多媒体外语教学也不是没有任何瑕疵的。比如随着互联网的发展，学生们可以很轻松地获得各种类型的资源，但是这些资源良莠不齐，并不都是对学生有用的信息，有的资源甚至可以影响青少年的身心发展。学生在青年阶段缺乏辨别是非的能力，这就需要我们外语教师为其把关，筛除不良信息，对学生进行正确的引导，帮助他们选择网络资源中的有用信息为其所用，所以传统教学中教师的主体作用对于学生还是有重要意义的。因此，我们应该清楚地认识到，多媒体外语教学不可能完全取代传统的外语教学模式，如果想要在外语教学中取得良好的效果，需要我们将传统的教学方法与多媒体教学相结合，两者取长补短，这样才能取得事半功倍的教学效果，提升我们外语教学的质量。

多媒体外语教学已经成为当今外语教师采用的主要的教学手段，它有着传统外语教学不能够比拟的优势。它能够激发学生的学习兴趣，培养他们自主学习的能力，拓展他们的视野，增加他们看问题的角度，提升他们学习的效率，增强他们的语言实际应用能力，极大地提升了外语教学的效果。我们外语教师也要顺应科学技术发展的需要，不断提升自身的素质，满足多媒体外语教学的需要。但是同时我们也不能完全摒

弃传统的外语教学，我们需要做的是在传统的外语教学和多媒体外语教学中做出平衡，对两者取长补短，发挥各自的优势更好地完成外语教学，提升外语教学的质量。

第三节 双语教学模式与实践教学模式

双语教学是指用英语来传授专业知识和理念，是使用原版专业学科教材，运用外语授课的一个过渡性的阶段，即采用外、汉两种语言来讲授原版教材。双语教学有利于我们的教学与国际接轨，同时也有助于培养具有国际竞争力的人才。这对于大学英语教学来讲既是机遇又是挑战。对于各大高校来说，应当把握住这难得的机遇，同时也做好充分的准备来迎接挑战，从而更好地适应未来教育的发展趋势。

一、双语教学的定义和属性

广义的双语教育指的是学校中使用两种语言的教育。根据这一定义，我国学校中开设的英语课也算是双语教育。狭义的定义参照《朗文语言教学及应用语言学辞典》，是指在学校里运用第二语言或外语教学知识性科目。本书所提的双语教学属于狭义的双语教育范畴。

国外的双语教学从属性上看，大体又分两种类型，即添加性双语教育和缩减性双语教育。添加性双语教育是指在教学过程中采用第二语言或外语作为教学语言，培养学生成为双语人才。缩减性双语教育是指用第二语言或外语替代学生的母语或第一语言，如美国对少数民族语言学生实施的过渡性双语教育，以使其尽快融入主流文化和主流社会。我国实施双语教学的目的主要是促进英语水平的提高，满足国家、地方和学生未来发展的需要，因此具有明显的添加性双语教育的特征。

二、我国高校双语教学的普遍问题

（一）师资力量匮乏

双语教师承担着双重教学任务，一方面要向学生传授学科知识，另一方面要帮助学生提高外语水平，这就要求双语教师不仅精通学科内容，而且必须是双语者。总体上说，我国是个单语国家，长期以来由于外语教学水平有限，学科教师中双语者很少。大学阶段的专业知识较为艰深，大多由具备多年经验的中老年教师教授，这部分教师外语基础一般比较薄弱，因此高校双语师资相对更为紧缺。

（二）学生参与热情不高

据一份对 200 名高校学生的调查显示，只有 20.5% 的学生认为有兴趣上双语课，大多数学生都对双语教学缺乏兴趣甚至有抵触情绪。一味指责学生不求上进或思想懒惰是有失公允的，高校学生的确有着双语学习的实际困难。

1. 已过了最佳语言学习期

20 世纪 60 年代，心理语言学家莱尼伯格提出了颇有影响的关键期理论。他认为语言是大脑的产物，儿童从两岁开始至青春期到来之前，即人出生后的 10 ~ 12 年，大脑最具可塑性，因为大脑侧化（Lateralization）还未完成，两个脑半球都可以参与语言的吸收和理解，对于各种语言信息的接受处理也很快，语言习得能够自然而轻松地进行。因此，在中小学进行的双语教学也正好利用了个体语言发展的黄金期。进入青春期后，多数人的大脑已发生了侧化，也就是左右脑半球确定了分工。神经系统不再有幼年时的弹性，学习语言就越来越难。大学阶段的学生很难像儿童那样自然地习得语言，只有加倍努力才能通过语言难关。

2. 语言基础薄弱导致专业学习负荷过重

由于双语教学在中小学也只是试点而没有完全普及，很多高校学生的英语基础都相当薄弱，四级考试已经让学生疲于应对，如果再要求学生以英语为工具来掌握专业知识，学生也是力不从心的。除了有极强学习动机和毅力的学生可能会自觉加大努力程度，大多学生更可能会采取消极应付的态度。没有学生的积极参与，双语教学不可能成功。

三、双语教学的内涵和必要性研究

双语教学是指同时使用两种语言——母语及第二外语（本书中母语是指汉语，第二外语是指英语），来组织、安排、实施教学活动，使学生在学习的过程中可以通过两种不同语言对同一知识进行描述，以达到理解、思考进而掌握的目的。即使用第二外语来传授专业知识和理念。在教学过程中，要以传授知识和技能为目的，不能把双语课上成专业英语词汇课。另外，双语教学要求教师正确使用外语进行知识讲解，也不排除使用汉语，以免因为语言的障碍造成学科知识的损伤。通过双语教学，使学生既掌握专业知识又强化语言技能，把学生真正培养成符合时代发展要求的复合型人才，从而更有效地贯彻学校 SPT 人才培养体系的理念，把学生培养成有较强的外语应用能力、专业实践能力和综合职业能力的人才。

到 90 年代中期，我国的一些大中城市相继开展了双语教学的试验与实践。随后，有越来越多的学校开设双语课程，一时间，双语教学成了教育界广为关注的一个热点问题。目前国内有关高校双语教学的研究也相对较多，并且高等院校开设双语教学的条件也更成熟。所以，很多双语课的实验都依托高校课程，高校实施双语教学的课程包括了计算机网络、电子、经济金融、生物、教育、管理、体育和医学等科类，基本涵盖了变化较快和国际化程度较高的课程。但在实践操作过程中仍然面临很多不可避免的问题，因此笔者就双语教学设计和实践中存在的问题作出分析和探讨，并提出了改进双语教学的可行性方案和途径。

四、双语教学设计与实践中存在的问题分析

在双语教学实践中，发现目前高等院校双语教学的效果不尽如人意，尚未达到培养复合型人才的目标。主要是由于双语教学设计中还存在着一些突出的问题，具体表现在以下几个方面。

（一）双语教学模式落后，把双语教学当成单纯的英语学习

目前高校很多课程的双语教学，普遍变成了外语语言教学或专业名词＋外语词汇或句子的教学模式。许多授课老师把双语课当作英汉互译课来上，教师把教材从头到尾翻译一遍，再解释一下专业词汇，学生根本就没有注意专业课的内容，而是忙于记录翻译，这样就把专业课学习变成了单纯的英语教学。双语教学首先要教授的是学科内容，其次才是外语。这样就严重违背了双语教学的初衷，使双语教学流于形式。

（二）双语教学环节设计死板和单一，不能很好地激发学生的学习兴趣

在实施双语教学过程中，很多教师简单地将所教学的内容翻译出来，准备好了几乎每一句需要用上的英语课堂用语。整个教学过程中教师经常带领学生朗读英语专业词汇，教师虽然是在用英语授课，但老师不能自由发挥，不敢多讲一句教案上没有的话，师生之间缺乏必要的互动，更无法自如地进行交流，课堂气氛凝重。单一的教学环节设计不能很好地激发学生的学习兴趣，反而成了学生的学习负担。

（三）学生英语水平参差不齐，口语较差，没有做到因材施教

学生的英语水平达标是成功完成双语教学的必要条件。学生的外语水平越高，双语教学的效果就越好。而在一个班级中，学生的英语水平高低相差较大。另外，我国的外语教学使学生一直疲于应试，如国家英语四、六级考试等。而真正的外语应用能力并不强，尤其是口语能力较差，这也直接影响了双语教学的效果。

（四）教学手段单一，没有有效地利用现代化教学手段

教学手段和方式比较单一，板书设计比较死板，学生容易产生审美疲劳和厌学情绪。没有充分有效地利用学校多媒体等设备，课件的设计上没有做到图文并茂，也缺乏一些视频教学的设计。

五、改进双语教学设计的途径探讨

（一）改变陈旧的双语教学模式，用英语把专业知识渗透到学生的大脑里

对于当今大学生来说，对双语教学的适应是一个逐步的过程，不可能一步到位。因此，传统的直接用大量英文上课的模式并不能适应学生的实际情况。容易使学生产生畏难情绪和厌学情绪，降低对课程的学习兴趣。可以采用循序渐进的方法，无论在教案的设计上，还是在教学的过程中，教师在前几次课上使用英语的比例都应该较低，随后可根据学生的具体情况逐步提高英语授课的比例。中间给予学生适当的专业讲解，真正做到用英语把专业知识的理念渗透到学生的大脑里。

（二）教学环节的设计上灵活多变，增加和学生互动的环节

教学环节要打破呆板的设计，不能单纯地采取老师讲完英语，然后翻译或者让学生读和翻译的形式。可以适当地采用技能和案例教学，提高学生分析问题的能力。教师通过某一具体案例来引导学生，启发学生的思维，激发学生学习的兴趣。并通过适当的技能训练，提高学生的实践能力和动手能力，以进一步促进学生运用英语对专业知识的理解和掌握。另外，要打破填鸭式或满堂灌的教学模式，在教学环节中要更加重视互动环节的设计，互动包括师生之间的互动、生生之间的互动。教师在教学全程中应注重以微笑及眼神交流与学生保持良好的沟通，以此融洽师生关系，激发学生良好的学习情绪，并实现与个别学生的个体互动。教师可以用幽默诙谐的方式提出问题，引导学生积极地回答问题，将课堂的中心从教师转向学生。

（三）对学生的英语水平做问卷调查，做到因材施教、平稳过渡

一个班级学生的英语水平一般存在着参差不齐的现状，就经管类的学生来看，有的已经通过英语六级，有的通过四级，有的通过三级，有的甚至三级的水平都没有达到。而英语口语水平也存在着一定的差距。因此，教师可以事先通过问卷调查等方式对班级同学的英语水平做一个调查和分析。双语教学过程中针对具体的情况可采取具体的教学方法，逐渐增加英文授课比例，帮助学生从传统的中文思维方式向英文思维方式的平稳过渡。积极寻找教与学的最佳结合点，调动学生的学习兴趣和课堂参与热情，营造一个和谐、愉快、活跃的学习氛围。

（四）采用多种教学手段，增强学生的学习积极性

双语课程相对枯燥难懂，因此，在教学手段方面，要摒弃单呆板的课堂授课方式，构建融课堂教学、多媒体教学、网上教学等为一体的多维立体的教学平台。充分利用计算机辅助教学手段，制作图文并茂的双语课件，并配有声音。多媒体课件的使用在

方便教师、降低书写英文难度的同时也使学生更容易理解所学知识。另外，可以配以适当的演示动画和英文视频资料，如一些新闻报道等。多媒体教学将冗长的文字信息更多地转化为直观的图像信息，会给学生带来较为强烈的视觉和听觉冲击，有利于吸引学生的注意力并加深印象。还可以充分利用学校和校外的网络资源，为学生进行自主、探究、合作等学习提供便利的平台和工具。学生可以通过浏览各种专业网站，通过电子邮件、QQ 等与教师或学生进行交流讨论，实现教育资源的共享，从而有助于培养学生的沟通能力与思维能力。

（五）行政部门对双语教学要进行有效管理

教管部门是高校双语教学活动的总策划者，如果不能放眼全局，作出合理务实的教学管理决策，双语教学的开展只会是一盘散沙，不可能有整体性的提高。教管部门不妨从以下两方面入手，加强对双语教学效果的控制。

1. 对双语师资的管理

第一是立足培养自己的师资队伍。师资是保证双语教学顺利进行的前提。目前不少高校聘用外籍专家教授双语课程，这种做法总的来说弊多利少。一是我国大多数高校目前的双语教学基本上还处于试点期，外教不大可能参与中国的教改试验；二是和外教签订的一般都是短期合同，师资的流动性强，很难保证双语教学质量有稳定持续的发展。我国高校实行双语教学已经是大势所趋，聘外教终究不是长久之计，高校还是应当尽早培养自己的师资队伍。

第二是教管部门要为教师的自我提高创造条件。根据双语教学的思想库模式理论的观点，学习第二语言的知识材料时，受第一语言干扰越小，效果就越好。要保证课堂上用英语授课，教师要养成英语的思维习惯，平时就要有足够的时间沉浸在英语环境里。教管部门对双语师资的培养要有信心，也应当有耐心，要给他们一定的空间和时间进行自我提高。

第三是充分行使教管的资源配置和组织协调功能。在双语师资缺乏的情况下，教管部门更需合理开发利用已有的资源，不妨借鉴企业管理中常用的矩阵制，打破院系划分，将能够进行双语教学的教师集中起来成立课题组，由教管部门直接领导，同时加强课题组与外部的联系，例如参加全国高校双语教学研讨会，和各兄弟院校互相交流。取长补短，也会使双语教学少走弯路，更快发展。

2. 对双语教学对象的管理

第一是合理确定双语课程的开设对象。双语课对学生的外语水平有一定的要求，所以确定开课对象很重要。国外对双语教学对象大多实行自愿参与原则，我国高校也可效仿，毕竟学生进入大学不是仅仅为了学英语，语言能力也是因人而异的。试想，中国学生因为英语不好，在自己的国家都接受不到专业知识的教育，是否不合情理？开设双语课时，可以重新组班，比如经济与管理学院，尽管有好几个专业方向，但管理学是各专业的基础课，有兴趣的学生可以选择在双语班学习，而其他学生则可在中文班学习。

第二是确定适宜的开课时间。目前关于在几年级的大学生中开设双语课意见不一，笔者认为，二年级阶段开课比较适宜，这时学生经过一年公共英语学习具备了一定的外语基础，对于二年级将要面临的四级考试也有很好的助考作用。

第三是营造良好的双语学习氛围。双语教学仅靠课堂教学是远远不够的，教管部门应该充分发挥组织功能，在全校范围内开展丰富多彩的活动促进双语学习兴趣，营造双语学习氛围，比如组织双语知识竞赛，当优秀学生展示自己双语风采的时候，外语相对落后的学生也会受到触动，产生向别人学习的愿望，这对学生的动机水平有积极的刺激作用。

双语教学是一种新的教学模式，它作为提高外语教学水平的一种现实选择，反映了效率低下的外语教学与日益增长的外语学习需要之间的尖锐矛盾。我国高校的双语教学任重而道远，实施双语教学对顺应和促进改革开放、增进文化交流和拓展学习者未来发展空间等具有重要的意义，也为培养既懂外语又懂专业的复合型人才探索了一条成功之路。

第四节　认知理论在多模态外语教学中的运用

英语实践教学是专业教学计划中的重要组成部分，是理论教学的继续、补充、扩展和深化，是培养学生创新精神和实践能力的主要途径。如今，实践教学已成为世界各国在发展高等教育过程中积极探索的一种重要的课程教学方式。

母语的习得研究结果表明，学习者最先学会的是“听话”，然后才能学会说话、阅读和书写。英国教学法专家Palmer认为：“学习者只有经过一个酝酿阶段（Incubation Period，沉默期）以后才会说本族语。”在这个沉默期内，外界的语言输入在学习者的头脑中逐渐积累，形成潜意识，然后逐步唤醒大脑中的语言信息，这是学习者运用（理解和表达）的准备阶段。当这种准备积累到一定程度，在外界交际环境的作用下，学习者才开始理解和说出大量的话语，对于第二语言——英语的学习也是同样的过程。

一、实践教学模式听说应用能力的训练方法

按照现今英语专业人才培养目标的要求，学生应具备的听说技能主要是能听懂中

等难度的听说材料、能够用英语进行有效的交流。但目前英语专业学生普遍英语基础差、缺乏学习主动性，加上学习的有效课时有限，导致听说等与实际工作关系密切的实践课程的教学效果不理想，难以有效强化学生的听说实践能力。从毕业生在实际工作中的表现方面来看，我们也发现学生的实际英语交际能力十分有限，很大程度上影响了工作的实效和个人的进步。造成这种状况的原因是什么？如何培养学生听说的能力，提高他们的英语听说水平？单纯的课堂基础教学能在有限的时间内培养和锻炼学生英语听说的交际能力吗？

束定芳教授在谈到外语教学时曾经说过："语言能力的培养从生理和心理的角度看，通过强化和集中训练学习更为有效。"为了解决上述问题，笔者对大学英语教育听说实践教学进行了较为细致的研究，配合理论教学、结合听力与会话授课情况，开展英语听说实践教学。通过以下内容的训练，锻炼学生的听说应用能力。

（一）日常交际听说训练

这一训练内容是为了使学生熟练掌握日常基本的交际听说，达到用英语熟练交谈的目的。具体训练内容包括：情景与事务性对话、意向与情感性对话和场景模拟。通过句型听说训练、对话听说训练、片段听说训练，并要求学生分组、分角色运用以前练的内容进行场景模拟，达到熟练掌握日常交际的听说内容，提高日常的交际能力。

（二）视听训练

目的是通过观看、模仿影像中的内容，增强学生的实践听说能力，使学生具备在适当的场合用准确的英文表达的能力。具体包括观看英美电影片段、观看交际用语片段和场景模拟等训练内容。通过观看英美电影片段、交际用语片段，要求学生分组、分角色模仿观看内容和场景，对第一部分的实训内容进行巩固练习，使学生进一步提高流利运用英语交际的能力。

（三）公关英语口语训练（功能会话和场景会话）

这一内容的训练，目的是使学生掌握准确的公共英语用语，具备在商务场合正确使用公共英语的能力。主要内容包括：功能会话、情景会话、商务会话和场景模拟等。通过功能会话训练、情景会话训练、商务会话训练，并采取学生分组、分角色运用训练内容等进行场景模拟，达到熟练掌握公共英语内容、提高公关英语实际能力。

总之，通过以上英语听说实践内容，提高学生在日常对话和活动等交际中独立运用英语进行沟通与交流英语的技能。通过模拟训练使，学生体验真实的场景，能听懂、看懂，并能以英语为工具通过口头的方式表达思想、传递信息，进行"双向"交流。

二、实践教学模式听说应用能力的模仿训练方法

在此项实践教学过程中，特别强调无论哪个部分内容都必须先进行模仿训练，因为在各种英语情景下，口语中的词汇和语法都是通过语音表现出来的，学生只有学好了语音，才能准确无误地交流思想、促进语法和词汇的掌握、提高实际使用语言的能力。语音教学的目的就是要教学生学会正确、流利的发音，以达到能正确地听懂别人的谈话和通过说话来表达自己思想的目的。语音教学的内容包括语音和语调，两者各有自己的内容和发音规律。在听说实践教学中，我们也会发现，语音好的学生听说的能力都很强，语音差的学生听、说往往障碍重重。实际上，英语学习严重分化的现象和入门阶段是否打好语音基础有直接关系。英语语音是英语的本质，而语音模仿则是学习语音的第一步。在不充分的语言环境里学习外语，更离不开持之以恒的反复模仿。因此，为了弥补学生语音基础差的不足，提高听说实践教学的质量，模仿训练是英语听说实践教学中非常重要的一个环节。模仿训练实际上是技能学习中最重要的组成部分，英语语音强调模仿有非常重要的现实意义和实用价值。

教学实践表明：要想获得纯正的英语语音，应把握好语言的最佳模仿期，重视模仿训练并形成习惯，使英语语音及发音器官和听觉器官得到最大程度的训练。从英语语音体系的角度出发，模仿的对象包括音素、单词重音、连续、节奏音变、语调等几个方面。其中，有许多不同于汉语的独特发音现象，如连续、不完全爆破、缩略等音变现象。模仿中应把它们作为难点，在模仿句子时要反复体会其中的表意重音或逻辑重音或情感重音。同时，在英语语句中，节奏是语言中极为重要的特征。只有通过反复模仿、细心品味，才能掌握英语节奏的和谐与旋律，说出地道、漂亮的英语。

通过研究和实践，我们发现商务英语听说实践教学的核心是模仿训练。以下做法能够保证实践教学的质量和效果。

（一）听原版、看原版——体现模仿训练的原则性

既然模仿是按照正确的模式，依照着去做，那么这种模式，必然是“原汁原味”的，也就是纯正地道的。只要有条件，就要让学生尽可能模仿录音。不要为了快捷方便，反复让学生跟教师读，从而剥夺了学生模仿原版掌握纯正发音的机会。

（二）运用对比、改正、提高——体现模仿训练的针对性

运用录音机、复读机、DVD、MP3 等一切电教手段来对比自己的朗读与原版之间的差异，针对自己存在的问题再练习，再录音，再对比，再改正。教师可录下不同学生对同一话段的模仿，让他们自己做评委进行分析对比，学生在自我剖析、相互评判和彼此欣赏中逐步产生模仿的兴趣，从而在模仿训练中形成一种自我反省的意识和独

立学习的习惯，不断提高并完善自己的语音水平。

（三）注重语流训练——体现模仿训练的整体性

语流教学是通过句子把音素、节奏、语调统一起来进行教学的，在语流中练习语音，并不是学生可以完全通过说去实现的，这就需要有可以模仿的模式——语音阶段，让学生反复揣摩、细心品味。既然英语是一种节奏很鲜明的语言，就应该按节奏模仿，这样听起来更流畅、更自然。只有让学生在语流中反复模仿这种英语节奏的规律，英语语音才会达到纯正的地步。

（四）追求语言表现力——体现模仿训练的艺术性

这里所说的表现不是游戏式的动作表演，而是语言表演。能做到一句话要说得好，说得像，说得有感染力，不是一件容易的事。除了具备良好的英语语言功底外，还要具备丰富的语言艺术表现力和创造力。如“Oh！ You did not meet her.I believe you.”这句话可模仿惊讶、高兴、难过、无所谓等语气表达不同的感情。

综上所述，英语听说实践教学是英语专业教学计划中的重要组成部分，是理论教学的继续、补充、扩展和深化，是培养学生创新精神和实践能力的主要途径。因此，统一规划基础阶段的英语听说实践教学，根据学生的认知结构和认知规律，分阶段进行英语听说方面的能力培养和训练，将为专业教学的深化提供一种新的途径和思路，对英语专业职业能力的培养意义深远。

三、认知理论在多模态外语教学中的运用

（一）多模态的定义

媒介／体（Medium）是表达信息的物理工具，指“符号分布印迹的物质手段，如产生语篇采用印刷的或手写的手段，说话时发出的声音，身体的动作，或计算机显示器上的光脉冲”（Scollon & Levine，2004）。

媒体的分类。媒体是物理工具，是呈现模态的物质手段，所有符号系统的载体及表达媒介都是媒体。张德禄（2009）把媒体分为语言媒体和非语言媒体。语言媒体包括半语言媒体和纯语言媒体。半语言媒体指音高、音调、语气、字体大小、颜色及形状等，对语言意义的传达起到辅助、补充和强化的作用；纯语言媒体包含声音和文字，是传播语言信息的主要媒介。即便是科技高度发达的今天，电脑的文字键入和人机对话的语言识别仍然归属于这一类。非语言媒体包含身体和非身体两类媒介。身体媒介进一步分为面部的眼神、表情、手势和身势动作四类。

非身体媒介指工具和环境。工具指传播信息时借助的物质实体，如话筒、音箱、

投影仪、实验室等。环境则指现场有利于交际的任何相关因素，如为便于学生记住 Window Pane 的含义，教室的窗玻璃就是很有利的环境媒介。建构主义认为利用情景会话所营造的仿真学习环境能充分激发学习者的主动性，有效实现意义的建构。二语习得发生的基础和前提是语言的输入，学习者置身于一个相对真实的文化背景中，感官受到最大限度的刺激；有了最为真实的语言环境，兴趣得到极大的激发。因而，借助多媒体设备实现的英语影视教学，尤其是借此播放的英文原声电影，为学习者创建了多模态的语言输入环境。

模态（Modality）指生命体用视觉、听觉、触觉、味觉、嗅觉等感知通道来感受客观世界的感知模式。简单地说，上述五种感知模式通过眼、耳、手、舌、鼻等媒介表达信息。如：使用听觉模态听听力时，耳朵是媒介；实践口语练习时，声音则成为语言表达的媒介；跳舞也是采用符号（社会有意义的活动，如身体的动作）表达情感的模态。

多模态指包括口语、书面语、图表、图像、三维立体等在内的各种生成意义的符号资源。中国古代画家在绘画作品旁题词、加印，将书面语与图像结合表达某种意义就是多模态运用的早期体现。

朱永生（2007）提出识别多模态话语的两个标准。一是看涉及的模态种类有多少。只使用一种模态的话语叫单模态话语，比如盲人在阅读盲文时，使用的就是单一的触觉模态。同时使用两种及两种以上模态的话语叫多模态话语，如观众在看电影时，使用视觉模态欣赏演员精彩的动作表演，同时用耳朵通过听觉模态解读说话的内容；再比如，顾客在购买香水时，会听销售人员对产品香味的变化及留香时间长短的介绍（听觉模态），观察香水容量及产品介绍与销售人员所言是否一致（视觉模态），体验是不是自己喜欢的香型（嗅觉模态）。二是看涉及的符号系统有多少。有些单模态话语会包含多个符号系统。比如收听音乐广播时，往往只涉及听觉模态，然而除了欣赏节奏优美的乐曲，还会有主持人的解说，既有口语又有音乐。类似于这样的话语也可看作是多模态话语。

多模态话语分析的理论基础是 Halliday 创建的系统功能语言学。笔者从中吸收了这样的观点：语言和语言以外的其他符号系统均是意义的源泉（形式层面）；多模态话语同只包含语言符号的话语一样具有概念、人际和语篇三大功能（意义层面）：话语范围、基调和方式与多模态话语意义的解读之间的关系密不可分（语境层面）；多模态话语通过语言和非语言两种物质形式表现（媒体层面）；多模态话语的内部也是一个有机连贯的整体。

（二）多模态在外语教学中的运用

教师在外语教学中要考虑：①话语范围（即教授的内容、深度、长度等）。②话语基调（即教师的性格、特长等和学习者的知识及能力结构等，及二者的关系）。③话语方式（硬件设施、教学环境等，如：针对知识获取型的教学目标，教师主要采取解释、说明等方式；针对技能训练型的教学目标，教学过程以训练、行动为主等）。这三方面对意义的建构起到的作用。

（三）多模态运用的意义

当一种模态无法清楚地表达动作发起者的意思，用另外一种或多种模态来补充剩余意义，以达到听话者理解话语的目的就显得很有必要了。比如英语教师在讲解同音异形异义词 principle 和 principal 时，仅通过发音 / 声模态显然不足以区别两个单词以达到利于学生记忆的目的，这时可以借助板书（文字模态），让学生从拼写差异的角度记忆。

四、主观性和主观化理论在外语教学中的运用

（一）主观性和主观化

主观性（Subjectivity）是指语言的这样一种特性，即在话语中多多少少总是含有说话人或自我的表现成分。也就是说，说话人在说出一段话的同时表明自己对这段话的立场、态度和感情，从而在话语中留下自我的印记。主观化（Subjectivisation）则是指语言为表现这种主观性而采用相应的结构形式或经历相应的演变过程。

人们早已注意到语言的主观性。有的语言表现主观性的形式很明显，例如日语，说日语时几乎不可避免地要用明确的语言形式来表达说话人对所说内容和对听话人的态度或感情。像英语这样的语言，主观性的表现方式比较隐晦，但仍然大量存在。

然而在结构语言学和形式语言学占主导地位的情形下，语言学家对语言的主观性长期不予重视。这主要是因为他们认为语言的功能就是客观地表达命题，不愿意承认话语中还有表现自我的主观成分。

近些年来，语言学家开始对语言的主观性和主观化给予充分的关注。这跟近年来语言学人文主义的复苏有关。特别是认知语法的兴起，使长期以来占主导地位的结构语言学和形式语言学所主张的科学主义受到挑战。这些新起的学派都强调，语言不仅仅是客观地表达命题式的思想，还要表达言语的主体即说话人的观点、感情和态度。

在语言学研究中，语言的“主体性”或“主观化”研究主要集中在以下三个方面：①说话人的视角。②说话人的情感。③说话人的认知。情感和认知形成说话人的主观立场、态度，包含着说话人对事物的主观评价，反映发话者的意图、认知和情感状态。

当交际主体在交际时注重自我属性、自我概念，注重与他人、个体与社会的关系，并采用相应的语言结构形式外显其“主体性”、关注主体的反应、体现发话者对受话者的认同和关注时，就形成了“主体间性”或“交互主体性”的特点。

（二）主观性和主观化与多模态话语的关系

在多模态话语语境中，除了言语形式外，发话者可以通过副语言和体势语言等符号传递信息，借助符号表征心智的计算过程，进行社会认知活动，使得认知具有分布式特点。认知不仅存在于个体中，而且可以分布于媒体、工具、环境、社会规则、文化等系统中。而在教学活动中，认知分布于教室座椅的排列、黑板和多媒体中，分布于教学规范（如完成作业）中，分布于师生的角色之中，等等。

在认知过程中，因为文化背景或地域背景的不同，认知的方式也会有所不同，表现出一定的主体差异性，因此在多模态的认知中也存在同样的情况。通过对认知风格的测量我们可以将其分为以下三种类型：依存型和场独立型（Field Dependence，Field Independence）、冲动型和沉思型（Impulsivity，Reflectivity）、整体型和分析型（Associative，Analytic）。不同认知风格主体偏爱特定模态的表达方式和接受方式，具有不同风格的认知主体选择特殊的模态的接受方式和表达方式。场独立型很少受模态影响，因为其很少受环境和他人的影响，能够独立地思考。而场依存型就要借助各种声效、图像等多种模态来创立情境以便理解信息。而且其偏爱交际法，通过各种活动体验完成对信息的吸收和知识的建构。冲动型能根据部分模态或部分媒体信息做出快速反应，但往往都会出错；而沉思型需借助多种模态对信息进行全面的深思熟虑后才能做出反应，准确性高但速度慢。所以，根据两种认知方式的特点，冲动型适合口头模态的即兴表达，而沉思型适合于先形成完整构思，例如可以先用书面模式构思完毕，然后再做出口头的表达。整体型使用整体、联想的方式，从具体的例子入手归纳出一般概念，通过图形或例子的直觉学习规则；而分析型往往把问题分解，根据语义规则和理论解决问题，用逻辑寓意关系将信息加以演绎、联系起来。因此，只有当说话人和听话人的认知风格相一致的时候，听话人才能很好地接收说话人的信息，降低他们的认知难度。因此，如果在认知过程中，能根据主体性的不同采用不同的认知策略，说话人就能更好地传递信息、情感和态度。

认知主体的差异还表现在主体在使用话语时，以何种模态为主，如以言语为主，或以图片为主，或以乐趣为主，或以动作为主，其他模态作为辅助方式。这在教学中也表现出不同。比如，在讲授外语精读课程的时候，就需要以教师的讲解为主，也就是要以视听的模态为主，而学生接受知识则要以接受为主，也就是以听力模态为主，同时可以辅助板书的视觉模态。在网络自主学习中，就需要以多媒体课件和网络资料为主，即以视听模态为主。口语课程则以口语活动为主，辅以视听材料，即以口语为主，视听模态为辅。

（三）主观性和主观化在多模态外语教学中的整合与同构

教学中，教师和学生是教和学的主体。教师作为教的主体，在配置教学资源，制订教学计划和教学模式，设计课堂教学内容、步骤，选择教学方法和手段时，要考虑学生的认知特点和模态的适应性，选择恰当的知识呈现模态。

根据认知风格的不同和学习模态的差异性，可以组合出主体模态课程。大学英语课程主要分为输入课程和输出课程。在输入课程中，可建设以听力为主体模态的听力课程，以视觉为主体模态的阅读课程，以此为口语或写作课做准备。在输出课程阶段，设置口头模态和活动模态为主的课堂口语教学课程、以全身模态参与的实践课、课外项目研究等形式，全方位、多模态地完成同一主题或知识单元学习。

不同认知风格的学习主体有其主要的模态承载方式，如果把不同学习者比喻成为不同模态的功能单位，那么在自主学习和课堂教学中，通过主体间的协作，可以实现模态间的协同配合，建构完整的意义。

从社会认知角度看，不同认知风格的学习者偏爱不同模态的学习，所以网络自主学习课程内容须使用不同的媒体方式加以组合。比如说对于依赖单一视觉模态的场独立和文本型的学习者，提供单一电子文档即可；对于场依赖型学习者，就须提供附有图片的课件；而对于混合型学习者，需要提供多媒体的材料。因此，我们可以把不同风格的学习者，搭配到一起，先使其按照自己所擅长的模态学习，然后再将他们组合到一起，实行多模态互动学习，建构出一套完整的意义。

在大学外语的精读课程上，教师应以口头模态进行教学，而学生则应主要以视听模态接受知识。所以，课堂教学应以教师的讲解为主，讲授文章的背景知识、重点难点，分析文章的结构，培养学生的阅读和写作的能力。当然在口头模态为主的同时，教师还应借助文字和多媒体等辅助模态，以达到最佳的授课效果。同时我们要注意针对不同学习者的不同认知特点，使用不同模态的辅助模态和手段。一般来讲，对于重点和难点，可用口头模态辅以视觉模态形式，用文字为主流媒介显示，而对于已有知识则可以用声音或图片等次要媒介创设情境。

在大学外语的口语课堂上，语言知识输入部分的主要模态应是听力模态，而辅助的模态则是图片或短片。在语言知识的输出部分中应当以口头的模态为主，形式主要有问答检查、独白、对话、讨论、演讲及影视角色扮演等。

学生是学习的主体，所以教师应认识学生主体性的差异，充分发挥每位学生的特长，从多方面进行整体的意义建构，从而达到最佳的效果。所以教师可以通过小组协作的方式进行课堂教学。在分组的过程中，根据认知风格差异，分配学习角色。小组内成员根据擅长的模态担当一定的角色。例如擅长视觉和表达的组员可以借助图片做出课堂展示；擅长书写的组员可以做记录；擅长听说的组员可以进行对话；擅长混合型模态的学习者可以做出最后的总结和评论工作。同时，建立师生互动评价，以便更好地组合课程学习内容，完成教学目标。这样，通过多媒体形式表达了概念意义、人际意义和语篇意义，完成了整体意义的建构。

本节分析了多模态话语的主体性，从模态的主体协同互动过程，剖析了外语教学过程中教学话语整体意义的建构，使得多模态相互配合，从而更好地完成外语教学，但是在多个模态之间的组合还略显僵化，这就要求教师在实际教学中积累经验教训，建构出更加完善的多模态外语教学模式。

五、隐喻在多模态外语教学中的运用

（一）多模态隐喻的产生

从 20 世纪 80 年代起，语言学家逐渐认为："隐喻不是一种修辞方法，而是一种思维方式"。到目前为止，这一观点已得到普遍的认同，成为隐喻研究者共同信奉的信条。传统的隐喻研究主要集中在人类语言这一模态中，但是在符号学的各种模态里，语言不是唯一的表达语意的方式，我们还可以借助声音、图像和空间等其他媒介和手段来表达概念。所以，隐喻研究不应一直只关注语言的体现，因为意义不只存在于语言符号中，其他符号或一切艺术形式对体验意义的构建过程和语言并无不同。

随着信息技术的产生和发展，人类交际所涵盖的范畴已经非常广泛，人类进入了多模态时代，文字、图像、构图等多种媒介符号交织在一起，充分调动感官的协同作用，传递信息，交流情感。然而，到目前为止，主流语言学家对隐喻的研究还主要集中于隐喻的语言体现上，对于非语言符号以及多模态互动呈现的隐喻缺乏应有的重视。Forceville 等人所提出的多模态隐喻恰好弥补了原有隐喻研究的缺陷。

Forceville 认为："人类对通过自身的感官，即视觉、听觉、嗅觉、触觉、味觉，而获得的现象，更容易形成理解和进行分类界定。这些感知很具体，所以，人们根据具体的概念来系统地理解一些抽象概念。"由于对具体事物和现象的体验根源于我们身体的感知功能，所以，隐喻的源域最好与身体的感知功能取得关联。源域若要与身体的感知功能取得关联，就必须借助符号学模态。

胡壮麟也认为:"自然状态下发生的话语活动往往具有多模态性（Multimodality）。以前由于科学技术的限制，很少有人从多模态角度分析话语。现在，随着新媒体技术和语料库的迅速发展，对自然话语进行多模态研究已经成为可能。多模态话语分析的意义在于它可以将语言和其他相关的意义资源整合起来，它不仅可以看到语言系统在意义交换过程中所发挥的作用，而且可以看到诸如图像、音乐、颜色等其他符号系统在这个过程中所产生的效果，从而使话语意义的解读更加全面、准确，进而发现人类如何综合使用多种模态达到社会交际的目的。可以说，这类话语分析既可以推动我们对语言学的研究，同时也可以加深对符号学的认识。”（胡壮麟，2007）

从 20 世纪 90 年代起，以 Forceville 为代表的一批欧美学者结合认知语言学和传媒学的成果，将隐喻研究拓展到了跨学科的多模态研究，从此隐喻研究开始向多媒体进行转化。多模态隐喻作为认知隐喻理论的新发展，为探讨隐喻的本质与应用提供了新的视角。

（二）多模态隐喻研究的现状

目前多模态的研究主要有两种：一种是理论综述研究，另一种是具体的应用研究。国外的研究已经很多，而国内的研究才刚起步，有限的研究主要集中在介绍国外的理论，而实证性的研究较少。主要的理论研究重点是阐述多模态隐喻的理论基础和研究方法，对于其应用的研究目前已扩展到了广告和电影等语篇当中，但是应用多模态隐喻研究外语教学目前还比较少，有必要进行深入的探索和研究。

（三）多模态隐喻的定义及类别

多模态隐喻是指用两种或两种以上模态，来体现源域和目的域映射的隐喻现象，它主要通过视觉模态和听觉模态来实现。具体而言，多模态隐喻主要有五类物理形式：书面文字、有声话语、静态或动态图像、音乐、非语言声音、手势。

根据所诉诸的感官类型，多模态隐喻可以分为两大类：平面多模态隐喻和立体多模态隐喻。平面视觉隐喻只有视频没有音频，其视觉模态涉及图像、色彩、构图、语言文字等多类视觉符号。立体多模态隐喻是由数种异质媒介构成的复合隐喻的表达系统，往往诉诸声音、图片及影像等多个感官层面。在隐喻的表达过程中，这些模态有时共同参与，有时只是几种的简单组合共同发挥作用。

外界事物要给人们留下印象，首先是要被其感知，形成知觉，然后经过大脑的分析得出结论。但是在我们日常生活中有很多抽象的概念或思维方式，它们很难被别人们感知到，此时我们就可以借助多种媒介的组合，将其隐喻成为活生生的直觉事实。经过多种模态的合成，形成了如同音乐般的交响，给接受者带来强烈的吸引力和感染力。

在传统的教学环境中，教学的工具只有课本和黑板，所以教学只能诉诸视觉模态，因此平面多模态隐喻使用的较多。但是随着科技的进步，教学的手段丰富起来，目前多媒体已经在大多数的学校普及开来，因此教师在课堂上可以将视觉听觉等多种模态整合到课堂中来，进行立体多模态隐喻的教学，使一些抽象的知识获得多种表达的方式，进而获得更好的教学效果。

（四）多模态隐喻研究的意义

多模态隐喻研究主要具有两方面的意义。①理论意义：多模态隐喻研究可以进一步发展认知语言学的理论。认知语言学是通过分析语言来推断关于心智与身体对语言结构形成的依据，这难免会陷入循环论证的怪圈。而多模态隐喻则弥补了这一缺陷，它证明了隐喻不是只存在于语言之中，而是普遍存在于各个模态当中的。此外语言隐喻本身也是在多模态的语境中进行的，因为信息是在不同的符号系统中进行交换的，而仅对语言模态分析，忽略了其他模态，这会对读者产生误导，造成信息传递的不完整。所以，只有完整地考察各种模态隐喻的使用情况，才能全面地传达隐喻所传达的意义与信息。②实践意义：进行多模态教学隐喻的研究，可以帮助教师更好地研究教学进程中的各种因素，进而使用研究的结果指导教学实践，提高教学效果。同时，通过研究多模态隐喻，还可分析教师的教学语言，进而分析教学中教师如何进行意义表达，并将研究结果反馈到教学实践中，更好地提升教师的教学技能。

（五）多模态隐喻的特点

1. 动态性

语言隐喻公式是“A 是 B”，这抹杀了隐喻动态建构的本质，但多模态的隐喻与高度抽象的语言符号不同，非语言模态的表征往往具有高度的时空序列特征；或通过视觉的延展构建一个包含行为事件链的隐喻场景，或通过镜头的剪辑次序或声音的起伏仿拟事件的放生过程。多模态隐喻似乎都承载着一定的叙述性，所以多模态隐喻的公式应为“A 是正在进行的 B”更加贴切，它反映出了多模态隐喻的动态性。

2. 可逆性

在语言隐喻中，源域和目标域是泾渭分明的，它们之间的关系具有不可逆性。而多模态的隐喻则不同，根据不同的体裁、媒介和模态，隐喻的两域之间可能存在可逆性。多模态隐喻的含义比较开放，可能通过可逆的隐喻解读出不同的含义来。

（六）多模态隐喻在外语教学中的整合与同构

传统的课堂教学是教师主讲，学生机械地听，互动较少，学生缺乏主动学习的积极性和参与意识。然而随着现代多媒体技术的广泛使用，大大地改变了课堂教学模式，教师可以整合各种多模态的教学模式来调动学生的学习积极性。这样，在课堂教学过程中，教师如何在一定时间内，让学生在轻松愉悦的心境下，接受、理解大量的信息，协调和发展各种语言技能，真正具备建构性学习，就是值得研究的课题。多模态隐喻理论则为此提供了很好的理论基础。由于多模态隐喻的自身特点，它意义的创造呈现动态和互动的特点，所以多模态隐喻的意义要比单模态隐喻的意义丰富。这就要求教师一方面使用多种模态的教学材料；另一方面，要善于使用那些具有隐喻意义、能使人产生联想的教学材料，我们大学英语教材中的语篇题材丰富多样，对于各种类型的语篇教学，尤其是科技类的文章，运用多模态隐喻中的声音、视觉等形式可以很好地表达课堂交际效果，使教学形式生动，场景逼真。在大量的视觉、听觉等模态中，学习者转换为感觉模态和类似“触”角的模态，加深了学习者的理解，加强了教学的效果，突显了学习目的。

学生具有天然的学习潜能，真正有益的学习主要都是学生自己主动参与完成的。所以在多模态教学中还应考虑学习者的学习能力，只有帮助学生更好地了解多模态，才能达到良好的课堂教学效果。我们首先要为学生传授隐喻、多模态等的相关概念，引导学习者领会理论，并指导学生将其应用于学习实践，增强学生对各种模态的敏感度和识度能力。其次，教师应指导学生利用多模态隐喻来认识世界，理解各种抽象的概念，解释单词的隐喻语义的演变，语篇非文本意义的构建等，使学习者在学习实践中切身体会并逐步达到恰当使用和灵活掌握。现代社会的多模态化使得意义的构建越来越依赖多模态话语的融会，我们应当引导学生把多模态隐喻能力的培养当作创新能力的一部分，自觉养成学习的习惯。

第七章　高校英语基本技能的多模态教学解构与重塑

听、说、读、写是英语的基本技能，也是高校英语教学的核心内容。随着信息化时代的到来，如何有效提升高校英语基本技能教学的效果成为一个亟待解决的问题，而充分发挥信息技术的优势，并将信息技术与英语技能教学进行有机结合成为一个事半功倍的途径。本章以信息技术在英语教学中的应用为基点，分别从听、说、读、写四个层面对高校英语基本技能教学理论的解构与重塑展开论述。

第一节　英语听力多模态教学理论的解构与重塑

一、听力教学理论的解构

听是语言输入的一项重要途径。先听后说，先理解后表达是人们进行语言习得的一项重要法则和规律。通过大量的听力练习，学习者可以获取大量的语言输入，不断地进行内化和吸收，从而提高自身的语言交流能力。

（一）听力与听力能力

1. 听力

所谓听力，是有声语言在人的大脑中转变为意义并接收信息的过程。相关专家对听力的概念提出了自己的看法，如罗宾（Rubin，1995）认为，“听力是一个主动的过程，听者从听到和看到的信号中选择并解释信息，以确定正在发生什么事，说话者想要表达什么意图。”还有学者认为，“听力是人在头脑中对口头语言输入构建意义的活动。”

可见，学者们对听力的界定都有“主动”和“构建”的字眼，也就是说听话人不只是简单地将自己听到的内容进行解码，他们需要将耳朵接收到的信息同时与大脑中已有的知识相联系，然后进行理解和推测，最终得出说话者真正的意图所在。

2. 听力能力

学者巴克（Buck）提出了著名的交际听力能力模式。根据这模式可以得知，听力能力可进一步细分为语言能力和决策能力。

一是语言能力。语言能力指的是听话人的语言知识，如语法、语篇、语用和社会语言学知识。语法知识主要是在语义层面上对较短话语的理解，包括语音语调、口语词汇、口语句法等知识点；语篇知识主要涉及对较长话语或两个以上交谈者互动话语的理解，如语篇衔接、修辞等知识点；语用知识主要是针对语篇功能方面的理解，或者是对相关语篇所要表达意思的深度把握；社会语言学知识主要是针对特定社会文化语境中语言内容的理解，如交谈者使用的语言是否得体等。

二是决策能力。决策能力是一种执行能力，是指人们在听的过程中如何运用语言知识的能力。在听力理解的过程中人们需要利用各种策略来达到听懂的目的，而与此过程密切相关的策略有认知策略和元认知策略。认知策略包括对听到的材料进行理解、将所理解的信息储存在长短期记忆系统中、从记忆中索取被储存的材料信息。元认知策略包括四个方面的内容，即在对话开始之前，对听者自身的知识、供其使用的内外部资源以及对所听材料的限制情况进行检测；在对话过程中，对本人及对方的听力效果进行检测；在对话结束后，同样对本人及对方的听力效果进行检测；对判断听者语言运用得好坏情况进行检测。

（二）听力教学的现状

1. 缺乏适度引导

在应试教学的影响下，英语听力教学也多是围绕考试这个指挥棒而转的。教师大多将教学重点放在如何应付考试上，以考试的方式训练学生的听力能力，而不对学生做任何引导就直接播放录音。这就很容易使对生词、相关的知识背景等尚不熟悉的学生在听的过程中遇到种种障碍，不仅降低了听的质量，还使学生产生挫败感，因而对听力学习失去信心和兴趣。

与之相反的是，有的教师总是在播放录音之前对学生进行过多的引导，不仅介绍了生词、句型，还将材料的因果关系等一并介绍给学生。这样一来，学生即使不用仔细听，也可以选出正确答案，这就很难激起学生听的兴趣，听力教学也就失去了意义。

由此可见，如何对学生进行适度的引导是关系听力教学质量的一个重要问题，太多或太少都会影响教学效果，教师应根据实际情况进行把握。

2. 教学理念模糊

在教学中，不仅教学时间有限，教学理念也存在模糊现象。很多教师受应试教育理念影响，进行听力教学主要是为了应付考试，教师本身存在功利性。有些教师认为听力教学只是单一的技能训练，从而把听力技能与其他技能分割开来，这都不利于教学效果的提升，学生的听力水平也很难得到改善。

3. 心理负担过重

在听力教学中，很大一部分学生都存在焦虑度高、心理负担过重的现象。当教师播放听力材料时，有的学生甚至会大脑一片空白，影响正常听力的进行。还有的学生由于成绩不好，缺乏自信，甚至产生自卑心理。这些学生在听力课堂上总是感到紧张不安，焦急害怕，一方面他们担心被教师提问，自己回答不出来；另一方面又担心回答得不正确会被同学嘲笑。更为严重的是，这些学生惧怕考试。这种长期的压抑状态，导致学生心理压力过大，学习情绪不佳，很难提高英语听力水平。

4. 听力基础薄弱

学生听力基础薄弱主要体现在以下几个方面。

一是英语基础功底差。很多学生即使到了高校阶段，所掌握的词汇量、语法仍然十分有限，对语音的识别能力还很欠缺。这些都直接成了听力的重大障碍。

二是缺乏英美文化知识。听力材料中不可避免地会包含一定的文化信息，而学生对英语国家的历史文化、自然地理、风土人情、思维方式、行为习惯等不了解就势必会影响听的效果，甚至会产生错误的理解。

三是不良的听力习惯。我国的英语教学具有很强的应试性，这种环境不利于学生养成良好的听力习惯。另外，学生在课外也很少练习听力，因而导致他们的听力能力欠佳。

（三）听力教学的内容

高校英语听力教学的内容通常包括四个方面：听力知识、听力技能、听力理解和语感。

1. 听力知识

听力知识的掌握是听力能力提升的根基，对英语听力教学和听力学习来说都十分重要。一般来说，听力知识是由以下几个方面构成的。

一是语音知识。听力理解首先需要输入听觉信息，因此了解语音知识对听力理解的进行起着根基性的作用。语音知识的教学也是听力教学的重中之重，直接影响学生后续听力水平的提高。

二是听力策略。听力策略知识对于听力任务的完成十分重要。具备了一定的听力策略，学生就可以根据实际情况进行听力方式的选择，从而增加了听力活动进行的灵活度。

三是文化知识。听力语言材料中通常包含了广泛、丰富的文化信息。英语听力中包含着两种甚至多种文化，如果学生不了解一定的文化常识，是无法顺利进行听力实践的。

四是语用知识。在听力材料中通常也会涉及一些有关言谈交际的话题和材料。此外，交际中的会话含义是普遍存在的现象，对这些材料的理解通常需要借助于相应的语用知识来有效的把握。

2. 听力技能

听力技能属于较高层次的实际运用语言的能力，要想较好地改善学生的费时低效的听力学习现状，并提高听力教学效果，需要重视听力技能的培养。具体来说，听力技能主要包括以下几个方面。

一是交际信息辨别能力。在进行听力活动时，能够体现出其交际性。大体而言，听力材料都是由交际性语言组成的，因此学生掌握交际信息辨别能力十分有必要。

二是词义猜测能力。在听力实践过程中，听者不可避免地会遇到一些陌生的词汇，此时如果听者一直思考生词词义，则有可能影响对后续听力信息的接收。具备词义猜测能力是一名合格的听者的必要条件常用的词义猜测方式有根据上下文判断、借助整体语境、搜寻已有信息等。

三是大意理解能力。这项听力技能的教学内容主要是要求学生能够及时抓住交际者的意图等。

四是辨音能力。在听力理解的过程中，学生需要具备基本的辨音能力。例如辨别音位、语调、重读音节等。

五是预测能力。预测能力指的是根据一定的语境信息以及已有知识，来预测下文语言话题的发展与转向，这在听力实践中也十分重要。在听力教学中，对学生预测能力的锻炼有助于学生提升听力效率。

六是评价能力。评价能力能够影响听力活动的进行，指的是听者对所听内容的评价与表达能力。

七是选择注意力。选择注意力也是在听力教学中所应关注的教学内容。具体而言，选择注意力就是按照听力目标的不同，让学生将其注意力集中在不同的内容上。

八是推理判断能力。交际是交际者在一定的交际目的下进行的，因此言语不仅能够表达出一定的话语信息，还体现着说话人的交际信息。听者需要根据一定的推理判断，去揣摩说话人的意图，从而保证交际的顺利进行。

九是对细节的把控能力。语言材料中包含着很多细节，这些细节是进行听力理解的基础。听者只有具备对细节的把控能力才能以更加积极的心态去进行听力理解活动。

十是记笔记的能力。众所周知，听力活动带有口语活动的特点，因此进行时间短、不可重复，在一些正式场合，听者具备快速记笔记的能力能够完善对知识的掌握，也有助于对整体信息的理解。

3. 听力理解

听力理解不仅包括语言的字面含义，还涉及语言背后的深层含义。在实际的听力教学中，教师不仅需要教授给学生具体的听力知识、技能和策略，还需要提高学生的听力理解能力。

一是辨认。在听力理解中，辨认是其前提，也是听力活动发展的基础。语音辨认、信息辨认与意图辨认是辨认的主要内容。其中，语音辨认是最简单的，只要学生掌握了一定的英语知识即可，最困难的为意图辨认，不仅需要听者以语音、信息辨认为前提，还需要积极发挥自己的交际能力和文化能力。进行辨认能力训练，教师可以采用乱序训练法。即将一个完整的听力材料打乱顺序，要求学生进行重新排列，并指出每一部分所对应的辨认方面。

二是转换。听力理解中的转换指的是将所听材料中的内容转换为图表的能力。这种转换不仅需要听者辨别听力材料中的短句与句型，同时还需要根据已知信息进行适当转换，是对听者能力的考验，也是听力理解的第二个层次。

三是重组与再现。听力理解的第三个层次是重组与再现，这需要教师对学生的口、笔能力进行提高。

四是社会含义。听力活动属于交际活动的范畴，因此在语言上有着礼貌、得体的特征。因此，在进行听力理解时需要听者仔细把握原文，对其社会含义进行准确理解。听力语言形式十分丰富，会涉及不同的话题，教师要训练学生根据不同语境进行描述的能力，同时在描述过程中还需要学生理解语言背后的深层内涵，从而促进听力活动的进行。

五是评价与应用。对听力语言进行重组、评价、应用是听力理解的最后层次，也是难度最大的内容。听力理解带有目的性、交际性，需要听者明确交际意图，并进行语言回应与沟通。因此，在听力教学过程中，教师需要锻炼学生在不同的听力理解层次进行灵活的听力行为训练。此外，为了提高学生的评价与应用能力，教师可以在教学中增加听力讨论与交际的练习。

4. 语感

所谓语感，指的是对语言的感悟能力，这种感悟带有直接性，但是可以通过不断的练习来提高。在听力活动中，即使缺乏一定的语境条件和必要信息，良好的语感也能够帮助听者进行语言行为的预测与判断，从而促进听力活动的进行。

（四）听力教学的原则

1. 综合听与分析听相结合原则

综合性的听是指对听力材料进行整体性的理解，这一原则主要适用于解决听力材料中的主旨大意以及对整体思想的分析问题。因此，当综合听的时候，教师为了能够让学生保持听的积极性，可以先降低听力材料的难度，然后再逐步提升。

分析性的听主要包含两层含义：在听的过程中进行语言分析；把听的材料进行分解，让学生分步听。简单来说，就是分析性的听比较注重听的细节，小到一些词语、词组、句子、句组，大到一些段落、文章，听的时候可以添加表演、动作、填图或者下面要求的一些任务等。因此，学生在听的过程中要逐字逐句地分析，尤其是要记住文章中涉及的一些时间、地点、数字等。

综合性的听着重于深层含义，而分析性的听着重于细节。可见，综合性的听应以分析性的听为基础。在听力训练中，由于大多数听力题会涉及文章大意以及细节，因此需要将二者有机结合起来。

2. 分散训练与集中训练相结合原则

分散训练与集中训练相结合也是听力教学需要遵循的重要原则。所谓分散训练，是指将听力教学分散于语音、词汇、语法、句型等课文教学之中，让学生无意识地接受听力的训练。在教学中，教师应尽可能采用口头形式教授例句、段落、篇章。由于听的活动需要集中注意力，时间一长很容易给学生造成疲劳，因此分散型训练是一种十分有效的方法，而且它也会潜移默化地提高学生的听力水平。

从专门技能训练角度来说，仅仅依靠分散型训练是不够的，还需要集中型训练。所谓集中型训练，是指学生在分散型训练的基础上，每周花费 1 ~ 2 个小时来进行强化训练，帮助学生解决在听力中遇到的一些问题。集中型听力训练有助于给予教师充沛的精力，解决不同学生遇到的不同问题，进而进行针对性的指导和帮助。总之，坚持分散型训练与集中型训练相结合，才能真正让听力训练省时高效。

3. 听、说、读、写相结合原则

在高校英语教学中，听、说、读、写四项技能虽然各有其特性，但彼此之间是相辅相成的，因此应坚持听、说、读、写相结合的原则。

首先是听读结合。听读结合的训练有助于增强学生的语感，同时能够将材料中单词的音、形、义相结合，减少对整个材料判断的误差。读的材料一般会选择与课文相近或者难度相仿的材料，通过边听边读，可以矫正学生的读音、语调。另外，长期的听读训练，有助于加深学生对文本材料的理解，而且有助于提高他们的语言反应速度。

一般情况下，听力和阅读材料的词汇输入量比较大，词汇的重复率比较高，因此

在遇到其他的听力和阅读时，可以很快将这些熟悉的词语从记忆库里调出，最终帮助理解其文意。

其次是听写结合。听写结合要求在有效的时间内将听到的内容记录下来，这是个同步的过程。当听到一段材料时，人的头脑中会形成短时记忆，要想将这些短时记忆变成长久记忆，就需要写出来。当然，这需要对语言的敏感度以及高度集中的注意力。很多时候，学生能够听懂某段材料并不能保证将其写准确，只有将二者有机结合，才能真正提高其英语水平。

因此，教师在日常教学中，应该有意识地培养学生的听写能力，由于这种训练具有较高的难度要求，刚开始的时候可以先听一些简单的词汇或者句型，进而逐步拓展成段落与文章。

然后是听说结合。听、说是两个紧密联系的语言技能，听力训练的过程是为了熟悉口语的过程，口语训练的过程也是为了锻炼听力的过程，二者是相互促进的。在听力教学中，教师应该努力让学生从被动地接受变成主动地学习，让他们积极参与到听力教学实践中，因为只有听懂了，才能说得出，从而完成交际。在口语训练中，同样的一句话运用不同的重读、语调会传达出不同的意思，因此在听力训练中应该多加注意。对于这种情况，教师应该鼓励学生多运用课内、课外的机会用口语进行表达，从实践中揣摩出不同重读、语调的意义。

最后是视听结合。视听结合的手段是现代英语教学改革的重要手段。传统的听力教学一般都是教师教授理论，进而放制作音频，学生答题，教师给出答案这一系列的步骤。但是这些已经远远不能满足目前学生的需求，在听力教学中，教师应该充分发挥多媒体的作用，在课堂上播放一些音频、视频的材料。在课余时间，教师应该鼓励学生多接触一些英语电视节目、网上视频英语等，使视听相结合，从而促进其对材料的理解。

二、听力教学理论的重塑

（一）基于信息技术的高校英语听力教学的优势

相对传统的听力教学而言，信息技术应用于听力教学有着显著的优势。

1. 突破时空限制，改变传统听力教学模式

信息技术的共享性和丰富性对传统课程资源产生了冲击，课程资源的物化载体不仅仅是教材和书籍，还会涉及网络资源或音像制品等。这也就是说，在信息技术支持下，教学内容不仅限于课本的内容，学习活动也从被动的接受转变为研究性、探索性的学习。

网络计算机技术体现的是一种随时随地的学习方式，学生可以根据需要自主选择

学习时间和地点、自主掌控学习内容和进度。课件的形成是以文本、图表为主，这从视觉上使学生更舒适，营造出真实的情境和氛围，改变传统的教师与学生的单向传导，转化为教师、媒体与学生的交互传导。在这一模式下，教师不再是训导者，而变成了助学者和启发者。

2. 体现“以人为本”

素质教育要求高校教育应该面向全体学生，目的是提升学生的综合素质。在高校英语听力教学中，利用信息技术的多种功能能够将“以人为本”的理念体现出来。例如，在多媒体语音室中，教学内容并不仅仅依靠单一的教材，而是运用多种现代技术，学生可以根据自己的需要来选择内容，接听他们易懂的且比他们本身程度较高的语言输入，不断地消化、学习、内化成自身的语言能力，提升自己的听力水平。

3. 发展学生的自主性，培养学生的合作能力

听力理解课程的主要目的是培养学生的听力技能，帮助学生解决“听什么”的问题，但是信息技术的引入，可以帮助学生解决“怎么听”的问题。在信息技术环境下的听力教学中，分组教学功能和自主学习功能有助于提高学生的学习兴趣，教师也能够实现因材施教。在教师的指导下，学生自主选择适合自己的材料训练听力，或者分组进行合作学习，共同完成某一听力目标，共同获取信息和研究成果，从而培养学生的合作精神和团队精神。在合作过程中，学生就有了交流的同伴，当然气氛也就会更加活跃，这必然会提升自己学习的效果。

4. 凸显认知主题，利于因材施教

信息技术系统为教师提供了多种教学资源，通过计算机，教师可以完成备课或者修改教案，并将备课资源通过网络传输给学生；教师也可以运用网络考试系统，进行无纸化的考试；教师还可以在计算机上进行考试试卷的分析。因此，信息技术系统为教师和学生提供了一个生动、形象的听力材料和创造性平台，教师不仅可以运用网络提供的资源，也可以自己制作课件。

在传统的听力教学中，教师很难了解学生的学习质量和学习情况，但是信息技术的引入，教师可以随时了解学生的情况，尤其是其中的监控功能，可以对每位学生的学习情况进行监听，从而有助于教师对学生展开一对一纠正。教师了解了学生的学习情况，清楚了学生的口头表达能力，那么就能够有针对性地辅导学生，做到因材施教。

（二）基于信息技术的高校英语听力教学的方法

基于信息技术的高校英语听力教学不仅有助于提高教师的教学效果，也有助于提升学生的听力水平，这可以为学生的英语听力教学带来广阔的空间。那么，如何将信息技术准确、合理地应用到英语听力教学中呢？当前，我国英语教学提倡的是自主学习，是以学生的主体地位为前提的教师进行指导、学生主动参与的学习，而不是没有教师指导的完全意义上的自学。因此，基于信息技术的高校英语听力教学不能忽视教师的作用，否则就不能取得应有的教学效果。利用信息技术培养学生的听力能力，教师可从以下两个层面着手。

1. 建构听力学习环境

听的本质是一种交际活动，学习成功与否的关键因素在于学生。基于这两点考虑，在听力课堂上，教师应该充分利用现代信息技术，为学生构建良好的自主学习环境。具体来说，教师应该做到以下几点。

一是为学生创建丰富的、真实的、有助于听力理解的交际语境，使学生犹如身处真实的语境中听一样，使他们能够感受到听的实用性，进而增加学习的兴趣和愿望。

二是利用多媒体资源丰富听力教学，激发学生的学习兴趣。

三是选用真实的听力材料，这样一方面能够增强学生对学习内容的认同感，另一方面也能使学生接触地道的语音、表达，有助于学生在日后实际的对外交往中听得更准。

四是设计与真实语篇相关的课堂活动，采取小组合作的教学活动，从而减少学生对教师的依赖感，减少学生的焦虑情绪，使学生在合作交流中碰撞出思想的火花，增进学习的主动性。

五是为学生提供合作互动、沟通交流的机会，使学生在参与中逐渐掌握学习的方法，找到学习的乐趣，增强学习的动力。

六是教授学生一些对所听内容进行评论、提问的反馈语如“Really？”“I don't think I understand you.Could you say that again？”“I beg your pardon.”等，使对话继续下去。

2. 培养听力自主决策能力

在信息技术环境下，学生听力自主决策能力的培养要注意以下两个方面。

首先是学习并掌握获取信息的硬件知识。只有掌握了现代信息技术的操作技能，学生才能实现与老师或者同学通过网络技术的实时交流。

其次是要培养掌握、收集、整理、利用信息的能力。学生要能根据教师布置的学习任务，借助现代信息技术自行搜索、采集信息，对获取的信息进行分析、整理，并充分利用这些信息提高语言能力。此外，还要通过现代信息技术，让学生对自身自主学习的效果进行评价。

总体来说，借助于信息技术所提供的网络化虚拟课堂，学生的角色发生了转变，他们从知识的被动接受者转为听力理解过程中意义的自主建构者。他们以自己的整个身心去感受听力语篇中呈现的各类信息，同时借助信息技术将自己的观点与思想生动地传达出来，主动参与学习交互活动，培养了自主学习的能力。

第二节　英语口语多模态教学理论的解构与重塑

一、口语教学理论的解构

口语以口头表达的方式来输出信息，是表明观点、传递信息或表达情绪的重要输出技能。因此，口语教学是英语技能教学中不可或缺的重要组成部分，在高校英语教学体系中占有不可替代的地位。

（一）口语与口语能力

1. 口语

口语即口头语言，指的是人们日常口头交谈时使用的语言，该种语言属于日常会话的通俗语言。可以说，世界上所有的民族都有自己的口语，这种语言是通过声音来传播的。相关学者提出，口头语言通常有三个阶段，这三个阶段各有自身的特点，下面进行具体探讨。

一是由听话到说话阶段。不管是学习母语还是外语，听都是学习的重要前提。换句话说，听话是说话的准备，只有说话者了解了听的机制，才能有效地开展口语交际。因此，在英语口语教学中，教师应合理安排好听的教学活动，对先听后说的规律给予充分重视，通过听的训练来把学生主动开口说的兴趣激发出来，调动学生开口说的动机。可见，英语口语教学必须以听带说、以听促说，将听与说有机结合在一起。

二是由不自主到自主阶段。英语的学习与使用常常要经历一个由不自主到自主的发展过程，英语口语的学习也不例外，学生在刚刚开始学习英语时常处于一个被动、不自主接受的阶段。但是，学生在个性差异与努力程度方面具有不同的特点，因此这个阶段的长短也会因人而异。

在英语口语学习的初级阶段，学生常常忽视语言意义的学习，而主要将注意力放在语言形式上。在英语交际中，学生很难对对方话语的内容有所关注，他们感兴趣的主要是对方的词句。当然，随着开口说英语经验的不断积累、说话环境的适应以及习惯的养成，学英语的人经过不懈的努力，就可以从不自主状态转化为自主状态。自主说英语的状态表现为：注意力主要集中于自己所说的内容和对方所说的内容，而不是语言形式；怎么想就怎么说，而不是先想好了后说。

说话中的自主感和不自主感的确定主要取决于说话人的心理状态，其次还受到说话人语言水平的影响与制约。当说话人在主观上和心理上将英语视为一种交际语言时，就可以轻松自由地进行表达，因此会产生一种自主感。在这种自主感的影响下，说话人关注的是语言的语用含义，而不拘泥于语法、结构、规则。

根据说话的这种机制，英语口语教学中应力求使学生树立自主学习英语的感受。教师可以遵循说的心理规律，创造与学生语言水平相吻合的情境和轻松愉快的课堂气氛，引导学生积极地按照话题思考、联想、想象、回忆，经过不断实践，学生的自主感就会固定下来。

就宏观层面而言，说外语的自主感与整体心理有紧密的联系。我国传统的外语教学模式是以教师为中心，学生很少开口，进行说的训练有助于改变这一现状，使学生多开口、多思考，积极主动地参与到教学活动当中，使学生从消极的知识接受者变成积极的参加者。随着说的训练的不断展开与深入，学生就各种问题展开讨论和辩论，阐述自己的观点，这样就提高了学生的自信心。

学生说英语的自主感的形成与整个心理状态的完善息息相关，自信心强对自主感发展有积极的促进作用；反过来，说的自主感又会提高学生的心理素质。因此，在英语口语教学中，教师不仅要关注教学技艺和训练方法，还要重视开发非智力因素。对学生要以鼓励为主，对敢说和说得正确的部分给予肯定和表扬，尽量不用明示法纠错。

三是由想说到说明白阶段。动力是人类进行行为动作的重要心理特征。在说话过程中，只有说话人产生想说的念头，才会进行交际活动。当念头产生之后，说话人主动将想说的内容与言语的表达形式相联系，进而诱发“如何说”的行为状态。总结起来，说话人从想说到说明白，就是说话的心理机制。至此，言语活动产生通过上述对口语的研究可以发现，动机是交际产生的前提与基础。而说的活动既是一个想说、说什么和怎么说的过程，也是一个不断观察、调整、修正的过程。

2. 口语能力

口语能力是指个体通过听、说与他人之间进行顺利交际的能力，是语言能力的一种外化。口语能力要求学生综合运用学过的语言知识与材料进行创造，该能力是英语教学的根本目的之一。口语实践是提高英语口语交际能力的根本途径，然而口语能力的提高是一个漫长的过程，学生要想提高自己的口语表达能力，只有一种途径——多说、多练。当口语达到一定水平时，英语语感就会慢慢形成，在这个过程中英语思维也逐渐形成，而英语思维的形成，会有效提高英语口语输出的效率和准确度。通常而言，口语能力的提高既会受到主观因素的影响，也会受到客观因素的影响。其中主观因素包括词汇量的多少、发音的准确与否、兴趣的大小以及文化背景知识。客观因素则包括语言表达的环境、场合等。教师在口语教学过程中，务必要注意学生主观、客观两个因素对其口语能力的影响，如此才能有效提高口语教学的质量。

（二）口语教学的现状

1. 教学方法陈旧

我国很多英语教师已经意识到了口语教学的重要性，但因教学方法陈旧落后，导致教学效果不甚理想。在口语教学上，很多教师按照讲解、练习、运用的传统模式教学，虽然从表面上看这种教学符合教学和学生学习的规律，但是由于没有考虑英语口语的具体特征，在很大程度上制约了学生主动性的发挥，未能改变学生口语学习的积极性。

在这种教学模式下，学生的口语学习和其他学科一样，处于种被动接受知识的局面。这种过分重视词汇和语法知识、强调教师“霸权”地位的教学现状导致学生读写水平不错，但听说能力不佳、交际能力低下，有的学生经过大学四年的学习直到毕业也不怎么会说英语。由于英语口语是在最近几年得到迅速关注与发展的，而很多英语教师在学习时不具备这种能力，当进行口语教学时，势必会出现不知所措的局面。可见，英语口语是一个长期发展的学科，需要教师提高自身的素质，紧跟社会形势，用创新的眼光进行英语教学工作。

2. 对学生的纠错方式不科学

教师对学生学习中出现的错误进行纠错是很正常的情况，而且大部分学生也都希望教师能够对自己在交际中存在的错误进行及时纠正。但是，如果教师的纠错方式不科学，不仅不会起到鼓励学生的作用，反而会对学生的口语学习造成不利的影响。在口语教学中，很多教师一旦发现学生出现交际问题，就立即纠正，这样不仅容易打乱学生的正常思路，也会伤害学生的自尊心，进而使学生出现紧张、焦虑，最终使学生失去说的勇气。因此，在学生具体的交际过程中，教师对学生的错误要持宽容态度，对学生的错误进行恰当的纠正，使学生在意识到自己错误的同时，愿意积极学习口语。

3. 配套教材缺乏

目前市场上现有的口语教材，要么是专门针对某一专业、领域的口语教材，难度极大；要么是有关简单的问候、介绍、谈论天气日常用语的教材；内容过于简单，无法满足社会各领域对相应口语能力的要求。配套教材的欠缺无疑是阻碍学生提高口语能力的个重要因素。

4. 心理压力大

由于教师与学生在口语方面投入的时间较少，因而我国学生在口语方面普遍表现欠佳，具体表现在以下几个方面。

一是我国学生在进行口语表达时常常缺乏自信，他们总是担心自己出错，被批评、被耻笑。虽然有些学生的口语能力不像他们想象中的那么差，却仍然不愿意开口说英语。这些负面情绪对口语水平的提高影响极坏。

二是由于不懂得话题展开的技巧且缺乏必要的练习，学生很难将学到的词汇、语法用在口头表达中，因而造成无话可说或不知如何去说的尴尬局面。

三是我国学生受汉语影响较大，在口语表达上难免会出现各种各样的问题。有的学生带有地方口音，听起来十分可笑；有的学生发音不准，影响了语义的表达；有的学生不能正确使用语调、重音等，影响了口语表达的标准性，甚至改变了说话人的本意。

（三）口语教学的内容

培养、提高学生的英语口语表达能力与交际技能是高校英语口语教学的宗旨，因此语音训练、词汇和语法、会话技巧、交际策略是高校英语口语教学的主要内容。

1. 语音训练

英语口语训练应以英语语音为前提，帮助学生掌握正确语音、语调是语音训练的首要目标，具体涉及停顿、意群、重读、弱读、连读、音节等。如果没有掌握规范的发音，不仅难以表达自己的观点，也会导致对方出现理解障碍。

一是当口语中出现事物的罗列或者选择疑问句时，通常在前半部分使用升调，在后半部分使用降调。例如：

I like apple ↑，orange ↑ and watermelon ↓ Are you English ↑ or Chinese ？ ↓

二是英语中，可用 Yes 和 No 回答的疑问句和表示怀疑的问句通常使用升调。当对别人的话语进行重复时，也常使用升调。例如：

Are you ready ？ ↑

A：This is a typewriter. ↓

B：Typewriter ↑

三是英语中使用降调的句子一般包括不能用 Yes 和 No 来回答的疑问句、附加疑问句、感叹句、命令句、肯定句等。例如：

Where are you going ？ ↓（疑问句）

She is a popular singer，isn ' t she ？ ↓（附加疑问句）

How beautiful this necklace is! ↓（感叹句）

Take me to the post office. ↓（命令句）

I went to the cinema last week. ↓（肯定句）

可见，语句的含义与语调之间存在密切联系，教师应引导学生不同语调对意义的影响予以重视。

2. 词汇和语法

在口语表达过程中，词汇与语法发挥着不可替代的作用。具体来说，如果没有必要的词汇储备，很多思想、观点就无法准确表达出来；如果没有基本的语法知识，句子内部的逻辑关系就容易出现混乱，交际也就难以顺利进行。所以，词汇与语法也是高校英语口语教学不可或缺的内容。

3. 会话技巧

培养和提高学生的口语表达能力，使他们能对一些会话技巧进行熟练运用，从而使交际得以顺利进行是口语教学的根本目标。因此，会话技巧也是高校英语口语教学的重要组成部分。

开始交谈。例如：

Excuse me，sir.

对不起，先生

表达观点。例如：

I’d like to point out that...

我想指出的是……

承接话题。例如：

That reminds me of...

那使我想起了……

提出请求。例如：

A：Are you using your camera this Sunday？

B：No.You want to borrow it？

A：Yes，if you’re not using it.

转换话题。例如：

I nearly forgot!...

差点忘了

获取信息。例如：

I’d like to know...

我想知道

发出邀请。例如：

A：What are you going to do tonight？

B：Nothing important.Is there any arrangement？

A：Come to take part in my birthday party then.

结束谈话。例如：

Well，thank you for a wonderful day.

好了，谢谢你让我过了愉快的一天。

4. 交际策略

所谓交际策略，是指“当某语言使用者在话语计划阶段，由于自身语言方面的不足，而无法表达其想要表达思想时所采取的策略”（罗毅、蔡慧萍，2011）。在交际过程中，为克服因语言能力不足而导致交际困难，交际者使用语言或非语言手段的能力即为交际策略能力。交际策略也是口语教学的重要内容。

口语交际活动往往不可预测，因此交际过程中遇到尴尬局面是难免的，这就要求交际者具备一定的交际策略能力，以便在需要时借助交际策略来解决遇到的困难，促使交际顺利进行。一般来说，策略能力包括以下两个方面。

首先是协商能力。所谓协商能力（Negotiation Competence），是指在发生理解困难时获取意义的能力。

澄清信号是协商能力的重要内容。在交际过程中，如果听话人没有完全理解讲话人的语言，或没能听清讲话人的意思，这时听话人可请求重复，或直接要求讲话人加以解释，如“Pardon？”What do you mean by saying...？”“What does...mean？”等。通过运用这一交际策略，交际者可将自己的意思清晰地传达出来使交际渠道畅通，从而使交际顺利进行。

其次是补偿能力。所谓补偿能力（Compensation Competence），是指发生困难时使对方理解自己讲话内容的能力。补偿能力通常包括如下几个方面。

第一，使用肢体语言。在交际过程中，交际者也可适当借助肢体语言来表达自己的观点与看法，保证交际顺利进行。第二，使用同义词或类别词。在交际过程中，如果交际者缺乏关于某一话题的词汇，可采用自己熟悉的同义词来代替，如用 dark 来代替 gloomy。第三，使用会话填补词。在交际过程中，有时交际者可能会一时想不出想要使用的语言，这时可适当运用一些填补词，如“and you see...”Er，that’s a very interesting question...”“wellet me think...”等，一边说一边思考，控制说话节奏，确保讲话连贯。

在高校英语口语教学过程中，教师应注意向学生介绍一些英语国家人们的交际策略，使学生了解英语语言规则和交际规则，提高英语口语交际能力，在交际过程中更好地让自已的讲话内容被对方理解，并更好地理解对方的语言，提高和改善跨文化交际效果。

（四）口语教学的原则

1. 互动性原则

口语学习和练习的最终目的是进行交际，即互动。在口语教学过程中，教师不能只让学生机械地进行训练，需要让学生的训练过程充满互动性，让学生能够在训练的过程中提升自己的口语水平。

互动性原则的着重点在于“动”，具体地说就是对某一话题所展开的练习具有动态性。在口语教学中，教师如果按照传统的口语教学模式，仅仅采用提问的形式，学生只能被动地进行口语表达，这样不利于提高学生的口语能力。为了改变口语教学的这传统的弊端，在实际的口语教学中，教师需要采用小组讨论、对话练习、角色扮演等方式开展学生之间的互动训练活动。只有这样，口语教学才会给学生营造充满乐趣的学习氛围，打破传统压抑的教学环境，不断地激发学生的学习兴趣和积极性，从而有效地提高学生的口语能力。

2. 先听后说原则

听是说的前提和保障，因此高校英语口语教学的开展就要按照这一规律，遵循先听后说原则，即以听为基础，通过听来促进说，从而提高学生的口语表达能力。在交际过程中，听和说相辅相成，在听英语的基础上练习说英语，才能保证后者的训练顺利进行。

通过听，学生可以获取大量的知识信息，接触大量的词汇、语法和句子等，进而产生表达思想的强烈愿望。当储备了大量的语言知识后，才能开口说，才能进行真正意义上的会话。因此，在高校英语口语教学中，教师应引导学生进行大量的听力活动，让学生在听的基础上不断地进行积累和模仿，进而提高口语能力。

3. 循序渐进原则

英语口语教学不是一蹴而就的，是一个循序渐进的过程，在这一过程中需要由易到难、层层深入、循序渐进地展开。例如，在口语教学中，有些学生由于受本地区语言的影响，英语发音常常夹杂着一些方言口音，针对这种情况，教师需要结合学生具体的语言特点和发音困难，由易到难逐步地引导并帮助学生克服这语言发音问题，鼓励学生积极、主动地说出发音正确的英语。需要注意的是，起初设定教学目标时要适中，不能太高也不能太低。太低的教学目标不能引起学生的兴趣与注意力，太高的教学目标会令学生对口语学习产生畏惧心理。

二、口语教学理论的重塑

（一）基于信息技术的高校英语口语教学的优势

将信息技术引入高校英语口语教学，不仅为其带来新的挑战，还为高校英语口语教学提供了全新的思路和手段。因此，基于信息技术的高校英语口语教学有其明显的优势。具体而言，表现为如下几点。

1. 激发了学生口语学习的积极性

信息技术环境极大地激发了学生口语学习的兴趣和积极性。由于信息技术集合了声音、图像、图片、文字，具有交互性强的特色，这充分调动了学生的多种感官，如视觉、听觉、触觉等，导致原本枯燥、抽象的内容变得更为生动、形象，让学生们在不断的学习中充满乐趣，也提升了教师的教学效率。

另外，一些软件设计得比较个性化，因此淡化了学习和娱乐间的界限，从而一定程度上改善了教与学的关系，使学生从传统的被动学转向了主动学。这一学习方式便于激活学生固有的知识和经验，让学生通过推测、模仿、联想、判断等对知识进行轻松获取。真实的环境、地道的音调有利于学生进行跟读、模仿，不断培养学生的语感，改善学生的英语学习效果。

2. 提供了更多的口语教学场景

根据建构主义学习理论，学习是学生在一定的社会文化背景下，借助某些外界因素，主动建构知识的过程。现代口语理论也认为口语属于一种认知活动，而信息技术恰好能够使学生拓展思路、学会研究性学习，从而培养自己独立思考、独立创作、独立解决问题的能力。

3. 提供宽松的口语环境

口语是一种交际活动，其目的是提升学生的口语运用能力，但这不是学生能够单独完成的。信息技术可以为学生提供实时的、非实时的口语学习所必需的交流手段，也为学生提供宽松的口语环境和交际情境，让学生通过网络来进行沟通，积极地发现问题、讨论问题，从而逐步改善自己的交际能力和口语表达能力。

4. 提供了更真实的口语文化氛围

网络文化具有多元性，但是其可以为教师和学生提供更多与外国友人进行交流的机会，无论是口头上的交流，还是书面上的交流，都有助于教师和学生了解中西方文化，明白中西方文化的差异性，从而更高层次地提升学生的语言认知和语言学习能力。

5. 提供了丰富的口语教学资源

信息技术是学生学习英语的资料库，通过信息技术上的资料，学生可以接触丰富的、与学生生活密切关联的、可理解性的学习资料，这些都为教师的教和学生的学提供了便利。

（二）基于信息技术的高校英语口语教学的方法

传统的口语教学已经很难满足当前时代发展的需求，因此基于信息技术的口语教学应运而生，并在当前的高校英语教学中起着重要作用。那么，信息技术环境下的高校英语口语教学该如何展开呢？具体来说，教师可以从如下几点着手。

1. 注重网络测试与实施人机对话训练

信息技术环境下的口语自主学习涉及学生自我测试评估口语水平、人机交互口语练习、教师布置和批改口语作业等。教师在课堂上给学生布置预习任务，让学生通过网络搜索或者下载，然后进行自学。

2. 课外教学与课内教学紧密结合

高校英语课时是有限的，因此仅仅依靠课堂是远远不能满足学生需求的，还需要教师对一切可以利用的环境加以利用课外教学是课内教学的补充和延伸，教师开展丰富的第二课堂活动，结合课堂内容组织学生展开课外活动，如英语演讲、短剧表演、作文比赛、举办班会等，同时教师让学生拍摄成视频，在多媒体教室中进行播放，其他学生根据他们的表演情况进行评判，从而取长补短。

另外，大学英语教师还可以组织起来做专门的讲座，创办专门的英语期刊、设立英语广播等，让学生体会到口语学习的乐趣，更加热爱英语。

3. 注重过程评价与教师科研相结合

教学与科研是同步相关的，教学对科研有促进作用，而科研又引导着教学。在教学过程中，教师根据学生的终结性评价和过程性评价的结果，再结合教学过程中的问题，写自己的日志，并改进教学方法，从而提高教师的科研能力。

第三节　英语阅读多模态教学理论的解构与重塑

一、阅读教学理论的解构

阅读是一种重要的认知活动，是人类接受知识与认识世界的重要途径。大学英语教学的重要目标之一就是培养并提高学生的阅读能力。在信息时代条件下，学生通过阅读可以获取更多的信息，同时提升自身的输入能力，进而巩固自己的语言知识。

（一）阅读与阅读能力

1. 阅读

简单而言，人们经常说的“看书”或“读书”就是阅读。对于阅读概念的分析，通常会将理解包含在内，有狭义与广义之分。狭义层面的阅读指的是利用视觉感官，通过思考对文字、文本所包含的内容与意义进行理解的一种智力活动。广义层面的阅读指的是“借助于人的视觉、触觉（手或皮肤），通过心理加工来理解文字、标符、图案、服饰、表情、姿态、自然现象和社会现象及其状态的内容和意义的一种复杂的心理活动、行为或过程”。阅读目的与理解过程也属于广义阅读的范畴。

美国教育部、国家文字研究所和儿童健康与人类进步研究将阅读界定为：阅读是将印刷品的意思传递出来的一种复杂系统。要想完成阅读，应具备六项技能。

一是对生词进行解读的能力。

二是弄清楚语义或话音和印刷品之间的联系的技能与知识。

三是促进阅读理解的充足的背景信息。

四是可以流利地读的能力。

五是发展阅读动机，保持阅读动机。

六是提高积极地通过印刷品来构建语义的策略。

在美国，下面三个关于阅读的定义被人们普遍接受与使用。

一是学会阅读就学会了读单词。

二是学会对单词进行辨认，对单词的含义进行理解。

三是学会将词的意义带入文本中，从而理解文本的语义。

Grabe（1991）对多年的实验与研究进行了总结，认为外语阅读应包括六个要素。

一是词汇与语言结构知识（Vocabulary and Structure Knowlege）。

二是自动认字技能（Automatic Recognition Skills）。

三是社会与文化背景知识（World and Cultural Background）。

四是语篇结构知识（Formal Discourse Structure Knowledge）。

五是综合、评价与策略（Synthesis and Evaluation Skills/ Strategies）。

六是监控阅读的元认知知识与技能（Metacognitive Kwowledge and Skills Monitoring Reading）。

上述这六个要素对于外语阅读必不可少，它们之间有明确的分工，同时又相互联系、相互配合。

通过上述分析可以总结出，阅读是通过视觉感知语言信号之后，对信息意义进行处理、加工以及理解的心理过程。在阅读过程中，读者应根据自己已经掌握的信息、知识、经验来对语篇进行加工，以了解语篇的含义。

2. 阅读能力

培养并提高学生的阅读能力是高校英语阅读教学的目标之一。阅读能力是学生自学能力的基础，也是培养自学能力的重要途径。

胡春洞（1990）认为，阅读能力即阅读理解能力。他认为，阅读能力包括四个方面的能力：阅读语能，指的是认识字词、懂得语法的能力；阅读才能，指的是对言语作品进行理解的能力；阅读智能，指的是对交际意念进行理解的能力；阅读技能，指的是用眼方法的能力。阅读能力是一种综合性的能力，通过阅读的过程而体现出来。

阅读能力主要包括阅读速度与理解程度两个方面。阅读速度是读者在单位时间内所阅读文章的长度；理解程度是读者对所读文章的理解程度。阅读的流畅程度与理解的准确程度是评价一个人阅读能力的标准。此外，胡建认为阅读能力除了包括阅读速度、理解程度之外，还包括阅读的灵活性。阅读的灵活性是能根据不同的阅读材料与阅读目的而相应地对阅读速度与阅读方法进行调整。

阅读能力受很多因素的影响。其中，影响阅读的因素有对速度技巧的熟练程度、视幅大小以及视读能力的强弱等；影响阅读理解程度的因素主要是语言能力，具体指词汇量、语法、背景信息等方面的知识与能力。除此之外，阅读能力还会受读者注意力的影响。

（二）阅读教学的现状

1. 课程设置不合理

教学计划与教学目标的缺失，是英语阅读教学在课程设置方面的主要问题。很多大学的英语阅读教学都面临着教学时间、师资力量、教学设施、教学组织等方面的困难，使英语阅读教学缺乏科学目标与合理计划，从而为英语阅读教学效果的改善带来一定的阻碍。此外，提升学生的阅读能力是英语阅读教学的根本目的，一些高校却将英语阅读教学活动看作一种可有可无的“附属品”，教学目的仅围绕大学英语四六级考试展开，这更是对英语阅读教学初衷的背离。

2. 教学观念不正确

在我国，很多高校的英语阅读教学仍停留在词汇、语法的阶段。实际上，到了高校阶段，帮助学生提升阅读能力，使他们能在语篇中通过对信息的选择、归纳、推理来把握文章主旨与观点才是英语阅读教学的根本目的。如果过分关注对语言知识的传授，忽略阅读理解能力的培养，那其后果就是英语阅读教学从词汇记忆阶段直接进入语义获取阶段，学生的英语学习由于缺少中坚力量的支撑而难度大增。

3. 阅读习惯不良

很多学生在阅读过程中都存在一些不良的阅读习惯，归纳起来主要有下面几种类型。

一是指读，即用手或笔指着文字逐词或逐行阅读。

二是唇读，即用嘴唇读出看到的内容，唇读包括出声音与不出声音两种形式。

三是回读，即阅读过程中不断返回去再阅读一次刚刚读过的内容。

四是时常跳读，即难以按照文章的表述顺序展开阅读，特别是在换行时，易因定焦不清而看错行。上述阅读习惯不仅对理解能力的提升与阅读思维的连贯带来影响，也不利于提高阅读速度，教师应及时发现并帮助学生进行纠正。

4. 阅读观念错误

长期以来，很多学生对英语阅读存在着一些错误认识。例如，有些学生将词汇量等同于阅读能力，片面地认为词汇量大就意味着阅读能力强。实际上，阅读不仅仅是词汇量的问题，还受词义把握、句子结构、语法知识、语篇分析等多方面能力的影响。

还有一些学生把阅读速度等同于阅读能力，这也是片面的。阅读能力不仅包括阅读速度，还包括理解的准确率。有的学生阅读速度快，理解程度却很低。虽然读完了，可是并没有抓住重要的细节和文章大意，这样就不能说他的阅读水平高。可见，学生要想提高阅读水平，首先应矫正错误的阅读观念，不能用扩大词汇量来代替阅读练习，也不能一味追求阅读速度，应从多个方面入手，全面提高阅读能力。

（三）阅读教学的内容

培养、提高学生的各种阅读技能是英语阅读教学的主要内容，具体涉及以下一些技能。

（1）能够辨认单词。

（2）能对文章的主要信息进行总结概括。

（3）能够对语篇的指示词语进行辨认。

（4）能够具备跳读技巧。

（5）能够猜测陌生词汇、短语的含义。

（6）能够理解句子内部与句子之间的关系。

（7）能够具备基本的推理技巧。

（8）能够对句子及言语的交际意义进行理解。

（9）对文章的主要信息或观点能进行准确梳理与把握。

（10）能够把握细节与主题。

（11）能够对文中的信息进行图表化理解与处理。

（12）能够理解衔接词进而理解文字各部分之间的意义关系。

（四）阅读教学的原则

1. 激发兴趣原则

兴趣是最好的老师，它能够激发一个人对事物的热情和对学习的积极性。对英语阅读教学来说，只有学生自己对阅读产生兴趣，才会积极、主动、自主地去学习。可以说，兴趣因素在很大程度上决定了阅读教学的成败。尤其是对高校学生而言，课上时间毕竟是有限的，只有出于兴趣，学生才会在课外有动机去阅读。因此，教师在阅读教学过程中一定要时刻注意激发学生的阅读兴趣，保持学生对阅读教学的新鲜感。例如，教师可以适当变化课堂教学内容、教学形式以及教学手段，避免枯燥单一的教学活动。

2. 因材施教原则

每位学生都有自身独特的个性，学生与学生之间不可避免地存在一些差异。尤其是高校学生普遍已经学习了几年英语，因此在阅读习惯、阅读方法等方面大都形成了自己的特点。

因此，在阅读教学过程中，教师一定要因材施教，对不同的学生采取不同的教学方法，确保每位学生的阅读热情都得以维持，阅读技能都得到发展。例如，有的学生会因自己英语成绩较差而失去阅读信心，甚至自暴自弃，因此教师就应当在教学过程中时不时地鼓励和表扬他们，帮助他们重拾信心，同时给他们布置一些难度较小的阅读任务，然后逐步增加难度，帮助他们不断进步。有的学生英语基础比较好，阅读水平比较高，基本的阅读要求已经无法满足他们的阅读欲望，教师就可以给他们布置一些具有挑战性的阅读任务，适当向其推荐一些英语名著等。总之，教师应根据不同学生的特点采用不同的教学方法和手段，并有意识地向他们提出不同的要求，做到因材施教。

3. 语言学习与思维训练并重原则

目前，高校英语阅读教学中普遍存在过于侧重语言学习而忽视阅读思维训练的现象。实际上，高校学生已经具备一定的英语能力，在课堂上教师如果仍一味地讲解语法和句型，注重学生单的记忆性思维训练，就忽视了以内容为主的思维性训练，如分析、比较、批判等，既无法激发学生的阅读兴趣，也不符合高校学生思维能力发展的要求。

因此，教师在阅读教学过程中，应遵循语言学习和思维训练并重的原则，减少记忆性思维训练的比例，留出更多时间训练学生对文章内容理解分析、比较、讨论、批判的能力，并灵活设计与内容相关的各种思索性问题，激活学生的主动思维。阅读本质上是作者与读者之间的双向反馈过程，学生只有通过主动思考，在对文章内容分析、批评的基础上，得出自己的结论，才能真正培养自身的思维能力，也才能体会到思考的乐趣。

二、阅读教学理论的重塑

（一）基于信息技术的高校英语阅读教学的优势

信息技术辅助阅读教学创造了英语阅读的一种全新模式，信息技术环境为英语阅读开辟了一个新领域、新天地。信息技术环境下的语言与实际的语言发展是同步的，不仅具有较强的趣味性，还可以化静态为动态、化虚为实，对文本、图像、数字、动画等随意进行调控和组合，教师根据自己的教学对象来选择教学方法和手段，从而真正实现情境化教学。可见，基于信息技术的高校英语阅读教学具有无与伦比的优势。具体而言，体现为如下几个层面。

1. 支持教师通过同步或者异步的形式对学生进行帮助和辅导

在常规的阅读中，学生对辅助工具、教学等都无法随心所欲地控制，处于被动的地位。在信息技术环境下，使用者可以随意调节，可以随心所欲地控制自己的学习速度。通过网络，学生不仅可以获得全球图书馆的资料，还能够实现有效的远程教学。

2. 为阅读教学提供了丰富的资源

在阅读教学过程中，教师可以从网上下载自己需要的材料然后进行筛选与编辑，从而用于指导学生的阅读教学。同时，学生也可以自己在网上进行搜索和浏览，提高自己的阅读知识面，加深自己对内容的了解。这样，阅读材料就不仅限于书本知识，而是与学生实际生活相结合。

3. 有助于提高学生的阅读技巧

在网络上，学生可以搜索适合自己的阅读技巧，然后去粗取精，对阅读材料进行正确判断。当学生从阅读中获取了有价值的信息后，需要对这些信息进行整合，从而保证网络资料的逻辑性和完整性。从网上获取有价值的资料也是为了提高阅读技巧、寻找阅读策略服务的，当学生经过无数的搜寻后，他们的阅读能力都会得以提高。

4. 为学生提供了先进的阅读活动工具

传统的英语阅读将英汉字典作为工具书，不用说其携带不方便，更多的是学生需要花费大量的时间来查询，有时候还不能查到自己想要的结果。相比较而言，网络连接远程服务，尤其是可以连接某一在线图书馆，不仅容量丰富，还便于查询。另外，教师或学生可以将自己的想法发给在线专家，让专家给予辅导和帮助。

（二）基于信息技术的高校英语阅读教学的方法

信息技术环境下的高校英语阅读教学并不是让学生漫无目的地搜索和浏览，如果没有教师的准备、指导与评价，学生很难通过信息技术来提升自己的阅读兴趣和能力。因此，基于信息技术的高校英语阅读教学离不开教师的参与，具体而言教师可以从如下几点做起。

1. 发挥网络互动优势，激发学生的学习兴趣

基于信息技术的高校英语阅读教学提供了一个广泛的互动平台，让学生广泛参与其中。通过信息技术提供的空间，教师和学生可以上传学习资料，实现资源的共享。在具体的教学中，教师需要根据教材目的来建设一个网络阅读资料库，将教材中的重难点置于网络上，并且补充一些课外知识，以帮助学生理解和掌握。

另外，为了避免学生出现乏味，教师应该将信息技术的优势发挥出来。也就是说，教师在学习资料中添加一些图片、漫画、视频等，在字体、排版上也凸显一些特殊的地方，让学生一目了然，并且能够吸引学生的注意力。

2. 科学合理地选择阅读材料

英语阅读本身属于一门训练技巧的课程，学生需要通过大量的阅读练习来掌握技巧。因此，科学合理地选择阅读材料是最为关键的部分。在信息技术环境下，材料内容需要与课堂贴近，成为课堂内容的重要一环。在阅读课堂开始前，教师应该让学生提前搜索一些阅读材料，培养学生网上查询资料获取信息的能力。之后，教师对学生寻找的资料进行仔细阅览，并将这些资料介绍给学生，要求学生以小组的形式进行交流。最后，教师要求学生做总结报告，教师根据学生的报告给予一些口头的评价。

3. 科学地进行评估与分类指导

基于信息技术的高校英语阅读教学有明确的评估目标和标准。在设计一套科学合理的教学评估方法时，教师可通过对阅读素材的生词词汇量、语法难易程度、句子长度等的评估来衡量学生的阅读理解能力。同时，教师可以对学生的在线时间进行统计，从而计算学生的阅读时间和阅读效率。

此外，教师还要考核学生在有些问题上的错误率，对学生阅读技能的掌握情况进行分析。在教学任务完成后，教师还需要进行总结和评估，对重难点进行分类指导。

4. 积极地开展课后拓展阅读

在课堂阅读的基础上，教师应该积极地开展课后拓展阅读，并着重于学生阅读与动笔练习的结合。通过长期的训练，学生在阅读中能够快速集中注意力。教师在引导过程中，可以根据教材各个单元的内容来开展活动，如可以要求学生从自身感兴趣的话题搜索，整理并做书面报告，进行演讲比赛。通过这些活动，学生不仅可以对各个单元的内容有一个很好的掌握，还能够锻炼学生的写作和归纳能力。

第四节　英语写作多模态教学理论的解构与重塑

一、写作教学理论的解构

写作是基于社会交际的需求而产生的。与母语写作相比，外语写作的难度更大，它既要求学习者使用外语遣词造句，熟练掌握写作的基本知识，同时要求学习者以外语思维方式将自己的思想表达出来。学习者要想获得写作能力，必须经过长时期的学习与练习。

（一）写作与写作能力

1. 写作

写作是人类的社会言语交际行为。写作是通过对已有的知识、经验以及情境认知结构的主动、创造性地运用来进行书面的表情达意、传递信息的交际行为。换言之，写作是作者与读者之间进行有目的的、交际的行为与过程。同时，写作也是人类的高级神经系统的智力认识活动。写作是写作者通过利用已有的知识、经验以及情境认知结构，以书面语的形式来交流思想情感、影响读者思想情绪的过程。在写作过程中，写作者可以围绕主题进行构思，对写作思想或信息进行组织、总结，选择合适的语言材料，用书面语言将思想与信息表达出来，从而实现与读者的信息交流。

2. 写作能力

培养学生的英语写作能力是英语写作教学的目标。关于写作能力的问题，目前学界主要有以下四种观念。

第一是传统的写作能力观。传统的写作能力观认为正确使用语法、篇章结构以及标点符号十分重要。根据这一观点，好的文章应该具有自明性，也就是无论写作目标或读者群如何不同，文章从内容到形式都应确保意义明确。在这种观念影响下，写作教学的重点在于将书面语言与形式规范层面的知识传授给学生。

第二是社会的写作能力观。社会的写作能力观认为，具备良好写作能力的写作者能掌握各种语类的表达形式。这样的语言表达可以使各种社会文化环境的交互要求都得到满足。话语方式可以代表一个社会群体的特点。在对写作者的写作能力进行衡量时，一方面要看其文章的语言与结构规范是否相符，是否具有写作技巧；另一方面还要看写作者是否可以对某一社会团体的语言特征与知识特征进行有效表达。在这种观念下，写作教学的重点是结合认识社会群体的交互特征，通过写作使学生的语用能力得到提高。

第三是认知的写作能力观。认知的写作能力观以信息加工理论为基础，认为良好的写作能力指的是能够使用一套写作修订策略，在对范文进行模仿、对写作进行评估之后，通过不断地修改，从而实现知识的重建。在这一观念下，写作教学应致力于提高学生使用写作策略的意识与能力。

第四是后现代的写作能力观。后现代的写作能力观强调写作者通过文本将作者揭示与评判社会现实的能力体现出来。根据后现代的批评教育观，“学习语言的过程是学会和掌握一种力量，从而能够质疑、调整，甚至颠覆现有语言传统的过程。”使学生逐渐形成这样的意识与能力是教师的责任。在这种观念下，写作教学的重点在于培养学生通过写作对社会中的现实问题进行评价的能力。

上述几种观点是从不同角度对写作能力所进行的阐释，没有好坏之分。对这些观点进行了解，可以帮助教师对不同写作教材的侧重点进行比较与评价，就自己的教学目标、方法以及效果进行反思，从而改进教学。

综合上述观点，本书认为写作能力主要包括书写规范、端正，拼写与语法正确，语言通顺、主题突出，逻辑清晰、内容相对完整。

（二）写作教学的现状

1. 教学方法陈旧

在英语课堂教学中，教师方面的问题主要体现在教学方法的使用上。受课时和应试教育的影响，在英语写作课堂教学中教师仍经常采用传统的结果教学法开展教学，即向学生提供不同类型的范文，对范文稍加讲解之后要求学生参照范文模仿，要求学生在规定的时间内利用课外时间完成写作任务，最后由教师进行批改和讲评。这种教学方法只注重写作的结果，而忽视了师生之间、生生之间的交流过程，也忽视了对学生写作问题、技巧和规律的指导。长此以往，学生就会失去写作的兴趣和动机，写作能力自然也就难以提高。不可否认，模仿是学生学习写作的初始和必经阶段，对学生的写作起着重要的作用，但模仿不是最终阶段，创造性的写作才是学生写作的最终目的也是最终阶段。所以，教师在教学中要摒弃陈旧的教学方法，选用新颖的教学方法，并注重师生和生生之间的沟通，注重学生兴趣的培养，进而提高学生的写作能力和创造能力。

2. 教学目标缺乏系统性

英语写作能力的培养是一个循序渐进的系统性过程，所以其教学目标也应是系统的存在着的。现阶段，高校英语写作教学目标缺乏一定的系统性，具体表现在总体目标与阶段性目标不协调上。

总体目标是指针对学生的生理、心理特征，结合写作教学的自身规律，并在英语课程标准中明确规定的总体任务。阶段性目标是指写作教学依据总体目标制订的一系列的阶段性目标，也就是各年级、各学期的具体要求和目标。可见，高校英语写作教学的阶段性目标是总体目标的子系统。不过，从目前的写作教学现状来看，两者之间的系统性却不强，很多时候，阶段性目标总是脱离总体目标而独立实施。实际上，总体目标和阶段性目标是一个有机统一的整体，只有两者紧密结合才能保证教学的有效实施，而两者的不协调必然会导致目标难以实现，也会阻碍写作教学的有效开展。

3. 文章缺乏连贯性

我国学生在写作时存在的一个突出问题是文章缺乏连贯性。例如，文章往往缺少主题句，且句子之间缺乏必要的关联词，这就使得语序混乱，表达不通顺，主题思想不够突出。众所周知，写作的最终目的是表达思想和交流，如果不能依据一定的语法规律和交际原则形成有序的网络结构，那就无法形成具有连贯性的语言表达，也就不能顺利表达思想，从而导致交际的不畅。

因此，我国高校生应当在平时写作训练中注意加强文章的紧凑感，形成一个有意义的篇章结构，促使交际顺利进行。

4. 文章内容细节缺失

我国很多学生把写作这一技能想得过于简单，认为只要掌握了足够的词汇和语法知识，就能顺利进行写作了。其实，在英语各项技能中，写作能力是最难培养的，因为它不仅涉及英语基础知识的运用，还涉及写作基础知识、思维方式的运用、文化差异、生活常识等各个方面。通过分析我国大学生英语作文的内容细节可以发现，很多学生的知识面比较狭窄，甚至缺乏一些基本的生活常识。为了避免学生在内容与细节方面无事可写或空洞描写，教师在写作教学中可以多设计相关的练习活动，努力拓宽学生的知识面，同时要鼓励学生在课外时间多涉猎一些知识，以备不时之需。

（三）写作教学的内容

根据写作能力的内涵，高校英语写作教学的内容主要涉及以下几个方面。

1. 结构

好的文章应在布局谋篇上实现语句与文体、主题、题材的统从结构上来看，还应达到语句和谐连贯、结构完整统一的效果。

首先是和谐连贯。和谐连贯是一篇好文章的必备条件。所以，教师应对逻辑性与连贯性给予充分重视。在具体的写作教学过程中，教师应引导学生对词汇与词汇之间、句子与句子之间、段落与段落之间的内在联系格外重视，从而使文章实现统一和谐、自然流畅的表达效果。

使用恰当的连接词和过渡词是连贯统一的重要保障。例如：

表示递进的词语：further more，once more，for another thing

表示让步的词语：though，although，even if

表示并列的词语：and，also，or，likewise

表示比较的词语：similarly，equally，Important，in the same way

表示转折的词语：but，however，nevertheless，while，yet

其次是谋篇布局。所谓谋篇布局，就是根据不同的题材、体裁来确定篇章以及段落的整体结构，并据此选择恰当的扩展模式，保证写作顺利地开展。在写作之前首先要谋篇布局，谋篇布局作为写作的起点，对写作有着至关重要的作用。

具体来说，段落的大体结构是“主题句—扩展句—结论句”篇章的大体结构是“引段—支撑段—结论段”。需要注意的是，谋篇布局并不是固定不变的，当题材和体裁不同时，文章的谋篇布局也会随之变化。

最后是完整统一。一篇好的文章应具有清晰的逻辑与有条理的表达层次。因此，评价一篇文章优劣的重要标准之一就是看该文章是否完整统一。所谓完整统一，是指文章中所有的细节，如事实、原因、例子等都要围绕主题陈述和展开，所有的信息都要与主题相关，而所有脱离主题的信息都要删除，以保持文章段落的完整性。

2. 句式

句式对于写作来讲非常关键，因为语篇就是由一个个词与一个个句子通过一定的组合而构成的。英语句式结构丰富而多变，对句式的掌握与运用是进行英语写作的利器，这就使句式成为英语写作教学的重要环节。为提升学生习作的可读性，教师可通过句式练习来帮助学生掌握对句式的运用。具体来说，教师可为学生进行“示范”，从而让他们体会句式的表达效果。此外，教师还可组织学生进行“讨论”，使他们在讨论中相互交流认识，深化对英语句式的认识。

3. 选词

在不同的文化背景下，词汇有着不同的意义。此外，词汇的含义还有表层和深层、基本义与引申义之分。因此，如果缺乏对词汇含义的准确了解，就很难在写作过程中依据表达需要来选择适当的词汇，这将对写作效果带来消极影响。词汇的选取既是作者与读者进行交流的一种方式，也是作者写作风格的体现，且常常取决于作者的个人喜好。所以，在进行词汇选择时，一般要考虑语域的影响，如非正式词与正式词、概括词与具体词等。此外，还应注意感情色彩的因素，如褒义词与贬义词的选择。

4. 拼写与符号

如果缺少规范的拼写与符号，句子的含义就难以表达，文章的内在逻辑关系也难以体现出来，这就在无形之中增加了读者的阅读难度。可见，拼写与符号是英语写作教学中不可或缺的重要内容。

具体来说，学生首先应保证拼写和符号的正确性，以避免引起不必要的阅读障碍。在保证正确性的基础上，学生应努力使拼写、符号规范、美观，易于辨认。虽然这些都属于细节问题，却对写作有着重要的影响作用。

（四）写作教学的原则

1. 真实性原则

高校英语写作教学的目的不是让学生为了写作而写作，更不是让学生应付考试，而是让学生能够运用写作进行交际。对此，高校英语写作教学就应遵循真实性原则，即联系学生的实际生活，让学生在写作过程中有话想说，而且言之有物、言之有理。

如果写作缺乏真实性，将不能激发学生的写作兴趣。对此，教师可将写作与学生的实际需求联系在一起，这样不仅能激发学生的积极性，也能令学生感受到写作的实用性。例如，教师可让学生用英文写求职信、个人简历等，这些实用性文体的写作可将写作与学生的现实生活联系在一起，更能激发学生写作的积极性，也能提高学生的学习效率。

2. 任务原则

传统的高校英语写作教学往往存在教学语言脱离语境、脱离功能的现象，这样造成的消极结果体现在以下两个方面。

第一，学生虽然可以建构准确的语言形式，却无法用这些形式得体且完整地表达意义。

第二，所学语言脱离实际生活，无法调动学生的积极性。任务教学可以通过让学生完成一系列的任务达到教学目标，让学生在执行写作任务的过程中充分感受语言形式和功能的关系以及语言与语境的关系。因此，高校英语教学应当坚持任务原则。

3. 正确对待错误原则

学生在写作过程中存在错误是正常的，也是不可避免的。教师对待学生错误的态度会直接影响学生写作的兴趣与动机，正确的态度可以激发学生的写作动机，反之则会打击学生的积极性。

因此，教师应该宽容对待学生写作中存在的错误，鼓励学生在写作中大胆使用新的词汇，这样可避免他们为了追求语言的准确性回避使用新的语言形式。当然，对那些学生经常或集中出现的错误应当进行详细讲授，以免学生再犯错。

二、写作教学理论的重塑

（一）基于信息技术的高校英语写作教学的优势

基于信息技术的特点，将信息技术应用于高校英语写作教学有其自身的优势，能够使写作教学得以改观，从而取得比传统写作教学更好的效果。

（1）信息技术辅助写作教学注重彼此间的交流。当前的写作更向公开化的方向发展，提高了学生的读者意识，让学生更清楚地表达自己的观点和意见。

（2）信息技术辅助高校英语教学改变了教师的角色，使教师从传统的知识传授者转变为指导者、活动参与者以及咨询者。

（3）信息技术自身的功能能够使高校英语写作教学及写作训练变得更为形象、直观。

（4）利用信息技术使文章的修改和校对变得更为轻松、容易学生不再忍受反复抄写之苦。

（5）信息技术辅助写作教学有助于提高学生的参与程度，发挥学生的主体地位，让学生主动参与评价，并从评价中对自己的写作过程进行思考，其效果明显比教师的直接灌输强很多。

（6）信息技术辅助写作教学能够极大地激发学生的写作学习热情，消除学生的写作焦虑情绪，使学生愿意投入写作训练中。

（二）基于信息技术的高校英语写作教学的方法

基于信息技术的高校英语写作教学有助于激发学生的写作欲望，让学生快速掌握写作模块，规范自己的写作语言，从而完成写作学习。因此，信息技术是高校英语写作教学的重要拓展手段。下面就来探究基于信息技术的高校英语写作教学的方法。

1. 倡导学生运用信息技术支持英文写作

信息技术的出现打破了时空的限制，实现了资源共享，是对英语教学资源的补充。将信息技术引入高校英语写作教学中，让学生上网搜索相关信息，进而对检索的信息进行分析和探讨，最终将自己的见解表达出来，完成写作。现代大学生都十分热爱上网，教师可以起着指导作用，利用网络资源来增强学生进行英语写作的机会，激发学生的学习兴趣，教师也需要经常给予指导与监督，形成一种交流的氛围。

2. 利用计算机文字处理程序辅助高校英语写作，代替原有写作形式

计算机文字处理程序具备对标点、拼写、大写、小写等进行检测的功能，因此为学生提供了十分有利的工具。“拼写与语法”功能能够使学生降低拼写错误，并查出一些简单文法上出现的错误；“编辑”功能使句子段落的衔接、组织、转移等变得轻松，写作者可以通过添加、剪切等手段来修改文章。另外，有的计算机文字处理程序还带有词典，因此学生可以迅速查询词的意义和用法。总之，计算机文字处理程序的功能一定程度上减少了写作的重复劳动，剩余很多时间，因此学生能够在写作上花费更多精力增强了他们对写作的兴趣和积极性。

3. 利用 E-mail 辅助高校英语写作教学，加强师生间、生生间的交流

E-mail 对于高校英语写作教学来说，是一个十分有利的助手，其有助于加强师生间、生生间、学生与普通网友间的交流。在写作过程中，学生将自己的稿件利用 E-mail 发给教师或同学，然后教师和其他同学对这篇文章进行修改，并提出意见，最后该学生对自己的文章再重新进行整理。另外，教师鼓励学生找一些国外的学生进行 E-mail 的交流，了解不同国家人们的生活、学习、旅游、家庭、毕业动向等情况，通过这些感兴趣的话题，有助于提升学生的写作热情，进而提升自己的写作水平。

参考文献

[1] 郑小媚 . 高校英语多模态课堂教学研究 [M]. 北京：国家行政学院出版社，2018.

[2] 姚永红 . 新媒体时代英语多模态教学模式架构 [M]. 长春：东北师范大学出版社，2018.

[3] 郭万群 . 大学英语多模态课堂教学研究 [M]. 上海：上海交通大学出版社，2015.

[4] 汪燕华 . 语类的多模态分析 以英语心理学教材为例 [M]. 厦门：厦门大学出版社，2014.

[5] 戴劲，马薇娜 . 多模态高级英语视听读说教程 教师用书 [M]. 上海：上海外语教育出版社，2010.

[6] 戴劲，马薇娜 . 多模态高级英语视听读说教程 学生用书 [M]. 上海：上海外语教育出版社，2010.

[7] 茹意 . 多模态大学英语教学研究 [M]. 长春：东北师范大学出版社，2019.

[8] 朱丽 . 多模态话语理论与英语教学研究 [M]. 石家庄：河北人民出版社，2019.

[9] 张文政 . 大学英语多模态教学研究 [M]. 长春：吉林出版集团股份有限公司，2017.

[10] 宫玉娟 . 大学英语教学模式改革创新研究 [M]. 长春：吉林出版集团股份有限公司，2018.

[11] 张力，李爱萍 . 多模态协同式的英语课堂教学研究 [M]. 北京：中国建材工业出版社，2019.

[12] 刘凤贤 . 多模态隐喻在英语教学中的应用 [M]. 北京：九州出版社，2019.

[13] 李雪，苑朋菊，宋秀范 . 英语学习的多模态时代 [M]. 哈尔滨：哈尔滨地图出版社，2014.

[14] 王丽波 . 多模态协同式的英语课堂教学研究 [M]. 长春：吉林出版集团股份有限公司，2017.

[15] 丁丽红，韩强 . 当代大学英语教学的认知研究 [M]. 北京：中国书籍出版社，2018.

[16] 章岚 . 多模态协同式的英语课堂教学研究 [M]. 长春：吉林大学出版社，2017.

[17] 汪霞 . 多模态视域下的大学英语教学研究 [M]. 长春：吉林大学出版社，2017.

[18] 张光 . 语言翻译与多模态协同式的英语课堂教学 [M]. 长春：吉林大学出版社，2017.

[19] 刘芳，杨国藏，史梦娇，等 . 大学英语教师课堂多模态话语研究 [M]. 南昌：江西科学技术出版社，2017.

[20] 罗选民，屠国元 . 阐释与解构：翻译研究文集 [M]. 合肥：安徽文艺出版社，2003.

[21] 周魁 . 声临其境 重塑英语发音 [M]. 南昌：江西科学技术出版社，2019.

[22] 刘志朋 . 大学英语教学及语言评价研究 [M]. 北京：中国纺织出版社，2018.

[23] 刘晓琳，王欣，张毅 . 大学生英语能力培养模式研究 多模态语篇语义视角 [M]. 哈尔滨：哈尔滨工程大学出版社，2019.

[24] 任文林，张雪娜，郑伟红 . 新时期高校大学英语教学研究 [M]. 成都：电子科技大学出版社，2017.

[25] 计越波 . 多模态视阈下英语教学研究 [M]. 北京：光明日报出版社，2014.

[26] 侯杰 . 多模态话语分析与英语教学研究 [M]. 上海：上海三联书店，2014.

[27] 刘晓琳，王欣，张毅 . 大学生英语能力培养模式研究 多模态语篇语义视角 [M]. 哈尔滨：哈尔滨工程大学出版社，2018.

[28] 黄启发 . 职前英语教师学科教学知识及其多模态化建构 [M]. 长春：吉林大学出版社，2016.

[29]LiveABC 互动英语教学集团 . 神奇解构英语单词记忆密码 [M]. 北京：中国宇航出版社，2018.

[30] 欧阳伯询 . 结构化英语语法 3 WAYS 先解构，再结构 [M]. 北京：北京航空航天大学出版社，2018.

[31] 李红霞 . 大学英语教学研究 [M]. 天津：天津科学技术出版社，2017.

[32] 杜璇 . 文学素养与大学英语教学 [M]. 长春：吉林美术出版社，2018.

[33] 张铭 . 当代大学英语教学理论与研究 [M]. 北京：九州出版社，2019.

[34] 张茂君 . 当代大学英语教学与文学的融入探究 [M]. 长春：吉林大学出版社，2019.

[35] 薛燕 . 基于教学改革的大学英语教学实践 [M]. 延吉：延边大学出版社，2018.